조선후기 실학자의 풍수사상

조선후기 실학자의 풍수사상

2017년 2월 20일 초판 인쇄
2017년 2월 28일 초판 발행

지 은 이	유기상
발 행 인	한정희
발 행 처	경인문화사
총 괄 이 사	김환기
편 집 부	김지선 나지은 박수진 문성연 유지혜
관리·영업부	김선규 하재일 유인순
출 판 신 고	제406-1973-000003호
주 소	파주시 회동길 445-1 경인빌딩 B동 4층
대 표 전 화	031-955-9300 팩 스 031-955-9310
홈 페 이 지	http://www.kyunginp.co.kr
이 메 일	kyungin@kyunginp.co.kr

ISBN 978-89-499-4255-1 93910
값 22,000원

조선후기 실학자의 풍수사상

－이재 황윤석, 존재 위백규, 여암 신경준의 풍수사상 연구－

유기상 지음

景仁文化社

운중반월(雲中半月)에서
구름에 달 가듯이 가는 나그네

환갑에 박사학위를 받았다. 이 책은 박사학위논문 "호남파 실학자의 풍수인식과 풍수생활 : 황윤석, 위백규, 신경준을 중심으로"를 읽기 쉽도록 약간 손질한 것이다. 왜, 호남, 실학자, 풍수를 화두로 들었을까? 방장산 덕분이다.

필자의 고향은 전북 고창이다. 호남 삼신산의 으뜸인 방장산 아래 운중반월 형국에, 방장산, 장군봉, 옥녀봉으로 둘러싸인 산정마을이다. 산정, 월산, 석정, 월암, 외정, 수월마을이 옹기종기 어울려 사는 곳, 고창읍의 물머리라서 상변이라고도 불렀다. 오늘의 나를 길러준 고향산천, 생각만으로도 언제나 가슴이 따뜻해지는 운중반월 우주는 호남정맥 영산기맥 양고살재(일자문성)에서 해가 떠서 옥녀봉으로 해가 지는 사방이 산으로 유정하게 감싸주는 작은 우주였다. 어릴적 철들면서부터 할아버지와 함께 생활한 필자는 '박주부신의주' 명당이야기를 들으며 컸다. 비록 물질적으로는 가난했지만, 불평불만 하는 이 하나 없이 모두가 마음부자들이어서 서로 돕고 나눠먹고 울력하며 함께 살던 천국이고 낙원이었다.

그러나 이곳 고향마을이 '옥룡자유세비록'에 나오는 전설의 풍수명당 운중반월이라는 것은 공부를 한참하고야 깨우쳤다. 방장산, 옥녀봉, 장군봉이란 산이름 조차도 풍수열쇠 없이는 뜻을 제대로 풀 수 없다. 우리 동네 초등학교 가는 통학길에 있던 성황당길 얕으막한 능선이 옥녀봉 선녀님의 가야금이었던 것이다. 이곳의 여섯 마을들은 구름속의 반달을 딴 달

월자月를 쓴 동네 셋, 물가정자汀를 붙인 동네 셋을 조화시켜 땅이름으로 월자와 정자의 문자비보로써 산태극수태극 모양으로 만들고 한가운데 흐르는 물이름이 운월천雲月川이었다. 눈 뜨고 보니, 이곳이 우리 선인들이 만드신 풍수상의 이상국가였던 것이다. 필자는 이 풍수미학을 널리 알리기 위해 고창 마실길을 열면서 양고살재에 새로 지은 정자이름을 운월정으로 작명하였다.

땅이름의 조화 덕분에 초등학교 시절 동무들과 축구시합을 하거나 편을 갈라야 할 때면 우리는 약속처럼 늘 월자, 정자 편으로 갈랐다. 월자 동네가 셋, 정자 동네가 셋이니 항상 균형이 잘 맞기 때문이다. 이 땅에 터잡고 사는 성씨들도 한결 같이 운중반월 길지를 찾아 세거지를 삼은 것이다. 외정, 월암마을의 조양임씨, 석정, 월산, 월암의 창녕조씨, 산정의 김해김씨, 광산김씨, 강릉유씨, 수월의 직산조씨 등은 모두 운중반월 명당터에서 가문번영을 꿈꾸며 입향한 것이었다. 풍수의 창으로 바라보니, 내고향 운중반월 형국은 참으로 아름다운 하늘과 땅에 역사와 사람의 무늬가 새겨진 우주였다. 풍수의 눈이 아니면 읽을 수 없는 한국문화의 심오함과 아름다움이 아닐까?

필자는 공직의 상당부분을 문화유산 활용, 한류의 산업화, 문화입국이란 화두들 붙들고 문화현장에서 일했다. 필사의 문화현장 경험상으로도 한국전통문화를 올바로 해석하기 위해서는 풍수가 필수 교양과목이었다. 천지인이 합일상생해야 한다는 하늘그물망의 풍수사상은 영원한 생명력을 가진 빛나는 한국의 문화유산이자 사상이다. 그럼에도 일제강점기를 거치면서 일천년 관학인 풍수학이 미신으로 술수로 내쳐진 적이 있었다. 그런 탓인지 유학자, 실학자 연구에서도 이른바 풍수나 잡학은 소외된 영역이었다. 실학연구에서도 호남파 실학자 연구는 근기학파에 비해 응달진 곳이었다. 우리의 아름다움은 천지인 합일의 조화와 어울림에서 비롯한다. 그동안 햇볕을 덜 본 곳을 돌아보는 일이 아름답다고 여겼다. 공직수행을 위해 공부한 행정학, 법학을 거쳐서, 하고싶은 공부인 문사철에 입문하여 늦깎이로 도전한 역사학에서 남들이 덜 찾은 곳을 찾다보니 풍수학과 호남실학자를 만났다. 아마도 나의 기와 맞았으리라. 나는 문사철 공부에서 정혈을 할 수 있을까?

이교구류에 달통한 삼천재의 풍수사상을 좇는 길은 어렵고 험한 길이었다. 이 구산의 길목에서 주산이 되어주시고 때로는 유정한 좌청룡 우백호가 되어서 초학자의 학문의 길을 감싸주신 여러 학은에 감사한다. 필자는 방송대에서 독학을 한 덕분에 박사과정이 최초의 한국 정규대학생활인 셈이다. 한국사를 공부하는데 주산의 맥이 되어주시고 이 책을 펴내도록 용기를 주신 하우봉 지도교수님께 머리숙여 감사한다. 사학과의 하태규, 한문종 교수님께도 신세를 졌다. 최창조 교수를 이어 한국풍수학계의 희망인 김두규 교수님께서 풍수학을 눈뜨게 해주시고, 숱한 현장답사지도를 해주셨다. 풍수학인 선문대 최낙기 박사님께서는 현장답사와 자료제공으로 많은 도움을 주셨다. 한국 유학사를 새롭게 쓰실 이형성 박사님께는 수시로 한문원전 자문을 받아 늘 기댈 언덕이 되어주셨다. 그밖에도 일일이 거명하지 못하는 사학과와 전북대 이재연구소 학문도반들께도 많은 마음빚을 졌다. 현장답사시 많은 도움을 주신 후손들과 향토사학자들께도 이 지면을 빌어 감사함을 표한다. 초학자의 모자란 연구를 기꺼이 출판해주시는 한국학의 보루인 경인문화사와 직원들께도 감사드린다. 이 연구의 주 원전자료인 『여암전서』와 『존재전서』를 펴낸 곳도 경인문화사가 아니었던가. 감사할 따름이다. 평생 돈버는 일에는 취미가 없는 필자가 제2의 인생도 돈되지 않을 공부에 빠졌는데도, 기꺼이 밀어주는 아내와 아들딸에게도 감사와 미안한 마음을 전한다.

"구름에 달 가듯이 가는 나그네"－환갑이 되어 조상님 뼈묻은 고향에 돌아와 한국적 서정성이 잘 담겼다는 이 싯구를 다시 보니, 하늘그물망 속에서 천지인이 어울려 살아가는 운중반월 사람을 노래하는 풍수시였다.

당대에는 차별의 땅에서 사시며 큰 벼슬을 못하여 경륜천하의 기회가 없으셨지만, 위대한 사상과 천지인을 달통한 학문적 업적으로 우리의 사표가 되어 역사속에 영원히 사실 위대한 호남의 대학자 신경준, 위백규, 황윤석 세 분의 큰 스승께 모자란 이 책을 삼가 바친다.

단기 4349(2016)년 11월
방장산 아래 운중반월 탯자리에서 유기상 씀

추천의 말

본인이 저자를 처음 만난 시기가 언제인지 정확하게 기억이 나지 않는다. 아마도 전주시와 전라북도의 문화 관련 일을 하는 과정에서 만났을 것이다. 2007년 전북대학교 부설로 이재연구소를 설립하였을 때 그로부터 적지 않은 도움을 받았다. 이후에도 그는 연구소 일에 많은 관심을 보이면서 협조해 주었다. 당시 받은 인상은 매우 솔직하고, 일을 신속하고 명쾌하게 처리하는 공직자이구나 하는 것이었다.

본격적으로 인연을 맺은 계기는 2010년 저자가 전북대학교 대학원 박사과정에 입학하면서부터이다. 당시 저자는 전라북도 문화관광국장직을 맡고 있었으며, 이어 익산시 부시장과 전라북도 기획관리실장으로 영전하였다. 그는 바쁜 공직생활 가운데서도 대학원 세미나에 빠지는 일이 거의 없었다. 내가 기억하기로 유일한 사례는 익산부시장 재직 시절 홍수가 나서 현장의 상황을 살피고 대책을 지휘하기 위해 결석한 것뿐이다.

저자가 대학원에 다니는 동안 그에 관해 보다 자세히 알게 되었고, 이런저런 이야기를 들을 수 있었다. 그는 어려운 가정 사정으로 인해 대학교에 진학하지 못하고 고창고등학교를 마치고 9급 공무원으로 출발하였다고 한다. 그 후 공직생활을 하면서 방송통신대 행정학과를 졸업하였고, 이어 국비유학생으로 일본 가고시마대학 대학원에서 법학석사를 취득하였다. 이후 7급 공채와 행정고시에 합격해 국가고위공무원까지 진출하였다. 이런 입지전적인 이력으로 인해 전라북도에서는 '공직 성공 신화의 모델'로 알려졌다. 그는 노동부, 정보통신부, 총무처, 내무부 등 중앙정부와 전라북도, 전주시, 익산시 등 지방정부에서 다양한 공직을 역임하였다. 그 가운데서도 문화와 관련된 일을 많이 맡아서 자타가 공인하는바 전라북도 문화전문가가 되었다. 그는 전주시 문화영상산업국장에 이어 세 차례에 걸쳐 전라북도 문화관광국장을 역임하면서 전주한옥마을, 전주국제영화제, 전주세계소리축제, 익산역사유적지구 세계문화유산 등재, 판소리 세계문화유산 등재 등의 사업들을 구상하고 실행하였다고 한다. 특히 주목되는 것은 그가 전라북도의 공무원들이 '같이 일하고 싶은 상사' 1위로 뽑혔으며, 전라북도 공무원노동조합이 '베스트간부'로 선정했다는 사실이다.

저자 유기상 박사는 유년시절 서당에서 한문공부를 하였으며 인문학에 취미가 있었다고 한다. 그는 공직생활 중에도 주경야독으로 민족문화추진회(현 한국고전번역원) 전주분원에서 국역연수원과정을 수료하였다. 대학원 세미나에서 그가 한문 해독에 상당한 수준을 지니고 있음을 알 수 있었는데, 이러한 노력 덕분이었다. 2014년 전라북도 기획관리실장을 마지막으로 명예퇴직한 후에는 『수필과 비평』을 통해 수필가로 등단하기도 하였다.

유기상 박사의 박사학위논문 주제는 실학자의 풍수사상이다. 정확한 제목은 "조선후기 호남파 실학자의 풍수인식과 풍수생활 ; 황윤석, 위백규, 신경준을 중심으로"이다. 그는 문화현장에서 오랫동안 일한 경험을 바탕으로, 풍수가 우리 민족의 소중한 문화적 자산이며 한국과 동아시아 문화의 기층을 해석히는 키워드라는 생각에서 풍수사상을 연구하였다. 오늘날 인류가 당면한 지구환경 문제와 지속가능한 개발이라는 관점에서도 천지인합일天地人合一을 강조하는 풍수사상은 인간과 자연이 공생하면서 조화를 추구한다는 점에서 그 가치가 재조명되어야 한다고 보았다.

이러한 문제의식을 바탕으로 호남의 3대 실학자인 고창의 이재 황윤석, 순창의 여암 신경준, 장흥의 존재 위백규의 풍수사상을 집중적으로 분석하였다. 그들이 남긴 문집에 대한 세밀한 분석뿐만 아니라 집안과 마을에 전해내려 오는 구전설화, 현지의 묘소와 생가 등에 대한 확인조사를 거쳐 결론을 도출하였다. 이러한 작업을 통해 호남파 실학자들이 제시한 풍수에 관한 이론을 처음으로 학계에 소개하였고, 실학자들의 풍수에 관한 입장이 '반풍수反風水'라는 기존의 인식이 사실과 다르다는 점을 실증적으로 논증하고 있다. 그래서 이 논문은 호남 실학의 다채로운 속살의 일면을 밝혀내었다는 점, 전통풍수학에 대한 학문적 토대를 보다 튼튼하게 했다는 점에서 심사위원 전원으로부터 독창성과 학술적 기여도가 충실하다는 평가를 받았다.

본서는 저자의 박사학위논문을 독자들이 보다 쉽게 이해할 수 있게 정리한 것이다. 강호제현의 일독을 권해 마지않는 바이다.

2017년 2월
전북대학교 사학과 하우봉

발 문

　우리민족의 풍수 본질을 정확하게 파악한 이는 우리나라 학자가 아닌 일본인 학자 무라야마 지준村山智順입니다. 1931년 그가 펴낸『조선의 풍수』에서 그는　당시 조선 지식인들의 풍수에 대한 혐오와 기피를 비판하였는데, 그러한 비판은 서구학문에 경도된 지금의 지식인들에게 그대로 적용됩니다. 동시에 그는 "풍수가 조선사회의 특질特質로서 멀리 삼국시대부터 신라·고려·조선이라고 하는 유구한 세월을 거쳐 왔으며 그 영향력은 미래에도 깊은 영향을 줄 것"이라고 예언하였습니다. 80여년이 지난 지금 그의 예언이 허언이 아님은 작금의 한국풍수가 증명하고 있습니다.

　최근 들어 특수대학원과 사회교육원에 많은 풍수 강좌가 개설되고 많은 석·박사들이 배출되며 동시에 많은 논문들이 양산되고 있습니다. 그러나 이러한 현상이 결코 다행스러운 것이 아니라는데, 풍수학계 선배 최창조(전 서울대) 교수와 저와의 공통된 의견입니다. 그간 '강단학파'를 비난하던 재야 풍수술사들이 대거 특수대학원의 세례를 받고 석·박사논문을 양산하고 있습니다. 진지한 학문적 작업과 자세가 필요한데 그 논문들의 수준이 극소수를 제외하고는 대단히 유감스럽습니다. 표절과 짜깁기 혹은 교과서 정리 수준의 극히 열악한 논문들입니다. 이러한 세태는 두 가지 원인에서 기인합니다. 첫째, 대부분 한문으로 되어 있는 풍수고전을 해독할 수 있는 실력이 전무하다는 것입니다. 이것은 마치 영어도 모르고 영어 선생을 하려는 것과 다를 바 없습니다. 둘째, 땅을 읽어낼 수 있는 현장 감각이 없다는 점입니다.

　고려와 조선에서 풍수학은 공인 관학이었습니다. 조선왕조의 멸망과 더불어 소멸되었던 우리민족의 풍수학이 맥을 이어져 올 수 있었던 것은 몇몇 선배 학자들 덕분입니다. 무라야마 지준(村山智順·작고)은 앞에서 언급한 대로입니다. 이병도(역사학) 박사가 해방 후에 출간한 『고려시대의 연구』는 고려의 역사가 풍수를 배제하면 해석할 수 없음을 보여줌과 동시에 당시 고려의 풍수가 어떠하였는지까지를 보여주는 귀중한 작업입니다. 이 책을 통해 고려의 역사뿐만 아니라 풍수 실무를 배울 수 있다는 것이 또한 장점입니다. 연세대 배종호(철학) 교수는 1960년대에 풍수를 한국사상의 일부로 편입시키는 업적을 남겼습니다. 풍수가 사상이 될 수 있음을 보여준 것이지요. 이를 바탕으로 최창조 교수가 남·북한 모두에 풍수가 하나의 학임을 각인시켜주었습니다. 특히 그는 서울대 교수로서 풍수를 대학에서 가르친 최초의 학자였습니다. 그런데 풍수를 비판하는 일부 동료들 때문에 자의반타의반 학교를 그만둘 수밖에 없었습니다. 그를 통해 풍수가 다시금 학문의 반열에 오를 수 있었지요. 그런데 그러한 업적과 기여를 무시하는 그 제자들과 시중의 술사들이 있음은 안타까운 일입니다. 이후 1990년대까지 박시익(건축학)·이몽일(지리학)·김혜정(중문학) 등의 박사 논문은 우리민족의 풍수를 학문적 차원에서 정리한 의미 있는 작업입니다. 이것이 최근까지의 한국 풍수학계의 큰 흐름입니다. 이후 풍수학계에 특별한 진척이 없었습니다. 앞에 언급한 대로 대부분의 논문들은 표절과 짜깁기 그리고 기존 풍수서적 요약 혹은 천편일률적인 글쓰기 들입니다. 천편일률적 글쓰기라 함은 예컨대, '○○사찰과 풍수'·'○○서원과 풍수'·'○○종택과 풍수' 등이 대표적인데, 이러한 논문은 전국에 산재하는 사찰과 서원 혹은 종택 수만큼 많이 나올 수 있습니다. 과연 그러한 글을 학적 작업이라고 할 수 있을지 의문입니다.

　이러한 풍수학계의 상황에서 유기상 박사의 『조선후기 실학자의 풍수사상』은 풍수학 연구의 새로운 가능성을 열어주고 있습니다. 특정 시기·특정 지역·특정 학파의 풍수관을 통해 당대 시대의식을 정리한 것이 유기상 박사의 『조선후기 실학자의 풍수사상』입니다. 이병도 박사의 『고려시대의 연구』가 고려시대 전체를 관통하는 풍수사를 연구한 것이라면 유기상 박사의 방법론은 그 대척점에 서 있다고 할 수 있습니다. 황윤석·위백규·신경준이라는 호남의 3대 천재 실학자들의 풍수관을 통해 '실학자反풍수론'이 잘못되었음을 밝혀냅니다. 동시에 실학자들이 어떻게 풍수를 수용하였는가에 대한 구체적 논거를 제시하고 있습니다.

이 책이 훌륭한 데는 몇 가지 이유가 있습니다. 유 박사는 한문 원전을 정확하게 해독하고 있습니다. 다른 '풍수학자'들과 다른 점입니다. 둘째, 유 박사가 연구대상으로 하는 현장(무덤과 생가)들을 모두 답사하여 3인의 실학자들의 대지관과 풍수관을 밝혀내고자 하는 노력입니다. 셋째, 유 박사는 고위공무원으로서 오랫동안 문화·관광정책을 담당하였습니다. 그러한 실무감각은 단순히 학교에서 이론만으로 세상을 해석하는 것과 비교할 수 없는 구체성과 합리성을 이 책에 불어넣어주었습니다. 넷째, 박사논문 지도교수인 하우봉(전북대·역사학) 교수로부터 학적 방법론을 제대로 터득하였습니다. 참고로 하우봉 교수는 필자의 의형인 최창조 교수와 필자의 사부인 김기현(전북대·퇴계학) 교수와 친하기에 필자도 자연스럽게 인연을 맺은 지 오래입니다. 유 박사가 풍수로 박사학위를 하고 그 결과물을『조선후기 실학자의 풍수사상』으로 출간하게 된 것도, 필자가 발문을 쓰게 된 것도 이와 같은 인연의 결과라고 생각합니다.

『조선후기 실학자의 풍수사상』은 단순한 호남파 실학자의 풍수관만을 소개하지 않습니다. 그들이 이해했던 풍수내용과 풍수론 및 그들이 잡았던 묘지와 생가 등등을 풍수적 관점에서 자세히 소개함으로써 풍수를 공부하고자 하는 분들에게 교과서이자 답사 안내서 역할을 해줍니다. 책의 출간을 축하하며 동시에 풍수에 관심 있는 분들께 적극 추천합니다.

2017년 2월

心齋 김두규

(우석대 교양학부 교수, 문화재청 문화재전문위원(풍수지리))

‖ 목차 ‖

저자 서문
추천의 말
발 문

제1장 왜, 지금, 또 풍수사상인가?

제2장 풍수사상의 이론체계와 시대적 변천

제3장 『이재난고』로 되살려본 조선후기 풍수학의 실상

제4장 천지인을 달통한 이재 황윤석의 풍수사상

- 착한 사람이 좋은 터를 만난다(吉人逢吉地) -

【표 목차】

【사진 목차】

제1장

왜, 지금, 또 풍수사상인가?

1. 문제제기와 연구목적

이 책은 조선후기 호남파 실학자의 풍수사상을 고찰한 것이다. 풍수는 본디 사람이 터잡고 사는 땅의 환경을 살피는 지혜틀이다. 그러나 한국문화 속에서 풍수사상의 원형은 땅과 함께 사람과 하늘이 더불어 어울리고 관계하면서, 상생의 우주그물망 속에서 천지인이 공생하고 공진共進하는 우주관이자 자연철학이다. 필자는 이러한 시선으로 풍수사상을 살피고자 한다.

21세기 첨단과학문명의 세상에서도 과연 풍수는 미신과 술수를 뛰어넘어, 사람살이에 보탬이 되는 유용한 지혜일까? 풍수학자 최창조는 현대 한국 풍수사상의 논점으로 세 가지를 제시한 바 있다.[1] 첫째, 풍수사상이 과연 우리민족의 지혜이냐 아니면 쓸모없는 미신이냐? 둘째, 풍수가 과연 활용가치가 있는 민족의 지혜라면 그 사상성은 어떤 것인가? 셋째, 풍수가 지닌 땅에 대한 논리들이 과연 오늘날에도 유효할 수 있느냐는 것으로, 이는 현대 풍수학에 대한 근본적 물음이다.

한국사에서 풍수의 역사는 우리 민족의 역사와 궤를 같이 한다. 풍수사상의 흔적은 「단군고사檀君古史」에도 나타날 만큼 오래되었고, 우리민족의 기층사상이면서 시대를 초월하여 일상생활에 활용해 온 소중한 정신문화유산이다. 풍수지리사상은 삼국시대부터 자생풍수自生風水 혹은 중국에서 유입된 풍수 지식들이 시대에 따라 변용되면서, 국가통치나 민중들의 생활속에 깊게 배어 있는 기층사상基層思想이라 할 수 있다. 고려시대에는 「훈요십조」에도 포함되어 풍수지리가 공식적인 국가통치철학으로 작동하는 등, 오랜 동안 풍수사상은 지역안정과 사회통합을 위한 적극적인 역할

---

1) 최창조, 2005, 『풍수잡설』, 모멘토, 149쪽.

을 하였다.[2]

조선시대에도 '주유야풍晝儒夜風'이라고 풍자되었듯이, 공식적 통치이념
은 유교였지만, 실질적·비공식적인 통치이념으로 풍수가 활용되었다. 국
가질서 유지를 위한 상도常道로서의 유학과 함께 국가통치의 '권도權道'로
서 풍수가 인정되어 온 것이다.[3] 유교국가 조선에서도 가장 유교적인 공
간이며 유교상징의 건축물인 향교나 서원의 조성도 철저하게 풍수원리에
의해 터를 잡고 건물을 배치한 것이 실제현상이다. 따라서 하나의 문화를
제대로 이해하기 위해서는 그 뿌리인 사상신앙을 살펴야 할 것이다.

조선시대 문화의 이면적裏面的이며 근본적인 현상의 하나가 풍수이
다.[4] 조선 특히, 조선후기 국정현안의 대부분이 묘지풍수와 관련한 산송
山訟이었음은 "요사이 상언上言한 것을 보자니 산송이 10의 8, 9나 되었
다."는 영조의 발언에서 알 수 있다.[5] 또한 규장각 소장문서를 분석하면
산송관련 소지류所志類가 1,167건이나 되고, 그 가운데 투장偸葬, 금장禁葬
등 분산수호권墳山守護權 소송이 819건으로 전체의 7할을 차지하였다는 통
계를 보면 풍수가 가히 기층사상이었음을 짐작할 수 있다.[6]

이렇게 국가운용의 이념 내지는 통치수단으로 오랫동안 활용되었으며,
기층사상이었던 풍수는 일제강점기부터 60여 년 동안 제도와 학문 양자
에서 동시에 미아신세가 되고 말았다. 풍수지식은 고려초 현종 때부터 조
선말까지 거의 천년 가까이 국가기구와 관원에 의해 제도적으로 활용되고
학습되어 온 관학이었다. 그러나 일제강점기에 풍수담당 공식기구가 폐지
되면서 학문의 장에서도 사라지고, 민중들의 정신세계로 침잠하여 미신과

---

2) 박용운 외, 2009, 『고려시대사의 길잡이』, 일지사, 118쪽.
3) 이화, 2005, 「조선조 풍수신앙연구 : 유교와의 상호관계를 중심으로」, 서울대학교
   박사학위논문.
4) 村山智順, 2008, 『朝鮮の風水』(영인본), 民俗苑, 1~6쪽.
5) 『영조실록』 권11, 3년(1727) 3월 20일(정미).
6) 김경숙, 2002, 「18-19세기 사족층의 분산대립과 산송」 『한국학보』 28-4, 60쪽.

술수로 평가절하된 것이었다.

　1970년대 이후 민족 전통지식에 대한 재평가 바람과 함께 풍수학의 복권을 위한 활발한 연구활동의 노력에 힘입어, 대학교육과정에 풍수학이 도입되기도 하는 등 실로 다양한 분야에서 풍수학 연구가 부활하였다. 그렇다면 과연 오늘날에도 풍수는 가치있는 겨레의 정신문화유산일 것인가? 때마침 민족의 정신문화유산인 한국풍수를 인류의 세계문화유산으로 등재하려는 학술대회가 2015년 3월 국회에서 열렸다.[7] 한국의 풍수문화를 유네스코 세계문화유산에 등재하려면 한국만이 아닌 인류공통의 보편적인 가치를 지녔으며 그 가치가 탁월한가를 따지는 요건, 이른바 '탁월하고 보편적인 가치(outstanding universal value : OUV)'가 세계적으로 인정되어야만 한다. 이날 주제발표한 대부분의 학자들은 한국풍수가 동아시아 환경지식유산으로서 '탁월하고 보편적인 가치'를 가졌으며, 환경생태사상으로서의 미래가치가 더욱 조명될 것이라고 전망하였다. 이웃 중국은 2012년 이미 풍수의 세계문화유산 등재작업을 시작하고 국제학술대회를 열기도 하였다.

　풍수사상은 동아시아 문화의 기반사상적 공통분모의 하나라 할 수 있다. 흔히 유교와 불교 등이 동아시아 사상의 주류인 것처럼 이해되고 있으나, 역대 왕조의 흥망사를 살펴 보면, 불교나 유교가 아닌 풍수, 법가, 병가가 결정적인 역할을 하였다. 풍수는 더러 도참과 결부되어 새로운 국가 혹은 정권창출의 이념을 제공하기도 하였다.[8] 필자는 풍수가 한국은

---

7) 2015. 3. 27 개최된 이 학술대회는 남도민속학회, 한국 전통풍수 세계화추진위원회가 주관하고, 도선국사 풍수비법학회 등이 후원하였다. 박수진,「풍수지리의 인류 보편적 가치」; 구중회,「조선시대 관학풍수 연구－천기대요를 중심으로」; 민병삼,「도선의 전통풍수사상 형성배경에 관한 연구」; 최원석,「한국풍수의 동아시아적 특색과 도선의 비보풍수」; 이진삼,「한국 전통풍수의 인류 무형문화유산적 가치」; 양종승,「풍수, 새로운 인식과 무형적 지혜, 그리고 유네스코 인류무형문화유산 전략」을 각각 발표했다.

8) 김두규, 2003,『우리풍수이야기』, 북하우스, 7쪽.

물론 동아시아 문화의 기층을 들여다 볼 수 있는 숨겨진 코드라고 생각한다. 문화유산 관련 행정과 사업을 오랫동안 수행해 온 필자의 개인적 체험에서 보자면, 우리 문화유산을 제대로 해석하려면 풍수사상에 대한 기초지식이 없이는 불가능하다고 생각한다. 이러한 깨우침이 필자가 풍수에 관심을 갖게 된 까닭이다.

현대에도 풍수지리는 상당한 영향력을 여전히 갖고 있으며, 앞으로는 동양의 우주론적 체계로서나, 종합학문으로서의 지기학地氣學이라는 새로운 가치로서 풍수가 재조명 될 것으로 전망된다.9) 특히 인간과 자연의 상생의 지혜로서 인문과학과 자연과학을 통섭하는 '통섭의 생태학', 한국인의 땅을 읽는 마음틀인 '지심학地心學'geomentality,10) 역사문화지리학으로서의 가치와 가능성이 부각되고 있어서 미래에도 여전히 유용할 것이라고 예측한다.

특히 지구촌의 미래를 생각할 때, 세계적 화두인 생명사상과 '지속가능한 개발'이라는 명제의 대안적 사상으로서의 풍수사상의 가치가 돋보일 것이다. 이에 대해 일찍이 20여 년 전에 김지하 시인은 풍수에서 현대문명의 온갖 병리현상을 치유할 수 있는 기운을 예감하였다.

> 인간과 인간, 인간과 지구와 우주와의 신기(神氣)의 통신이 가능하다면 현문명의 모든 장애와 병폐와 모순은 다 극복될 수 있다. 생명과 영성, 그리고 그것을 모으고 길러 새로운 창조의 기운을 생산하는 풍수의 기본원리에서 새 문명의 길을 찾아야 할 것이다.11)

---

9) 김두규, 2008, 『풍수강의』, 비봉출판사, 217~223쪽.
10) geomentality란 땅을 보는 '마음됨됨이', 또는 땅을 평가하는 '마음 틀' 즉 심성를 뜻한다. 한국인의 심성에는 풍수사상이 그 근저에 깔려있고, 풍수설은 한국인들이 경관을 평가하고 이용하는데 중요한 역할을 해 왔다. 윤홍기, 2011, 『땅의 마음』, 사이언스북스, 193~267쪽.
11) 김지하, 1991, 「풍수사상을 다시 보니」 『신동아』 1991.1월호, 444~463쪽.

풍수는 우주 속의 유기체로서의 천, 지, 인 그리고 천지인의 합일과 소통을 중시하는 우주관을 갖고 있다. 사람과 땅과 하늘과의 관계의 그물망 가운데서 상생과 조화를 위한 신기神氣의 통신, 즉, 천지인 소통과정에서 풍수사상은 매듭고리(結節點)로서의 구실을 할 수 있다고 여겨진다. 오늘날의 지구환경문제, 빈부격차, 사회계층간·지역간 갈등의 문제, 인간소외의 문제, 멸종위기 생물의 문제 등 인류생존을 위협하는 지구촌 차원의 제문제의 근원적인 요인은 인간의 탐욕과 관계의 그물망을 무시하고 우주순환 논리를 거스르는 역주행 때문이다.

따라서 천지인 공존공생을 지향하는 우주관의 회복이 절실히 필요한 시점이다. 하늘과 땅을 오가며 소통을 하는 근본적인 우주의 기는 '풍'과 '수'이다. 그렇다면 천지인 소통, 천지인 합일의 지혜로서의 풍수사상을 새롭게 조명해 볼 가치가 있다고 생각한다.

다음으로 왜 조선후기 호남과 실학자의 풍수사상과 풍수생활에 주목하였는지의 문제의식은 다음과 같다. 시대적 배경으로서의 조선후기는 임진전쟁 이후 국가사회의 구조적 변혁의 시기였다. 특히 풍수사적으로는 임진전쟁 종군 풍수참모들에 의한 중국풍수의 유입, 이기파理氣派 풍수와 음택발복 풍수, 산송의 만연 등으로 풍수의 시폐기 극심하였다. 한편 실학자들을 중심으로 새로운 국토인식과 지리관 확립 등 실사구시적인 국학인식의 기운이 일어난 때이다. 18세기 들어 특히 정조는 조선의 역대국왕 중 풍수실력이 가장 뛰어났다고 알려져 있다. 오늘날 융릉隆陵인 영우원천봉永祐園遷奉, 화성건립, 수원부 이설조성 등 풍수관련 대형국가사업을 자주 벌리다 보니 풍수가 조정의 정책의제로 빈번히 등장한 시기였다.

그간 풍수학사에서 나말려초, 고려시대, 여말선초에 관해 많은 선행연구들이 있었으나, 조선후기 풍수연구는 고문서와 산송자료를 사료로 한 산송연구 등이 주류였다.12) 또한 기존의 조선시대 풍수연구는 주로『조선왕조실록』등 관찬사서 중심으로 천도와 왕릉 조성 등을 둘러싼 주요

풍수학인들의 논쟁에 관한 것이 주류였고, 민중들의 풍수사상과 풍수생활
의 실상을 조명한 연구는 거의 없었다.

기왕의 풍수학계의 실학자들의 풍수관 연구 줄기흐름을 보자면, 실학
자들은 택리擇里와 같은 양기풍수에는 긍정적이나, 묘지풍수에는 부정적
이다는 것이었다. 즉, 이익, 홍대용, 정약용 등의 사례를 들어서 대부분
실학자들은 동기감응론을 부정한 이른바 '반反풍수론자'로 결론짓고 있다.
과연 그렇게 간단히 정리될 주제일까? 윤홍기는 "한국풍수문화는 다른 문
화권에는 없는 한국과 중국의 문화테두리 안에서 생성발전된 택지술이자
길지발복 신앙체계사상으로서, 종교적·합리적·과학적·미신적 면이 다 조
금씩 녹아있는 택지술이다."[13)고 하여, 풍수사상의 복합적 성격을 말하고
있다.

필자는 묘지 발복풍수 하나의 사례로 복합적 성격인 풍수전체를 통틀
어서, 실학자는 반풍수론자로 단순화 하는 기존의 논의는 방법론 측면이
나 내용면에서도 오류 혹은 오해의 소지가 있다고 생각한다. 따라서 실학
자들의 풍수사상을 풍수담론과 그들의 풍수인식을 비교함과 동시에 실제
풍수의 실천행위인 풍수생활까지를 살펴본 다음에, 풍수학의 이론체계에
비추어 원점에서부터 새로운 시각으로 다시 분석해 볼 필요가 있다고 생
각한다.

한편 실학자들의 풍수인식을 거론한 몇 편의 논문에서도 호남과 실학
자들은 거의 다루지 않았다. 조선후기 호남은 실학의 산실이었다. 실학의
비조鼻祖인 반계磻溪 유형원柳馨遠(1622~1673)이 20년간 전라도 부안에서 살
면서 『반계수록磻溪隨錄』을 완성하였고, 이후 조선후기 실학사상의 대종

---

12) 전경목, 1996, 「조선후기 산송연구」, 전북대학교 박사학위논문 ; 김경숙, 2002,
   「18~19세기 사족층의 분산대립과 산송」『한국학보』28권4호 ; 이화, 2013, 『조선
   시대 산송자료와 산도를 통해 본 풍수운용의 실제』, 민속원.
13) 윤홍기, 2001, 「한국 풍수지리 연구의 회고와 전망」『한국사상사학』17, 13쪽.

은 호남지방과 근기지방을 중심으로 전개되었다.14) 18세기 중엽부터 호
남파 실학자들이 본격적으로 등장하였으니, 순창의 신경준申景濬, 고창의
황윤석黃胤錫, 장흥의 위백규魏伯珪, 화순의 하백원河百源, 이윤성李潤聖, 나
경적羅景績 등이 그들이다. 이들의 실학사상은 유형원의 영향을 받으면서
성장하였고, 18세기 중엽에 이르러서는 독자적인 경지로 발전되었다고 할
수 있다. 특히 자연과학과 언어학, 지리학 분야에서 정체를 발하는 독자
적인 실학사상으로 발전하였다.15) 그럼에도 불구하고 기존의 유학자, 실
학자의 풍수관 연구에서는 호남학자들은 거의 주목받지 못하였다. 이것은
호남파 실학자들의 풍수에 대한 저술이 없거나 드러난 학자가 없어서인
가? 아무래도 그렇지는 않을 것 같다.

　호남은 원래 백제시대부터 풍수를 비롯한 새로운 문화와 사상을 먼저
흡수하는 토양이 있어서, 주자학 일존 사회에서도 이교구류의 다양한 사
상을 잉태하고 키워온 곳이었다. 여러 기록에서 보면 풍수도 호남에서 가
장 발달하였고, 조선조 양대 국풍國風이라 불리던 박상의朴尙義나 이의신
李懿信을 비롯하여 빼어난 풍수학인들도 많이 배출한 곳이 호남이다. 그런
데도 풍수학 연구대상에서 호남지역 학자들이 이름을 못 올린 것은, 아마
도 호남학자들이 상대적으로 조명되지 못한데다가, 호남학자들을 가벼이
보는 태도가 부지불식간에 작용하지 않았을까 추측된다. 예를 들어 경기
출신 성호 이익李瀷의 묘지풍수설 비판에 인용된 사례는 정작 전라도 전
주부의 사례였다. 전라도를 살만한 땅이 아니라고 혹평을 하여 전라도 혐
오증을 전파하는데 일조한 이중환李重煥은 전라도를 한번도 와 보지도 않
고서 선입견만으로 『택리지』에 그런 불순한 기록을 남겼다고 한다.16)

---

14) 하우봉, 2013, 「반계 유형원과 호남실학」 『건지인문학』 10, 294~297쪽.
15) 하우봉, 앞 논문, 299쪽.
16) 이희권, 2005, 『역사로 보는 전라도』, 신아출판사, 206쪽 ; 『택리지』 「卜居總論」,
　　 "夫全羅平安 則余所不見."

아무튼 풍수학과 실학의 산실이면서도 아직 연구대상이 되지도 못하였고, 벼슬살이에서도 현달하지 못하여 실제보다 저평가된 것으로 보이는 호남파 실학자를 조명하는 일은 학문과 지역의 균형발전을 위해서나 여러 모로 의의가 있다고 생각한다.

2. 한국풍수학의 연구동향 개관

일제강점기에 들어서 풍수는 국가의 공식기구와 학문영역에서 동시에 지워지고, 민중들의 정신세계 속에 침잠하여 미신과 술수로서 세상을 떠돌았다. 그러던 풍수술이 1970년대에 이르러 풍수학으로 소생하는 움이 다시 텄다. 1970년대 이후 최창조의 활약으로 풍수학이 주목을 받으면서 재야와 학계에서 활발한 논의가 일어났다. 대학에도 풍수지리 전공학과들이 생겨나고 사회교육원이나 특수전문대학원에서 풍수강좌와 풍수연구, 풍수관련 저술들이 다양한 분야에서 봇물 터지듯 쏟아져 나왔다.

본 연구의 방향설정을 위한 가늠자로 삼기위해, 먼저 최근 2000년 이후의 주요 풍수학 논문을 중심으로 풍수관련 연구경향을 개관해 본다. 최근에는 우선 풍수라는 소재가 전통적인 역사지리학 뿐만 아니라 실로 다양한 분야의 연구소재가 되었다는 점이 눈에 뜨인다. 역사학,[17] 지리학,[18]

---

17) 역사학 쪽에서 접근한 풍수학 주요 논문은 아래와 같다.
　　김기덕, 2004, 「고려시대 개경과 서경의 풍수지리와 천도론」『한국사연구』127.
　　김두규, 2004, 「조선후기에는 왜 묘지풍수가 유행했나?」『내일을 여는 역사』17.
　　강환웅, 2004, 「조선초기의 풍수지리사상 연구」, 세종대학교 박사학위논문.
　　김기덕, 2005, 「고려중·후기 천도논의와 풍수·도참설」『역사민속학』, 역사민속학회.
　　배상열, 2009, 「조선후기 실학파의 풍수관 연구」, 원광대학교 박사학위논문.
　　장성규, 2009, 「『조선왕조실록』의 풍수지리 문헌연구」, 공주대학교 박사학위논문.
　　장지연, 2010, 「고려, 조선초 국도풍수 연구」, 서울대학교 박사학위논문.

종교·철학,19) 문학·민속학,20) 건축학,21) 환경생태·도시계획·조경학,22)

박정해·한동수, 2011,「조선유학자들의 동기감응론 인식」『한국민족문화』41.

이수동, 2013,「조선시대 음양과에 관한 연구」, 원광대학교 박사학위논문.

홍성서, 2013,「조선시대 음양과 지리학 과시과목의 문헌연구」, 영남대학교 박사학위논문.

김두규, 2014,「『신지비사(神誌秘詞)』를 통해서 본 한국풍수의 원형 : 우리 고유의 터잡기 이론정립을 위한 시론」『고조선단군학』31.

18) 지리학 쪽에서 접근한 풍수학 주요 논문은 아래와 같다.

최원석, 2000,「영남지방의 비보」, 고려대학교 박사학위논문.

권선정, 2003,「풍수의 사회적 구성에 기초한 경관 및 장소 해석」, 한국교원대 박사학위논문.

윤태중, 2008,「풍수지리의 定穴法에 관한 지리학적 연구」, 대구가톨릭대학교 박사학위논문.

박성대·성동환, 2012,「퇴계유적지에 담긴 퇴계의 풍수에 대한 인식」『한국학논집』49.

19) 종교학, 철학분야 쪽에서 접근한 풍수학 주요 논문은 아래와 같다.

이 화, 2005,「조선조 풍수신앙 연구」, 서울대학교 박사학위논문.

김혜정, 2008,「중국 풍수지리학의 천문관 연구」, 공주대학교 박사학위논문.

박헌영, 2008,「도선국사의 풍수지리사상 연구」, 원광대학교 박사학위논문.

배상열, 2008,「조선후기 실학적 풍수지리사상의 흐름」『종교연구』52, 한국종교학회.

민병삼, 2009,「주자의 풍수지리 생명사상 연구」, 성균관대학교 박사학위논문.

20) 문학, 민속학 분야 쪽에서 접근한 풍수학 주요 논문은 아래와 같다.

문영오, 2002,「풍수지리가 연구 서설 : "傳道詵踏山歌"를 중심으로」『한국문학연구』25.

서성렬, 2003,「풍수사상이 수용된 시가문학 연구」, 전주대학교 박사학위논문.

김보근, 2004,「風水歌辭 原典研究 : 異本對校를 통한 原典 재구성을 중심으로」, 동국대학교 박사학위논문.

김숙이, 2009,「백석 시의 生氣와 풍수지리사상」『동북아문화연구』18.

최낙기, 2012,「『정감록』 연구」, 선문대학교 박사학위논문.

21) 건축학 분야 쪽에서 접근한 풍수학 주요 논문은 아래와 같다.

장기웅, 2001,「풍수지리사상과 건축문화의 상관성에 관한 연구」, 대구한의대 박사학위논문.

한종구, 2007,「氣를 통한 한국 전통건축의 고찰」『한국정신과학회지』11.

박시익, 2008,「풍수지리와 주거 공간」『건축』52.

이상인, 2009,「조선시대 주거문화의 풍수지리적 특성연구 : 사대부의 주거공간을 부동산학23) 등 실로 여러 가지 학문분야에서 풍수가 연구대상과 담론의 소재가 되고 있음을 보면, 이른바 학제적 연구의 마당이 활짝 열린 듯 하다.

　다음으로 조선후기 실학자들의 풍수사상에 주목한 연구를 살펴보면, 최창조(1990)는 실학자들의 택리에 대한 총론적 견해와 실학자들의 간룡看 龍과 형국形局, 장풍藏風과 득수得水, 음택陰宅과 발음發蔭에 관한 실학자들 의 견해를 연구하였다. 연구에서 언급한 실학자들은 이익(1681~1763), 이중 환(1690~1752), 신경준(1712~1781), 홍대용洪大容(1731~1783), 정동유鄭東愈(1744~ 1808), 박제가朴齊家(1750~1805) 등이다. 여기서 신경준에 관해서는 『산수고

　　중심으로」, 원광대학교 박사학위논문.
　　박정해, 2012, 「조선 유교건축의 풍수적 특징에 관한 연구 : 서원과 향교건축을 중 심으로」, 한양대학교 박사학위논문.
22) 환경생태, 도시계획, 조경학 분야 쪽에서 접근한 풍수학 주요 논문은 아래와 같다.
　　김두규, 2001, 「풍수지리 관점으로 해석한 귀래정 입지에 관한 연구 : 歸來亭記를 중심으로」『한국전통조경학회지』 19-4.
　　현영조, 2002, 「풍수지리 관점에서 본 생태공간 해석에 관한 연구 : 한국의 전통적 풍수지리를 중심으로」, 상명대학교 박사학위논문.
　　김상휘, 2003, 「도시계획에 있어서 풍수적용에 관한 연구 : 계룡신도시를 중심으로」, 전주대학교 박사학위논문.
　　김두규, 2004, 「후백제 도읍지 전주의 해석 : 풍수지리의 측면을 중심으로」『한국 전통조경학회지』 22-3.
　　노송호·박승자·심우경, 2006, 「향교와 서원의 공간별 상징수목과 배식유형」『한국 전통조경』 24-1,
　　신상섭·노재현, 2007, 「전통마을에서 추출된 환경적 건전성과 풍수지리의 가능성」 『한국녹지환경학회지』 3-3.
23) 부동산학 쪽에서 접근한 풍수학 주요 논문은 아래와 같다.
　　백호진, 2008, 「풍수지리를 활용한 전원마을 입지평가에 관한 연구」, 대구대학교 박사학위논문.
　　편은범·최민석, 2009, 「풍수지리에 대한 인지도가 부동산선호도 및 가격에 미치는 영향에 관한연구」『부동산연구』 15, 한국부동산분석학회.
　　김경진·김영석·양승우, 2012, 「부동산 복수경매 주택에 대한 풍수지리학적 해석」 『서울도시연구』 13.

山水考』와 『산경표山經表』를 통하여 전통적 자연지리관을 확립한 업적을
평가하였다. 최근 배상열(2008)의 연구에서는 택리와 음택풍수에 대한 실
학자들의 인식과 실학적 지리관의 부흥을 중점 논제로 하고, 정상기鄭尙驥
(1678~1752), 이익, 이중환, 신경준, 홍대용, 박제가朴齊家, 정약용丁若鏞
(1762~1836), 최한기崔漢綺(1803~1877) 등을 언급하였다. 여기서도 신경준에
대해서는 최창조와 같은 취지로 전통지리학을 집대성하여 실학적 지리관
에 크게 이바지하였다고 보았다. 그밖에도 유학자들의 동기감응론을 다루
면서 이익, 홍대용, 정약용, 최한기를 언급한 박정해, 한동수(2011)의 연구
등이 있다.[24] 방법론 측면에서 이 연구들은 모두 연구대상자의 저술 등
문헌연구만을 중심으로 하여 결론을 지었다.

선행연구를 종합 검토해 보면 실학자나 유학자의 풍수사상을 연구한
논문 중에 호남파 유학자나 실학자를 따로 조명한 연구는 아직 없는 것
같다. 호남파 실학자 중 신경준이 소개되었으나 공히 그의 지리서와 지도
관련 언급이외에 풍수사상관련은 살피지 않았다. 황윤석, 위백규, 신경준
의 풍수지리 인식과 풍수생활을 살펴보는 일은 아직까지 아무도 접근하지
않은 분야이다.

3. 연구내용과 연구방법

본 연구는 조선후기 호남파 실학자의 풍수인식과 풍수생활의 실상을
밝혀보려는 것이 목적이다. 따라서 호남지역 실학자들 전체를 연구조사
대상으로 해야 할 것이나, 연구기간, 연구인력 등 여러 제약조건상 이른바
호남 3대실학자 또는 호남 3기재奇才, 호남 3천재로 불리는 황윤석, 위백

---

24) 박정해·한동수, 2011, 앞 논문.

규, 신경준 3인에 대한 사례연구를 하기로 하였다. '박학지사'의 대명사로 불리는 이들 가운데 위백규는 「원풍수原風水」라는 탁월한 풍수관련 논문을 남기고 있으나, 황윤석과 신경준의 풍수관련 별도의 저술은 아직 발견되지 않았다.

따라서 그들의 저술전체와 관련 문헌사료들을 먼저 검토한 다음에 가문의 풍수생활 전통을 조사하였다. 풍수학은 담론으로서의 풍수인식과 실천으로서의 풍수생활 현장을 동시에 보아야만 실체에 접근할 수 있다. 장묘제도나 풍수인식의 실천 같은 집단관습의 전통 등은 가문의 집단적인 인식이 공유되기 마련이다. 그러므로 집안의 전승 풍수설화, 길지선택과 활용 전통 등 풍수생활 현장에서 풍수의 실상을 파악하기로 하였다. 이를 위하여 족보와 같은 가장家藏자료 수집, 후손과 향토사학자 등 관계자 면담, 전승 구전설화 수집 등 현지 면접조사와 현장 풍수답사를 병행하였다.

풍수학은 이론과 실천이 겸비되어야하는 학문이다. 풍수학 원리의 이론공부와 함께 현장에서 적용되어야만 살아있는 풍수학이다. 따라서 당사자의 저술이나 저술의 행간에 나타나는 주장과 논변도 중요하지만, 그보다 더 중요한 것은 그의 실제의 마음이 비춰진 실행의 흔적인 풍수생활의 실제를 추적하는 일이다. 어떤 학자가 남긴 공식적인 기록인 글보다는 실제 개인적으로 어떻게 행동했느냐가 오히려 더 진심에 가깝기 때문이다. 기존의 유학·실학자들에 대한 풍수연구는 문헌연구에만 치중하고, 현장의 풍수실천을 소홀히 다룬 것들이 많아서 풍수사상의 실체를 온전히 조명하는 데 한계가 있었다.

가설적 추론이지만, 명분과 체면을 중요시 했던 조선 유학자들의 경우에는 풍수관련 저술이나 비망록 등이 문집을 편찬하는 후손이나 후학들의 수용태도에 따라 편찬과정에서 상당부분 산실되었다고 추정된다. 풍수관련 저술은 '좌도左道' 내지는 '잡학雜學'이라고 하여 일부러 누락해버린 사례가 많았던 것이다. 서애西厓 유성룡柳成龍(1542~1607)은 풍수고전의 택지법과 장법葬法을 집대성한 가장 풍수학 교재인 『신종록愼終錄』을 가문에 소장하도록 남겼다. 이처럼 효도하기 위해서라도 대대로 자제에게 풍수를 공부하게 하라는 유훈을 후손들에게 남긴 사례는 매우 드문 경우이다.[25] 대부분의 유학자들은 풍수를 맹신하거나 활용하면서도, 내놓고 풍수학을 하는 것은 어쩐지 떳떳하지 못하다고 생각하였기 때문이다. 오늘날에도 필자가 현지 조사하는 과정에서 우리 조상묘가 명당이라고 자랑은 하면서도, "우리 선조께서는 유학자이셨지 풍수쟁이가 아니었다."고 하면서 풍수 관련 면담을 꺼리던 후손들도 있었다. 하물며, '사문난적斯文亂賊'과 '벽이단闢異端'을 외치던 조선시대에는 그 거리낌이 어떠했겠는가 짐작이 간다.

따라서 문헌연구의 이러한 한계를 메우기 위해서 현지조사와 집안의 주요 음택·양택지의 풍수답사를 통하여 그들 가문의 실제 풍수활용의 전통을 파악하여 문헌연구의 공백을 보완하고자 하였다. 이러한 까닭에서 논문제목에도 풍수인식과 함께 풍수실천의 흔적인 풍수생활을 강조한 것이다. 풍수학 연구는 풍수현장을 기본으로 해야 한다는 원칙에 충실하려는 연구방법을 채택한 것이다.

이 논문의 연구내용 체계를 요약하면, 제1장은 연구주제에 대한 문제 제기와 연구목적, 선행연구 검토, 연구범위와 연구방법을 제시한다.

제2장에서는 본격적인 분석의 선행적 검토로서, 풍수지리의 논리체계와 한국 풍수지리의 역사적 전개흐름을 개관하였다. 풍수사상의 변천과정을 시대별로 풍수학인, 관련제도와 운용, 풍수관련 역사적 사건 등을 중심으로 살펴보았다. 특히 풍수학계 최초로 북한 학계의 풍수사상 서술의 흐름을 개관해 보고자 시도하였다.

제3장은 본 논문의 시대적 배경인 조선후기 풍수운용의 실제 모습인 풍수실상에 대해서 『이재난고』를 중심사료로 하여 풍수학과 풍수생활의

---

25) 『西厓全書』 권3, 「愼終錄序」, 128쪽.

실상을 드러내고자 한다. 그간 조선시대 풍수연구의 대부분은 『조선왕조실록』 등 관찬사료 중심이었기에, 민간의 풍수생활의 모습은 공백으로 남아 있었다. 가능한한 조선후기 민중들의 생생한 풍수생활을 복원하기 위해 소소한 사례까지도 가급적이면 소개하고자 한다.

제4장부터 제6장까지는 황윤석, 위백규, 신경준의 풍수인식과 그들 집안의 풍수전통과 풍수생활에 관한 구체적인 사례연구를 하고자 한다. 전개순서는 자료가 많은 순서대로 정리하였다. 제4장은 이재 황윤석의 풍수관과 황윤석가의 풍수생활을 살펴본다. 황윤석가는 조선의 최고 명풍인 박상의가와도 교유하였고, 가문에서도 풍수길지의 택지와 활용의 전통이 유독 강하였다. 또한 황윤석은 풍수에 관한 수많은 기록들을 남기고 있어서 조선후기 풍수생활사를 밝히는 데 큰 도움이 될 수 있다고 본다.

제5장은 존재 위백규의 풍수인식을 고찰한다. 조선유학자들의 풍수논문 중 압권으로 평가될 본격적인 풍수관련 논문이면서도 아직 학계에 소개되지 않은 「원풍수」를 중심으로 그의 풍수관을 살펴본다. 특히 사회개혁사상의 하나로서 산송과 술수풍수의 폐해를 개선하기 위해 제시한 시무책時務策인 묘지제도개혁방안을 주목하여 함께 살펴본다.

제6장은 여암 신경준의 회통사상과 풍수지리관을 살핀다. 실학과 지리학의 대가로 알려진 신경준이지만, 『여암집旅菴集』에는 풍수라는 용어가 한 군데도 보이지 않았다. 따라서 『여암전서旅菴全書』 등 그의 전체 저술을 샅샅이 살펴보고 행간에서 읽히는 풍수인식을 들추어내 보고자 한다. 또 실학자들의 국토지리관 인식의 표준이 되었다고 평가되는 『산수고』와 『산경표』를 중심으로 풍수적 국토관과 우주관을 살펴보고자 한다.

제7장은 사례연구에서 구체적으로 살펴본 호남파 실학자들의 풍수사상의 종합적 비교연구를 시도한다. 그들의 풍수인식의 공통점과 차이점, 풍수학에 주는 시사점들을 정리하여, 호남파 실학자들의 풍수사상의 실체에 접근하고자 한다. 아울러 다른 실학자와 유학자들에 대한 선행연구 결과

와 본 연구의 결과를 대비하여, 의미있는 결론을 도출해 보려 한다. 가급적 이면 선행연구의 결론과 명제들을 새로운 시선으로 규명해 보고자 한다.

제8장에서는 논문의 종합적 요약과 결론, 연구의 성과와 한계, 그리고 앞으로의 방향을 정리해 두고자 한다.

제2장
풍수사상의 이론체계와 시대적 변천

조선후기 호남파 실학자들의 풍수인식과 풍수생활을 고찰하기 위한 기본적인 분석틀로서 풍수지리의 이론체계를 우선 살펴보고자 한다. 그리고 풍수사상의 역사적 전개양상을 살피기 위하여, 각 시대별로 정치사회상의 환경변화와 함께 질적 전환을 계속해온 한국 풍수사상의 시대적 변천사를 개관해 본다.

아울러 학계 최초로 북한 학계의 풍수사상에 대한 인식 파악을 시도해 본다. 북한의 대표적인 통사적 역사서인『조선통사』와『조선전사』등 역사책에 나타난 풍수관련 기사 서술의 흐름을 정리하여 북한의 풍수사를 개관해 보고자 한다.

1. 풍수지리의 이론체계

풍수지리사상은 한국 고유의 지모신앙地母信仰, 산신숭배山神崇拜, 친지인삼재합일 등의 자연관이 풍수적 사고로 진화되어오다가, 중국의 세련된 이론체계로 각색된 풍수이론이 도입되어 융합하면서 체계를 갖춘 풍수지리사상으로 발전하였다. 풍수지리의 바탕인식은 주역, 음양오행론, 기氣 개념 등을 철학적 기초로 하고 있다.[1]『장서葬書』를 이기론적 관점에서 해석한 해설판이라고 평가되는 대표적인 이기론 풍수서인『지리신법地理新法』의 저자 호순신胡舜臣은 "나의 법은 천지의 조화와 음양오행, 자연의

---

1) 풍수지리 사상의 철학적 기초인 기와 음양, 오행, 주역 등이 풍수지리 논리체계의 바탕에 깔린 기본사상이란 차원에서, 이 책에서는 이들을 아울러 풍수지리의 바탕인식, 바탕사상이라고 쓰기로 한다.

리理를 따라서 창립한 것이다.”[2]고 하여 풍수의 바탕사상을 밝히고 있다.

풍수의 범위는 흔히 집터를 잡는 양택풍수, 고을이나 관청의 입지선정과 공간배치 등 오늘날 도시계획에 해당하는 양기陽氣풍수, 묘지풍수인 음택풍수 등으로 나뉜다. 기본적으로는 같은 터잡기 원리에 따르지만, 주로 쓰이는 양식이나 강조점이 다른 데 착안하여, 왕릉과 궁궐풍수, 불교풍수와 유교풍수, 도교풍수, 사찰풍수와 서원풍수 등으로 분류할 수 있는 것처럼 다른 종교나 신앙과 결부시켜 구분하기도 한다.

한편 '풍수무전미風水無全美'라는 말처럼 자연 그대로의 상태가 풍수이론상 완벽한 곳은 드물기 때문에, 자연 상태의 공간에서 터를 고쳐 쓰는 이른바 '비보법裨補法'이 발전하였다. 비보풍수는 한국풍수의 하나의 특징이라 할 수 있다. 비보법을 더 나누어 보면 자연상태의 부족한 곳을 보강하는 비보풍수, 지나친 곳을 중화하는 진압鎭壓, 압승壓勝, 염승厭勝풍수가 있다.

풍수 유파는 크게 형세파形勢派와 이기파理氣派의 둘로 나누고 있다. 땅의 형세 즉, 용龍·혈穴·사砂·수水의 생김새를 육안으로 살펴서 산수의 아름다움과 유정함을 중심으로 터의 좋고 나쁨을 따지는 것을 주로 하는 유파를 형세파(형세론)라 한다. 반면에 나경羅經으로 산과 물의 흐름과 방위를 측정하고 여기에 12운성법運星法(포태법胞胎法), 9성론九星論 등의 이론을 대입하여 일정기준에 따라 길흉화복을 논하는 것을 주로 하는 유파를 이기파(이기론)라 한다.[3]

풍수를 구성하는 논리체계와 강조하는 내용도 유파에 따라 다소 다르고 다양하지만, 전통적인 풍수고전에 있어서의 논리구조는 대체로 용, 혈, 사, 수의 4대 구분을 따르는 게 일반적이다. 최창조는 이를 다시 세분하여

---

2) 호순신(김두규 역), 2002, 『胡舜臣의 지리신법』 卷下 變俗論, 17쪽. “吾法, 以循天地造化陰陽五行自然之理而創立之者也.”

3) 김두규, 2008, 같은 책, 295쪽.

우선 크게 지기地氣가 어떻게 사람에게 영향을 미치는가를 다루는 기감응적 인식체계와 땅에 대한 이치를 논구한 경험과학적 논리체계로 나누고 있다.4)

1) 기감응적 인식체계
(동기감응론, 소주길흉론, 인걸지령론, 형국론)

기감응적 인식체계는 부모나 조상의 유해가 받는 기가 후손에게 전달된다는 친자감응親子感應 혹은 동기감응론, 명당을 차지할 사람은 적선, 적덕해야 명당을 얻을 자격이 있다거나 사람에 따라 알맞는 땅이 다르다는 소주길흉론所主吉凶論, 사람의 기와 땅의 기가 상생관계를 유지할 때 조화를 이루며 인걸의 출생은 지령에 기인한다는 인걸지령론人傑地靈論, 땅과 환경을 사람이나 사물의 형상과 생태로 해석하는 형국론(물형론)을 아우르고 있다.

2) 경험과학적 논리체계(용, 혈, 사, 수, 향)

경험적이며 기술적 논리체계는 우선 조종祖宗 산줄기의 내력과 주산에서 혈까지 산줄기의 흐름을 살펴 산줄기가 단정한지 어그러졌는지 생룡生龍인지 사룡死龍인지 등 입수룡入首龍을 살펴 보는 일을 간룡법看龍法(또는 멱룡법覓龍法)이라 한다. 다음으로 명당주변의 지형지세가 바람을 타지 않도록 포근하게 잘 감싸고 있는지, 장풍득수에 적합한 국세를 갖췄는지 주변환경을 따져보는 일을 장풍법藏風法이라 한다. 생명의 근원이며 기를 모으는 작용을 하는 득수得水와 수구水口 등과 같은 혈장주변의 물 환경을 살피는 것을 득수법, 혈장근처에서 가장 생기가 왕성한 혈처를 찾아내는

---

4) 최창조, 2009, 『새로운 풍수이론』, 민음사, 34~61쪽.

것을 정혈법定穴法, 나경을 통해 국면의 방향을 잡는 것을 좌향법坐向法이라고 한다.

좋은 터라 함은 이와 같은 용, 혈, 사, 수, 향의 원리에 잘 들어맞고 전체적으로 조화롭고 아름다움을 갖추어야 한다. 그러나 자연상태에서 이러한 논리체계에 꼭 들어맞는 완벽한 터는 없기 때문에 비보풍수의 지혜가 필요하다고 본다.

2. 한국 풍수사상의 시대적 흐름

한국 풍수사상의 역사적 전개를 살피기 위하여 풍수학의 생태계를 구성하는 주요요소인 풍수학인, 풍수관련 국가제도와 운용, 풍수학의 환경, 풍수와 관련한 역사적 사건 등을 중심으로 한국풍수사상의 변천사를 개관해 본다.

1) 풍수사상의 기원과 삼국시대

우리나라 풍수사상의 흐름을 개관하자면 그 기원은 불분명하지만, 대체로 한국 고유의 자생적 사상이라는 자생풍수설과 중국풍수 유입설로 나뉘어진다. 양자의 주장도 나름대로 근거가 있으나 삼국시대까지는 대체로 자생풍수 같은 우리 고유의 터잡기 전통 위에 중국에서 유입된 풍수이론이 자연스럽게 융합되고 있었다고 보아야 할 것 같다.[5] 『삼국유사』 등의 기록에 의하면, 단군고사와 백제 온조왕의 도읍지 선정, 신라 4대 석탈해왕이 반월형 길지를 계책을 써서 획득한 이야기, 고구려 대무신왕의 부여

---

5) 이몽일, 1990, 「한국 풍수지리사상의 변천과정」, 경북대 박사학위논문, 99쪽.

정벌시 땅의 신비한 조짐, 고구려 민중왕이 사냥 중 석굴을 발견하고 신후지지身後之地로 삼은 설화 등이 있다. 이러한 기록에 보이는 풍수관념과 고구려와 백제 고분벽화의 사신도 등을 보면, 국가경영이나 민중의 생활의 지혜로 풍수적 사고가 쓰인 것 같다. 그러나 이 시기는 풍수적 사고관념이 마련되는 시기이고, 지기의 관념이 확립되지 않았으므로 아직 풍수라고 할 수는 없는 단계였다.

중국풍수 유입설을 주장하는 학자들 중 이상해李相海는 중국의 풍수지리설 발생시기를 상商, 주周 시기로 올려보고 있지만, 대부분의 학자들은 전국시대말기 즉, 기원전 280~221년 경에 발생한 것으로 보는 견해가 많다.[6] 이러한 견지에서 보면 우리나라에도 고대로부터 풍수적 사고관념은 물론 존재했으나 체계적인 이론적 내용을 갖춘 풍수지리사상이 전래된 것은 신라통일 전후에 당과의 문화적 교류가 빈번함에 따라 이루어진 것으로 보인다.[7] 우리나라의 자생적인 풍수적 사고방식을 바탕으로 하고, 체계를 갖춘 중국의 세련된 풍수이론이 결합하여 독자적인 한국의 풍수사상이 확립된 것은 옥룡자 도선道詵(827~898)에 의해서였다.[8]

이러한 사실들을 아울러 살펴보면, 전래의 자생풍수라 할만한 풍수관념의 조각들이 고조선 건국사화에서도 나타나듯이 고조선시대부터 내려오며 진화를 거듭 하였다. 그러다가 백제와 고구려에 중국으로부터 이론이 확립된 풍수지리사상이 도입되면서 서서히 알려지게 되었고, 결국 후기신라 이후에는 신라에도 전해져 전한반도에 유포되었을 것으로 추정한다.

중국으로부터 유입된 풍수사상이 삼국 가운데서 백제에 의해서 가장 먼저 전개되었을 가능성이 크다. 이 같은 배경은 사료상으로는 백제 법왕

---

6) 박시익, 1987, 「풍수지리설 발생배경에 관한 분석연구」, 고려대 박사학위논문, 237쪽.
7) 박시익, 1987, 앞 논문, 237쪽.
8) 최창조, 1990, 「조선후기 실학자들의 풍수사상」『한국문화』11, 475쪽.

2년(600) 미륵사 창건에 관한 기록과 무왕 3년(602)에 관륵觀勒이 일본에 천문지리서를 전해주었다는 기록이 있다.9) 아울러 실제 백제 왕릉들이 풍수에서 중시하는 산능선에 위치하고 있고, 고분벽화에 사신도를 갖추고 있는 사실 등에 근거한다.10)

더욱이 전라도 해안지역은 대당교통의 주요한 관문이었을 뿐만 아니라 도선을 비롯하여 후일 태조 왕건의 고문으로 추대되었던 최지몽崔知夢, 경보慶甫 같은 인물들이 모두 전라도 출신이었기 때문이다. 따라서 중국에서 도입된 풍수가 백제지역에 처음으로 전래되어 선승들에 의해 수용되고 다음으로 신라왕실에 알려졌으며, 후삼국시대에는 여러 지방의 호족들에게까지 공간적으로 확산되어 갔을 것으로 추측해 볼 수 있다.11) 신라에 풍수도입이 늦어졌다고 보는 이유는 신라의 왕릉 터가 유독 풍수적 지기와는 관련이 없는 자리를 차지하고 있는 것으로 판단하였기 때문이다. 즉 자생풍수에 중국에서 도입된 이론풍수가 혼합된 것은 신라통일 무렵으로 본다.12)

이시기에 활약한 주요 풍수학인은 승려계통으로는 도선, 보양寶壤, 경보 등이 있으며, 신라의 관료로서는 김암金巖과 팔원八元 같은 사람이 풍수지리를 이해하고 있었던 것으로 전해진다.13)

2) 고려시대

우리나라에 유입된 풍수지식은 처음에는 사찰입지 선정에 활용하다가

---

9) 백제에서 건너간 음양박사의 음양학 지식들은, 일본에서 풍수사상의 일본화라고 할 수 있는 道敎와 古神道와 융합하여 天武帝에 의해 시작된 陰陽寮, 陰陽博士, 陰陽師 등의 제도로 발전하였다. 戶矢 學, 2005, 『日本風水』, 木戶出版, 4쪽.
10) 김두규, 2008, 『풍수강의』, 비봉출판사, 271~272쪽.
11) 이몽일, 1990, 앞 논문, 101쪽.
12) 최창조, 1991, 「한국 풍수사상의 역사와 지리학」『정신문화연구』 14-1, 128쪽.
13) 이몽일, 1990, 앞 논문, 97쪽.

선승의 부도지浮屠地 선정 같은 음택풍수, 나아가 점차로 왕궁입지, 지배층의 양택 터잡기와 양기풍수 등으로 확장이 되었다. 이어서 후삼국시대에는 국도國都선정을 비롯하여 마을 입지 등 양기풍수가 발전하며 대표적 지리학 이론으로 전개 된다.14) 나말여초에는 풍수가 본격적으로 역사의 전면에 부상하기 시작하였으며, 도선국사의 활약으로 풍수사상은 혁명과 신왕조 건국의 이념적 바탕이 되었고, 선종禪宗과 풍수가 융합하여 지배이념화하기 시작하였다.

고려 풍수의 특징은 불교풍수이자 국역國域풍수이면서 동시에 비보진압풍수라고 말할 수 있다.15) 고려시대의 경우 불교와 풍수설, 그리도 도참사상이 사회를 이끈 주도적 사상경향이었다. 특히 고려초기에는 「훈요십조」 제2조에서 이른바 풍수비보설을 이용하여, 모든 사원은 도선이 산수의 순역順逆을 살펴서 개창한 것이므로, 함부로 남설濫設하면 지덕을 손상시켜 국운이 영구치 못할 것이라고 하였다. 이는 풍수설을 활용하여 호족들과 지방세력을 통제하려는 우회적 통치방법으로 교묘한 정치적 배려와 국가경영상 지혜가 숨어있는 전략이었다.16) 즉, 풍수가 국가통치상 정치적 상징조작 전략으로 활용되기 시작한 것이다.

고려초기에는 풍수사상이 국도선정과 국가경영, 비보풍수 등 합리적인 지리학 그 자체였지만, 중기이후로 접어들면서는 풍수가 타락하면서 왜곡된 비술적 풍수의 모습이 보이기 시작했다. 즉 풍수지리의 혼재된 상황이 시간이 지날수록 타락한 풍수와 본래의 지리로 이원화하는 경향을 보인다는 것이다.17)

고려시대 주요 풍수학인들로서는 승려, 관료풍수가, 풍수업자, 기타 교

---

14) 최창조, 1991, 앞 논문, 130쪽.
15) 김두규, 2008, 앞 책, 275쪽.
16) 최창조, 1991, 앞 논문, 131쪽.
17) 최창조, 1990, 앞 논문, 476쪽.

양으로 풍수를 이해한 학자부류들이 있었다. 당시 승려들은 풍수국가 고려에서 불법지식 이외에 도교와 풍수도참에 대한 지식을 겸비하였다.[18] 이러한 배경과 풍수의 타락이 결부되어 풍수와 도참이 혼동되는 요인이 된 것으로 보인다.

정권안정기에 들어서면서 선종과 풍수가 타락하기 시작하였고, 풍수가 터잡기 잡술로 변질되었으며, 묘청妙淸의 서경천도론과 함께 고려풍수의 큰 특징 중의 하나인 '지덕쇠왕설地德衰旺說'이 나타났다.[19] 서경천도설 이후에도 지덕쇠왕설의 영향으로 정치상황에 따라 천도설이 이어졌다. 공민왕 때 승려 보우普愚는 한양천도설을 주장하였고, 신돈辛旽은 충주천도설을 주장하기도 하였다. 풍수타락과 음택풍수의 일반화현상은 『고려사』형지 금령조刑誌 禁令條에 묘지의 도장盜葬과 묘지 신고불이행에 관한 형벌이 나타날 정도로 심화되었다.

고려시대에는 국가에서 풍수전문가를 관료로 등용하기 시작하여 풍수가 국가경영에 공식적으로 채택되었다. 고려의 지리과 고시과목을 보면, 「신집지리경新集地理經」, 「지리결경地理決經」, 「지경경地境經」, 「유씨서劉氏書」, 「경위령經緯領」, 「구시결口示決」, 「태장경胎藏經」, 「가결謌決」, 「소씨서簫氏書」로서 중국풍수의 경전이 별로 보이지 않는다. 이 풍수학 과목들을 보면, 대체로 우리 고유의 풍수학이 주도권을 행사한 시기로 볼 수 있다.[20] 이러한 고시과목 이외에도 『고려사』에 자주 등장하는 「삼한회토기三韓會土記」, 「송악명당기松嶽明堂記」, 「해동비록海東秘錄」, 「삼각산명당기三角山明堂記」 등은 우리나라 지명을 딴 것으로 이 책들을 근거로 천도론이나 궁궐 터잡기 등이 논의되었음을 알 수 있다.[21] 이러한 책의 내용은

---

18) 이몽일, 1990, 앞 논문, 119쪽.
19) 최창조, 1991, 앞 논문, 134쪽.
20) 최창조, 1991, 앞 논문, 136쪽.
21) 김두규, 2008, 앞 책, 275쪽.

전해지지 않아 전모를 알 수는 없지만, 중국에서 유입된 풍수지식이 자생의 풍수사상과 융합하였으나 중국풍수의 영향은 별로 크지 않았고 우리 풍토에 맞는 고유의 독창적 색채를 가진 풍수학이 우선 적용된 까닭이 아닐까 생각한다.

고려풍수의 공간적 전개는 국역풍수, 지역풍수, 도읍풍수, 양택풍수, 음택풍수 등 공간규모별 모든 풍수지리가 두루 전개되었다.[22]

3) 조선시대

조선초기에 풍수는 계룡산 신도안 천도 시도와 한양의 정도定都과정에서 국정의 뜨거운 쟁점이 되었다. 건국 초기 천도논의는 명목상 풍수논쟁이었지만, 실제로는 이성계 세력과 이방원 세력 간의 권력투쟁 과정에 풍수가 활용된 것이었다.[23] 이어서 궁궐의 위치선정과 조영造營, 왕릉조성 등 본질적 풍수지리를 합리적으로 활용하여 국가의 기초를 닦는데 지대한 공헌을 하였다.

이러한 까닭에 너무도 당연히 조선초부터 지리학이 과거에 포함되어 있었고, 전문 풍수학인의 양성을 국가가 맡았다. 『경국대전』에 의하면, 풍수학은 관상감觀象監에서 공식적으로 교육을 전담하였으며 천문학 20인, 명과학命課學 10명과 함께 지리학 15명의 생도를 뽑아, 지리학 교수 1인과 훈도 1인에 의하여 교수되었다. 세종 때에는 영의정을 도제조都提調로 하고 전대제학前大提學을 제조로 삼아 풍수학을 오로지 강습토록 하는 강력한 교육체계를 확립하기도 하였다.[24]

그러다가 왕조의 기반이 확립된 이후에는 사림과 사대부들의 종족가문

---

22) 이몽일, 1990, 앞 논문, 125쪽.
23) 김두규, 2008, 앞 책, 281쪽.
24) 최창조, 1990, 앞 논문, 477쪽.

번성을 위한 집성촌 터잡기의 양기풍수, 발복을 위한 음택풍수로 비중이 옮겨지다가, 양란 이후 국가사회의 모순과 사회적 갈등의 증폭과 함께 풍수술수 내지는 비기잡술로 타락하는 경향을 보이기 시작하였다.

조선시대에는 풍수사상 대중화의 물결을 타고, 유학자, 풍수관료, 승려, 문중풍수사, 민간풍수사 등 풍수학인의 출신배경이 보다 다양화하였다.[25] 대표적 풍수학인은 승려계통으로 무학無學, 서산西山, 성지性智, 일이승一耳僧, 일지승一指僧 등이 있었다. 학자 출신으로는 권중화權仲和, 정도전鄭道傳, 하륜河崙, 정인지鄭麟趾, 서거정徐居正, 맹사성孟思誠, 정렴鄭鎌(北窓) 성유정成兪正, 남사고南師古, 박상의朴尙義, 이지함李芝函, 윤선도尹善道, 이서구李書九 등이 있었다.[26]

조선시대 성군들인 세종, 세조, 광해군, 정조 등의 국왕들부터 사대부들까지 유학자이면서도 풍수에 관심을 갖게 된 데는 정자程子의 「장설葬說」과 주자朱子의 「산릉의장山陵議狀」의 영향을 크게 받았다고 할 수 있다. 정자와 주자의 풍수관은 조선유학자들이 금과옥조라 여기는 풍수지침서가 되었다.[27] 즉, 주자와 정자의 풍수지침은 주자학 일존의 성리학자들이 잡학이라 여겼고 심하게는 좌도라고까지 하여 명분상으로는 꺼리던 풍수를 실제로는 부담없이 공부하고 활용할 수 있는 논리적 근거이자 사상적인 안전판 역할을 한 것이다.

조선의 풍수사상은 고려와 비교하면 그 내용면에서 확연히 달라지게 되는데, 국가의 건국이념이 불교에서 유교로 일대 전환한 것이 근본적 원인이다. 또한 고려시대 지리학 고시과목들이 우리고유 풍수론이 중심이었다면, 조선시대의 고시과목은 중국풍수서로 대체되고 말았던 사실에도 기인한다. 사대주의를 외교정책으로 내세운 조선왕조는, 풍수학에 있어서도

---

25) 이몽일, 1990, 앞 논문, 173쪽.
26) 이몽일, 1990, 앞 논문, 174쪽.
27) 김두규, 2008, 앞 책, 282쪽.

우리 고유의 풍수학을 버리고 스스로 중국의 학문적 속국으로 전락된 것은 크게 아쉬운 점이다.

고려와 조선의 풍수사상의 내용이 질적으로도 크게 전환된 것은 기본사료에 대한 풍수관련 용어의 내용분석을 통해서도 분명히 드러난다. 국사편찬위원회의 한국사데이타베이스『고려사』와『조선왕조실록』을 주요 풍수관련용어로 검색해 보면, 고려시대에는 상위 10위까지의 순서가 일관日官, 서운관書雲觀, 지리, 도선, 태사국太史局, 상지相地, 명당, 풍수, 사천대司天臺, 비보 순으로 나타난다.

이에 반하여 조선시대에는 지리, 풍수, 국장國葬, 일관, 서운관, 지관, 상지, 비보, 상지관, 명당 순으로 나타나고 있어서, 국가기구 자체가 없어진 태사국과 사천대를 제외하고도 그 다빈도 순서나 빈도수 분포의 비중이 확연히 다르게 나타나고 있다. 예를 들면 조선시대에 들어 지리와 풍수, 국장 등은 국정의 수행과정에서 고려시대에 비해 훨씬 자주 쓰이고 있어서 순위에서도 크게 앞섰다. 게다가 다른 풍수관련 용어보다도 압도적인 다수로 출현하고 있다는 사실이 특이하다. 이것은 고려와 조선의 공식적 기본사료에서 차지하는 관련 풍수용어들의 중요도 내지는 비중이기 때문에, 고려와 조선의 풍수사상의 내용과 운영에 본질적인 변화가 있었음을 시사해 주는 지표라 할 수 있다. [〈표 Ⅱ-1〉 참조.]

〈표 Ⅱ-1〉 고려와 조선의 풍수관련 용어 빈도수 비교

(고려 순위)	풍수용어	고려사	조선왕조실록	(조선 순위),비고
1	日官	50	588	(4)
2	書雲觀	30	578	(5)
3	地理	25	1,134	(1)
4	道詵	24	67	
5	太史局	20	2	

6	相地	15	500	(7)
7	明堂	14	222	(10)
8	風水	12	1,034	(2)
9	司天臺	11	2	
10	裨補	8	310	(8)
11	地德	6	18	
12	國葬	3	827	(3)
13	臥牛	2	5	
14	胎室	1	208	
15	地官	0	529	(6)
16	龍穴	0	32	
17	龍穴砂水	0	10	
18	四神砂	0	0	
19	相地官	0	297	(9)
20	來龍	0	39	
21	形局	0	54	
22	物形	0	8	
23	靑龍	*0(4)	331	旗,宮門名用例
24	白虎	0(3)	257	上同
25	朱雀	0(8)	92	上同
26	玄武	0(13)	111	上同

자료: 국사편찬위원회 한국사데이타베이스 『고려사』, 『조선왕조실록』
*주 ; 청룡, 백호, 주작, 현무의 경우 고려시대 ( )내서는 풍수용어가 아닌 旗, 宮門名으로 쓰인 用例, 조선시대에는 양자가 일부 혼재되어 다빈도 순위에서는 제외함.

조선 후기에 들어서는 임진전쟁을 계기로 명군의 작전참모로 종군한 풍수사들이 들어와 활약하면서, 중국풍수와 이기파의 영향이 더욱 커지게 되었다. 전쟁을 겪은 선조는 드러내놓고 조선의 풍수를 비하하고 중국풍수를 비호하면서 사대풍수를 조장하기도 하여, 한국풍수의 토양에 중국풍

수의 영향이 더욱 심해지는 계기를 만들었다. 광해군 대에는 이의신이 한
양 지기쇠폐설地氣衰廢說을 들고 나와 교하 천도론을 주장하면서, 국왕과
대신, 찬반세력 간에 대립하였고 정치적으로 커다란 쟁점이 되기도 하
였다.

고려시대 풍수가 도참과 습합하였다면, 조선시대 풍수의 이론적 특징
은 도참과 풍수지리가 분리되어 발전하였다는 점이다. 고려 초기에 국가
경영 위주의 풍수활용이 진행된 것처럼, 조선초기에는 집현전의 풍수특강
이 개설되었고 초대 교관을 정인지가 맡기도 하였다. 그러다가 국가안정
기 이후에는 차츰 풍수설의 민간화가 진행되었고, 중국에서 새로 유입
되는 풍수서와 풍수이론으로 인해 통일적인 이론 체계가 형성되지 못하
였다.

한편, 국가사회의 혼란을 틈타 사대부들의 족벌 이기주의와 경제권 쟁
탈전과 결합한 풍수술수, 특히 음택발복 풍수술수가 성행하였다. 풍수설
을 빙자한 사대부들의 종산宗山 형성과 전국의 묘지용 산지점유 쟁탈전,
평민층의 묘산점유 분쟁 등 산송이 만연하면서 도참과 이기파 술수풍수가
극성하게 되었다. 이러한 사회적 병폐를 실학자들이 신랄하게 비판하면서
이른바 반反풍수론을 낳았고, 십승지 등 보신을 위한 풍수가 유행되는 부
작용을 낳기도 하였다.[28]

이에 대한 반작용으로 실학자들의 국토풍수론과 반풍수화복론이 나타
났다. 이 시기에 국토와 고을의 진산鎭山개념, 동북아 용맥 조종론龍脈 祖
宗論, 민족주의 지리관 등 국토인식으로서의 한국적 풍수학이 태동되기도
하였다. 조선후기 실학자들은 국토체계를 음양분합의 원리와 유기체적 우
주관을 반영한 풍수적 전통지리관을 토대로 하는 국토지리관을 공유하였
다. 이러한 인식은 이중환의 『택리지』에서 시작하여 신경준의 『산수고』

---

28) 이몽일, 1990, 앞 논문, 184~187쪽.

에서 확립된 이른바 '동북아 용맥 조종론'이 실학자들의 지리인식의 바탕에 자리 잡은 까닭이다. 실학자들은 곤륜산崑崙山에서 발원하여 의무려산醫巫閭山을 거쳐 백두산으로 맥세가 이어져 오고, 백두산이 한반도의 조종산이 되어 전국토의 산과 물이 음양상관의 유기체로서 조종관계의 맥통을 이은 산맥체계로 이루어졌다는 가시적 정리에는 일치된 견해를 보이고 있다. 그러나 눈으로 보이지 않는 영역인 산의 지중을 흐르는 지기의 존재 여부에는 가부간에 견해가 나누어졌다.

조선후기에는 민생이 도탄에 빠지자 다수 민중들이 새로운 세상을 갈망하였다. 이러한 민중의 염원이 풍수사상과 도참 등과 결합하여『정감록 鄭鑑錄』같은 비결풍수가 유행하였다.[29] 조선말에는 홍경래, 전봉준 등의 혁명가들이 풍수사상을 혁명의 추동력으로 활용하기도 하였다. 동학농민 혁명 이후 보천교, 천도교, 증산도, 원불교, 갱정유도 등 토착 민족종교들이 기치로 내건 후천개벽사상이 풍수와 결합하여 민중들을 보듬으려 하였다.

4) 일제강점기와 현대

한말이후 일제강점기에는 공식 국가기구에서 풍수담당 관청과 공식풍수학인 지관이 사라졌다. 풍수학은 일제에 의해 미신으로 간주되어 정신세계로 잠적하거나 이기적인 터잡기의 묘지풍수로 왜곡되고 말았다. 식민통치의 일환으로 일제에 의해 민족정기말살 시책으로 주요 산줄기 단맥斷脈, 지역별 진산鎭山에 신사건립, 종묘의 단맥, 왕실 태실의 훼손, 창경궁에 동물우리 조성 등을 조직적으로 하였다. 이는 조선왕조의 멸망을 기정사실화 하고, 항일 독립의식을 무력화하려는 풍수침탈과 풍수심리전으로

---

29) 김두규, 2008, 앞 책, 285~291쪽.

악용한 것이었다.

반면에 이에 대항하여, 항일독립운동 과정에서도 신채호는 우리민족 고유의 터잡기의 원형이라 할『신지비사神誌秘詞』등을 강조하여 민족적 정신유산으로 의미를 부여하기도 하였다.30) 최남선은『소년』창간호에서 일본 학자들이 한반도를 비하한 토끼설에 대항하여 국토형국론으로 한반 도 '호랑이 형국론'을 제시하여, 항일 민족정신의 고취를 시도하여 독립운 동 과정에서도 풍수심리전이 활용되기도 하였다. 비록 식민통치방식 연구 의 일환으로 조선총독부가 조사한 것이었지만, 1931년 무라야마지준村山 智順이 엮은『조선의 풍수』는 최초의 체계적인 풍수연구 종합보고서였다.

1970년대 이후에는 일제 강점기이후 미신으로 격하되었고 공식적 제도 나 학문의 논의 마당에서 사라져버린 풍수를 학문으로 부활하려는 활발한 시도들이 계속되었다. 1969년 배종호의「풍수지리약설」이란 논문을 신호 탄으로 불이 당겨지고, 최창조의 활약에 의해 풍수가 사회적 관심을 받게 되면서 풍수술이 풍수학으로 소생하는 기반을 다지게 되었다. 이후 현대 풍수학 연구가 활발하여 재야에서 제도권학계로 재등장한 풍수학이 다시 되살아나고 있다. 김두규는 필사본 비기류의 발복풍수서에 의지하던 풍수 학 교과서를 전통의 풍수고전으로 대체하기 위해, 최창조를 이어서 조선 조 고시과목들인 풍수고전을 차례차례 역주하여, 풍수학의 원형복원을 시 도하고 있다.31)

이러한 학문적 연구에 힘입어 세종시 행정수도 이전, 전북 혁신도시 조 성, 해양경찰학교 이전, 경북도청 이전 등 정부와 지자체의 공공청사 입지

---

30) 김두규, 2014,「『신지비사』를 통해서 본 한국풍수의 원형 : 우리민족 고유의 '터잡 기' 이론정립을 위한 시론」『고조선단군학』31, 5~37쪽.
31) 조선시대 지리학 고시과목 중『靑烏經,錦囊經』(1993)은 최창조 교수가 역주하였고, 김두규 교수가『地理新法』역해(호순신)(2001년),『明山論』역해(2002년),『撼龍 經, 疑龍經』(2009),『捉脈賦, 洞林照膽』(2015)을 역주하여「地理門庭」이외의 풍 수고전 고시과목들의 내용이 실체가 드러나게 되었다.

선정 등에 풍수학인의 참여와 풍수학 전문지식이 활용되면서 정부의 정책 결정과정에도 공식적인 참여가 다시 이루어졌다. 한편 환경문제나 도시문 제의 해결대안으로서 풍수사상이 재평가되면서, 도시계획, 환경정책, 재 해예방과 국토보전 등의 분야에도 풍수학적 접근이 시도되고 있어서 국역 풍수, 국도풍수의 부활을 기대하기도 한다.

이 과정에서 과학주의의 영향으로 서구과학지식으로 풍수원리를 설명 하려는 시도나 지리정보시스템 등 디지털지리정보를 이용한 터잡기, 수맥 풍수, 지기측정풍수 등이 시도되기도 하였다. 한편 수맥탐지기, 심룡척尋 龍尺, 관룡자觀龍子, 지기탐지기地氣探知機 등의 다양한 이름으로 현대과학 기기들이 수맥탐지와 기 측정의 도구로써 민간의 풍수간산에 등장하기도 하였다. 풍수의 범위 영역에서는 건축풍수, 실내풍수, 조경풍수, 디자인 풍수 등이 개척되고, 현대 건축과 조경에 비보풍수 지혜를 활용한다거나, 부동산풍수가 크게 각광받기도 하면서 다양한 변모를 시도하고 있다.

학계에서는 종래에 총체적인 직관으로 판단하던 풍수학이 다양한 전공 분야와 결합하여 역사학, 철학, 건축, 부동산, 조경 등 다양한 인접학문에 서 다양한 접근법의 풍수학이 연구되고 있다. 도제식 사승관계로 학습되 어오던 풍수학이 대학의 교과과정에 편입되어 정규교육과정화 하거나 사 회교육 형태로 대중들의 교양과목화 하였고, 대중교육 방식으로 전환되는 등 다양한 수요에 따른 변모를 활발히 하고 있다.

최근에는 지속가능한 개발과 지구라는 논의 틀에서 인간과 자연이 공 존공생할 수 있는 지혜틀 혹은 동아시아의 우주관으로서의 풍수사상이 새 롭게 조명받고 있다. 아울러 우리 고유의 민족적 정신유산인 한국풍수라 는 문화유산을 인류의 보편적이며 탁월한 가치로 재조명하여 세계문화유 산으로 등재하려는 움직임이 활발하다.

3. 북한 학계의 풍수관 : 인민들을 기만하는 사상적 도구

북한 학계에서 보는 풍수사상의 인식과 역사적 전개를 살피기 위해 대표적 통사 역사서인『조선전사』,『조선통사』등 역사서를 중심으로 정리해 보고자 한다. 북한 학계는 기본적으로 풍수사상을 미신이며 인민에게 해독을 끼치는 것으로 인식한다. 용어는 '풍수설', '풍수지리설', '지리풍수설' 등을 주로 쓰고 있다.

먼저『조선통사』에서는 풍수지리설에 대해서 불교나 유교 등 외래종교 사상이나 미신 등과 같이 인민들을 기만하기 위한 사상적 도구라고 보고 있다.

> "풍수지리설은 불교나 유교 등의 외래종교 사상이나 자연숭배 사상 등 여러 가지 미신 등도 모두 봉건통치에 복무하였고, 봉건통치배들은 인민들을 억압, 기만하기 위한 사상적 도구로서 이것들을 이용하였다."[32]

『력사사전』에서는 '풍수설'이라는 용어를 쓰면서, 풍수설은 미신의 한 종류로서 하층민들의 계급의식과 투쟁정신을 마비시키는 것으로 서술하고 있다.

> "봉건시대 집자리와 그 밖의 건물, 무덤자리 등의 자연 지리적 조건을 인간 생활의 행복과 운명에 련결시켜 꾸며낸 여러 가지 허황한 설. 지리설, 감여, 지술 또는 지리풍수라고도 하였고 풍수를 보는 자를 풍수사, 감여가, 지관, 지사, 지리가, 지리박사라고 하였다. 신라 말의 중 도선에 의하여 비교적 널리 보급되기 시작하였다고 한다. 봉건시대에 풍수설은 국가적으로도 공인된 '학문'으로 되어 고려 때에 봉건국가는 이에 따라 수많은 절, 궁실 등을 여러 곳에 지었다. 관료지주들도 풍수설에 따라 집이나 무덤자리 등을 잡았다. 이와 관련해서 량반들 사이에서는 좋은 무덤자리를 차지하기 위한 추악한 싸움이 벌어졌다.

---

32) 사회과학원 역사연구소, 1988,『조선통사』상, 오월, 221쪽.

풍수설을 몹시 숭상하던 고려 때에는 지리사, 지리박사, 지리정 등의 벼슬들이 있었으며, 지리업이라는 풍수관계의 관리를 뽑기 위한 과거시험 종목이 있었다. 리조 대에도 관상감에는 풍수설을 맡아 보는 지리학교수(종6품), 지리학겸교수(종6품), 지리학 훈도(정9품) 등이 배치되었고, 이들을 뽑기 위한 과거시험제도가 있었다.

　풍수설은 자연과 사회에 대한 과학적 인식이 부족한 데서 나온 미신의 한 종류였다. 봉건통치배들은 잘살고 못사는 것, 신분적으로 높고 낮은 차이가 사회제도 자체의 모순에 있는 것이 아니라 마치 집자리, 무덤자리와 관련이 있는 것처럼 풍수설을 퍼뜨림으로써 하층민들의 계급의식과 투쟁정신을 마비시키려고 하였다."[33]

한편 『조선민속학』에서는 '집자리 선택과 집짓기'라는 절에서, 양택풍수에 관해서도 지리풍수설은 미신이고 사람들의 의식발전에 해독적 작용을 놓았다고 기술하였다.

　　"아늑한 곳에 남향집을 짓고 사는 풍습은 오랜 기간 인민들의 실지 생활체험에 의하여 생겨난 것이었으나 비과학적인 '지리풍수설'이 퍼지면서 그 영향을 받아 미신적인 외피를 쓰게 되었다. 지리풍수설은 음양오행설에 기초하여 묘자리나 집자리, 도읍지 등의 지형과 지세의 좋고 나쁨이 사람의 운명 또는 집안이나 나라의 길흉화복과 결부되어 있다는 미신적인 주장이었다. 지리풍수설은 고대시기에 생겨난 이후 우리나라에서 신라 말기에 널리 퍼지고 고려 때에는 국가적으로 장려되었으며 리조 시기에도 전승되었다. 지리풍수설에 의하여 왜곡 류포된 집자리 선택 풍습은 사람들의 의식발전에 해독적 작용을 놓았다."[34]

풍수지리 사상에 대한 종합적 평가를 담고 있는 위 세 가지 서술사례에서 보면, 먼저 용어의 쓰임새에서 남한에서 주로 '풍수지리설'이라고 쓰는데 반해 북한에서는 '풍수설', '지리풍수설'이라고 쓰는 예가 많았다. 풍수지리의 사용범위로서는 궁실, 절 등의 대형 공공건축과 못자리, 집자리,

---

33) 사회과학출판사, 1971, 『력사사전』 2, 912쪽.
34) 교육도서출판사, 2002, 『조선민속학』 대학용, 97쪽.

도읍지 등의 선정을 아우르고 있어서, 양택, 음택, 양기풍수를 망라하고 있었다. 풍수설의 해독을 강조하는 부분에서는 음택발복, 피흉추길의 미신적 요소를 강조하고 있다. 유물사관의 영향으로 풍수설은 미신이며, 봉건통치배들이 하층민들의 계급의식과 투쟁정신을 마비시키려는 의도에서 퍼뜨린 해독적 작용을 한 것으로 파악하는 것이 북한학계가 풍수를 보는 기본적 시각이었다. 더욱이 양택풍수의 경우까지도 풍수라는 이름으로 인해 예외 없이 비과학적 미신으로 보고 있다.

시대별로 기와 음양오행, 장묘 등 풍수관련 사상의 발전사를 기술한 내용들을 간추려보면 다음과 같다. 청동기 시대 및 철기시대 초기의 영혼불멸설이 부장副葬 등 장묘습속에 관련되었다고 보았고, 영혼숭배사상 등을 반동적으로 보았다.

> "당시 사람들은 죽은 다음에도 령혼은 계속 남아있는 것으로 생각하였다. 또 령혼은 저승에 가서도 현실과 마찬가지로 공동생활을 한다고 생각하였으며, 조상의 령혼은 후손들에게 영향을 미치는 것으로 생각하였다. 그와 같은 관념은 죽은 사람을 씨족 또는 가족 공동묘지에 묻는 풍습에서 나타나고 있으며 주검 곁에 그가 쓰던 물건과 음식을 담은 그릇을 껴묻은 데서도 나타나고 있다."35)

> (고대국가시대에) "당시 진보적인 철학가들은 세계는 '신'에 의하여 창조되고 움직이는 것이 아니라 물질적인 '기'에 의하여 이루어졌고 그 힘에 의하여 발전한다고 주장하였다."36) 이밖에도 "고대국가들에서의 반동적 노예소유자 계급들은 령혼불멸설이나 령혼숭배사상을 고취하였다. 그들은 사람이 죽으면 그 령혼은 죽지 않고 살아남아서 사람의 길흉화복을 좌우하며 또한 하늘과 땅, 별이나 나무, 돌 등에도 다 령혼이 있어서 이것이 사람의 운명을 좌우한다고 설교하면서 여러 가지 잡귀신에 대한 신앙과 숭배를 강요하였다."37)

---

35) 과학,백과사전출판사, 1979, 『조선전사』 1권, 245~246쪽.
36) 『조선전사』 2권, 232쪽.
37) 『조선전사』 2권, 235쪽.

삼국시대에 들어와서는 풍수지리설의 사상적 기반이라 할 수 있는 고구려의 '기'에 관한 인식과 백제의 음양오행설이 본격적으로 발전하고 있음을 기술하였다. 다만 풍수의 바탕사상인 기와 음양오행에 관해서는 유물론적 요소를 담은 철학사상이라는 인식에서 중시한 것으로 보인다.

"고구려 사람들은 이미 고대 조선시기부터 우리나라에서 발생 발전하고 있었던 유물론적인 '기'에 관한 사상을 계승하여 발전시키면서 자연계에서 운동 변화하고 있는 모든 사물현상들의 기초에는 물질적인 '기'가 놓여 있다고 인정하였다. 『삼국사기』「고구려 본기」에는 당시 고구려 사람들이 천체현상이나 자연 기후현상 그리고 사람과 정신현상들을 고찰하고 설명하면서 그것들을 '흰기', '붉은 기', 또는 '맑은 기', '정기', '수기', '지기' 등 개념으로 표현한 것들이 매우 많이 있는데 이것은 그들이 바로 세계의 사물현상들의 시원을 물질적인 '기'로 인정하고 구체적인 사물현상들은 그 시원적인 물질적 기로부터 파생되여 나온 것으로 보았다는 것을 말해준다."[38]

"백제에서는 초기에 유물론적 요소를 담은 철학사상의 하나로서 음양오행사상이 발전하고 있었다. 력사기록에 의하면 이 사상에 정통한 사람들에게는 '력박사'(음양박사라고도 하였다)라는 벼슬까지 주어 이 사상을 장려하였다. 백제의 사상가들은 세계가 그 어떤 초자연적인 하늘 신에 의해 창조되고 지배된다고 보는 종교적 관념론을 반대하면서, 모든 사물현상의 기원과 존재를 자연계에 고유하며 인간생활에 없어서는 안되는 다섯 가지 물질적 요소 즉, 물, 불, 흙, 나무, 쇠의 호상결합과 조화로서 설명하였으며 자연계에 보편적으로 존재하는 음과 양의 호상작용으로서 자연현상의 운동과 변화의 원인을 설명하였다.[39]"

후기신라의 최치원은 봉건 유학의 견지에서 태극과 음양 호상작용으로 만물이 발전한다는 음양설을 제창한 것으로 평가하였다.

"최치원은 우선 세계의 시원문제에 대하여 봉건유학의 견지에서 세계의 사

---

38)『조선전사』3권, 312쪽.
39)『조선전사』4권, 117쪽.

물현상들은 마음(心)에서 발생하는 것이 아니라 태극에서 발생한다고 하였다. 그는 말하기를 해와 달이 어찌 나온 곳이 없겠는가 하늘과 땅은 모두 태극 가운데서 생겨났다고 하였다. 그에 의하면 우주는 처음에 이 태극이라는 혼돈상태에 처해있었는데 그것이 하늘과 땅, 음과 양으로 갈라지고 음양의 호상작용에 의하여 세상만물이 발전된다는 것이다.[40]"

발해의 수도입지를 설명하면서는 비록 지리풍수라는 용어는 직접 쓰지 않았지만, 장풍, 득수와 생리生利의 요소, 국방상의 장점과 뛰어난 풍수적 요소로써 입지를 설명하였다.

"상경룡천부 터는 오늘의 흑룡강성 녕안현 동경성에 있다. 성은 둘레가 수백리나 되는 평탄한 분지 가운데 자리 잡았다. 성의 남쪽에는 아름다운 경박호가 있으며, 거기에서 흘러내리는 목단강은 성의 남쪽과 동쪽 및 북쪽으로 감돌아 흐른다. 이곳은 땅이 기름지고 관개가 편리할 뿐 아니라 주위가 산으로 둘러막혀서 자연의 요새를 이루었다.
　　이처럼 벌이 넓고 기름졌으며 물이 흔해서 관개에 유리하며 그 두리에 병풍처럼 산이 둘러있어 지키기에 편리할 뿐 아니라 자연의 경치가 뛰어나게 아름다운 이곳에 수도를 정한 것은 결코 우연이 아니었다. 성은 그처럼 좋은 곳을 선택하여 굉장히 크게 쌓았다. 성은 외성, 궁성, 황성으로 되었다.[41]"

고려시대에는 국가통치이념인 훈요십조에도 풍수사상이 반영되어 있으며, 국가통치의 공식제도에 태사국, 서운관과 같은 풍수지리와 천문을 다루는 기구가 본격적으로 설치되기에 이르렀다. 고려시대에는 훈요십조, 풍수지리학의 제도적 수용과 함께 궁성과 사찰 건축시에도 비보풍수가 크게 유행하였고 주요 정치적 사건들에서도 풍수도참설이 이용되고 있었다.

"이 시기(고려시대)에는 우선 기상천문관측과 관련된 행정체계와 물질적 조건들이 더 잘 정비되었다. 이미 건국초기에 태복감과 태사국이라는 기관(1308

---

40) 『조선전사』 5권, 351쪽.
41) 『조선전사』 5권, 146~147쪽.

년에는 서운관으로 통합)이 설치되었고 여기에는 설호정(挈壺正, 시간관측자), 사신(천문관측자), 사력(력사편찬자) 및 감후(기상관측자) 등의 기상천문 관측 자들이 10여 명씩 배치되어 있었다.[42]"

묘청의 서경천도론을 언급한 대목에서는 미신적인 음양도참설을 이용 했다고 기술하였다. 음양도참설을 풍수지리와 구분하지 않고 동일시 하고 있음을 잘 나타내준다.

"묘청을 비롯한 서경출신 량반들과 관료들은 '건원칭제'하는 것과 함께 미 신적인 음양도참설(지리풍수설)을 리용하여 개경으로부터 서경으로 수도를 옮 길 것을 주장하였다. 이들의 주장에 의하면 서경 림원역은 대화세 즉 큰 명당 자리임으로 여기에 왕궁을 짓고 수도를 옮기면 금나라가 스스로 항복하여 올 것이고 이웃 여러 나라들도 역시 고려에 복종하게 될 것이라는 것이었다. 다시 말하면 개경은 음양도참설로 보아 땅의 기운이 쇠퇴하였으므로 수도로서 적당 하지 못하며 반대로 서경은 왕의 기운이 도는 곳이므로 이곳으로 도읍을 옮겨 야 왕실의 운명을 연장하며 나라의 위력을 내외에 떨칠 수 있다는 것이었다.[43]"

한편 한국 산줄기의 맥통에서 백두산을 조종산으로 보고 있는 백두산 조종론은 우리 민족의 오랜 관념이 신경준의 『산수고』와 『산경표』를 기 점으로 체계화 한 것이다. 백두산은 고려 초기에도 이미 숭배의 대상이 된 것으로 보이는데, 백두산 산신을 수위로 모시는 것을 고구려의 옛 땅 을 회복하려는 건국초기의 이상을 담았다고 하면서 평가하였다.

"묘청, 백수한 등이 1128년부터 서경천도를 위한 왕궁인 대화궁을 짓고 그 안에 8개의 '신주'를 앉힌 이른바 '팔성당'이란 당집을 짓고 팔성을 제사하도록 하였다. 이때 묘청, 백수한 등이 내세운 8개의 신주 가운데 첫 자리를 차지한 것은 백두산에 산다는 귀신이었다. 그들이 오랜 옛날부터 조선 사람들이 나라 의 조종산으로 여기고 있는 백두산을 첫 자리에 내세운 것은 이 산을 중심으로

---

42) 『조선전사』 6권, 407쪽.
43) 『조선전사』 6권, 317쪽.

한 고구려의 옛 땅을 자기나라의 판도로 인정하면서 그것을 회복하려는 건국 초기의 리상을 적지 않게 반영하고 있었다는 것을 말해준다."[44]

조선시대의 한양천도에 대해서는 한양지세의 설명에는 풍수설을 직접 언급하지 않았으나, 이른바 한양의 풍수상 내사산內四山인 북악산, 남산, 낙산과 인왕산의 4산과 한강을 들어 군사적, 경제적으로 좋은 입지임을 풍수적 시각으로 설명하고 있다.

"조선시대 새 왕조의 통치자들은 서울이 개경보다 정치적으로뿐 아니라 군사적으로나 경제적으로 보다 좋은 위치를 차지하고 있다고 하면서 개경을 버리고 서울에 도읍을 옮기려고 하였다. 북쪽 북악산과 남쪽 남산사이에 자리 잡은 서울은 동서로 낙타산과 인왕산을 끼고 있어 방어하기가 개경보다 좋게 되어있고 한강을 이용하여 전국의 조세를 실어 들이는 데도 개경보다 편리한 것만은 사실이었다."[45]

조선의 사상사를 소개하면서 그들의 사관에 맞는 무신론, 유물론적 견해들을 의도적으로 부각시키고 있으며, 풍수설은 항상 미신과 종교 등과 함께 비판의 대상으로 삼고 있다. 조선후기 실학자들의 술수풍수 비판 등을 무신론적 견해라고 평가하였다.

"15세기 사회사상분야에서 활약한 김시습의 제자인 남효온도 역시 이 시기 진보적인 사상가로서 우리나라 봉건시기 사상사에서 중요한 자리를 차지하였다. 철학적 견해에서 그는 무신론적 사상을 제기하면서 불교의 사생윤회설과 천당지옥설을 비롯하여 풍수설, 무당들의 허위적인 미신들에 대하여 폭로 비판하였다."[46]

"18세기 실학자들은 인식론에 있어서도 인식의 개관적 기초와 인식에서의

---

44) 『조선전사』 6권, 319쪽.
45) 『조선통사』 상, 285쪽.
46) 『조선통사』 상, 350쪽.

경험이 노는(하는) 역할을 강조하였으며 사람은 행동한 후에야 아는 것이 있게
된다고 주장하였다. 또한 그들은 당시 봉건사회에 퍼지고 있던 풍수설, 무당,
불교 등을 부정하면서 일정하게 무신론적 견해들을 내놓았다."[47)

북한 학계에서는 미신인 풍수설과 지리학은 별개의 개념으로 파악하고
있다. 『택리지』에 대한 평가에서도 이런 시각이 분명히 드러난다. 양택지
선정요건을 설명하면서 풍수라는 용어는 쓰지 않으면서도, 『택리지』와
배산임수 등 풍수격언을 인용하였다.

> "18세기에는 경제지리와 자연지리 부문에서도 세밀한 분석을 가한 책들을
> 쓰는 사업에서 전진이 있었다. 실학자 리중환이 쓴 택리지는 그 대표적인 실례
> 가 된다. 이처럼 택리지는 비록 지리적 환경이 사람들의 생활과 생산에 미치는
> 영향을 지나치게 크게 평가하고 풍수설의 잔재도 적지 않게 가지고 있으나 18
> 세기 전반기의 인민들의 경제생활 형편을 비교적 자세히 소개하고 체계화 하
> 였다. 지리학에서도 커다란 성과가 있었다."[48)

> "기록에 의하면 리조시기에는 산을 뒤에 두고 앞으로는 호수나 강을 면한
> 곳이 제일 좋은 집자리라고 하였다. 또한 집자리를 잡는 데서 으뜸가는 것은
> 지리(지형)이고 다음이 생리(생활에 리로운 것)이고 그 다음은 인심과 산수인
> 데, 이 네 가지 가운데서 하나라도 빠지면 좋은 집자리로 될 수 없다고 하였다.
> 예로부터 민간에서는 '배산림수'한 곳에 '동향대문에 남향집을 짓고 살아야 좋
> 다'는 말이 전해지고 있다."[49)

조선시대에는 묘지 풍수술이 성행하여, 화복풍수설의 미신을 믿고 길
지를 찾아 여러 번 천장하는 면례풍습이 생겨났다고 기술하였다.

> "리조 시기에 들어와서 묘지를 중요시하는 관념이 높아지면서 매장풍습에
> 는 '풍수설'이 성행하게 되었다. 풍수설은 지맥, 지세, 방위 등으로 보아 묘자리

---

47) 『조선통사』 상, 483~484쪽.
48) 『조선전사』 11권, 262쪽.
49) 교육도서출판사, 2002, 『조선민속학』대학용, 96~97쪽.

에 좋고 나쁜 것이 있으며 그 영향이 후손에게 화와 복을 준다는 미신이었다. 이러한 미신이 매장풍습에 침습하여 이른바 좋은 묘자리(명당)를 잡아서 조상의 묘를 여러 차례나 고쳐 묻는 '면례'풍습이 생겨났던 것이다."[50]

풍수관련 용어 사용례로서 남한에서는 특급지 양택지에 드물게 쓰는 '명기名基'라는 용어를, 북한에서는 우리가 흔히 좋은 터를 말하는 의미인 명당이라는 개념을 '명기'라고 사용하는 점이 눈에 뜨인다.

> "이처럼 자연 지리적으로나 경제, 문화, 생활조건이 유리한 곳을 가장 좋은 집자리로 쳤다. 이런 곳에 정해진 집자리를 명기(名基)라고 하였는데 사람들은 여기에 집을 지으면 자손이 번성하고 재난이 없으며 행복을 누릴 수 있다고 믿었다."[51]

이상에서 살펴 본 바와 같이, 북한의 사회과학 연구의 기본적 관점은 유물사관에 기초하고 있으므로, 풍수사상 서술에서도 일관되게 풍수사상은 미신으로 불교나 유교 등 외래종교와 함께 배척되어야 할 사상으로 보았다. 또한 풍수설은 봉건통치배들이 인민대중의 지배수단 내지는 계급의식과 투쟁의식을 약화시키기 위해 퍼뜨린 해독적 작용으로 보고 있음을 알 수 있다.

풍수의 범위는 양택, 음택, 양기 풍수를 다루고 있지만 음택풍수의 폐해, 도참설로서 악용된 사례 등을 크게 부각시켜 허황한 설로 본다. 반면에, 과학기술을 중시하는 시각에 따라 천문학과 함께 지리학과 지도의 발전에는 긍정적인 평가를 하고 있다.

위에서 북한의 역사서술에 나타난 풍수와 연관되는 사실들의 편린을 개관해 보았다. 자료 활용의 제약 상 통사적 성격의 사료인 『전사』와 『통사』, 교육용자료만을 대상으로 한 것이 아쉽지만, 북한의 풍수인식을 최

---

50) 『조선전사』 9권, 434~435쪽.
51) 교육도서출판사, 2002, 『조선민속학』대학용, 97쪽

초로 개관하고자 한 시도로서 의미가 있다고 생각한다. 북한을 풍수답사하고 1998년에 『북한문화유적답사기』를 펴냈던 풍수학자 최창조 교수에 의하면, 필자가 조사한 이상의 북한의 풍수관련 자료를 기대하기는 어렵다고 한다.

제3장
『이재난고』로 되살려본
조선후기 풍수학의 실상

본 연구는 조선후기 호남파 실학자들의 풍수인식을 조명하고자 하므로, 조선후기 풍수사상의 실상을 먼저 살펴볼 필요가 있다. 그간의 역사적 풍수연구들이 주로 『고려사』나 『조선왕조실록』 같은 관찬사서에 수록된 공식기록 중심으로 이루어진 것이었다. 따라서 그 내용도 주로 왕실이나 지배층 위주로 구성될 수밖에 없었고, 민중들 사이에는 실제로 어떠한 풍수이론이 전개되었고 어떻게 풍수생활이 전해졌는지에 대한 기록이 없어서, 풍수학사의 공백으로 남아있었다.[1] 다행히도 황윤석의 『이재난고』에는 조선후기 풍수학과 풍수운용의 실상을 생생히 알려주는 사료들이 많아서, 풍수연구의 공백을 메울 수 있게 되었다. 이하에서는 황윤석의 기록과 『이재난고』를 기본사료로 하여 조선후기 풍수생활사 복원을 시도하여, 조선후기 풍수사상의 실상을 정리해 보고자 한다.

조선후기에 들어와서 국토풍수에서는 신경준의 『산수고』를 기점으로 하여 백두산을 한반도 조종으로 삼는 유기체적 국토개념이 정립되고 있었다. 황윤석이 왕릉의 위치를 설명하면서 언급한 한양 산줄기의 용맥 흐름 맥통을 따라가 보면 백두산부터 백두대간 줄기를 거쳐 한남정맥과 한북정맥의 체계로 이어지는 『산수고』나 『산경표』의 산줄기 족보와 일치하는 것을 알 수 있다.[2] 이것을 보면 당시 지리에 관심을 가졌던 실학자들의 국토인식에는 전통적 자연관에 기초한 풍수론적 국토관이 공통적 용맥인식으로 이미 자리 잡았던 것으로 보인다.

조선 건국초기에는 한양과 계룡산 등 수도 입지논쟁, 왕궁조영, 국가상징시설 건립, 궁성조성 등에 활용되던 국역풍수가 풍수론의 중심이 되었

---

1) 김두규, 앞 책, 285쪽.
2) 『이재난고』 권44, 1789년(기유) 10월 11일(계해).

다. 그러다가 조선중기에 들어서면서 사림의 등장과 재지사족在地士族들의 형성으로 이들이 근거지를 삼고 가문의 번영을 꾀할 경제적 생활터전으로서 풍수가 좋은 마을입지의 양택지를 선정하면서 양기, 양택풍수와 비보풍수가 성하였다. 지역의 유력한 세력들이 풍수상 길지를 삶의 터전으로 차지하고, 천연지세가 부족한 곳은 비보하면서 종가를 중심으로 집성촌이 발달하였다.

이러한 과정에서 유력한 세력자의 가문에서 전통적인 풍수길지를 차지하였음은 물론이고, 때로는 풍수길지의 주인이 세력개편에 따라 바뀌기도 했다. 이러한 사례로 폐현의 관아터가 양택지로 재활용되기도 하였으니, 위백규 집안의 판서공파 종택지는 옛날 회주목懷州牧의 관아터를 양택지로 재활용한 것이었다. 또 청풍김씨淸風金氏로 정주목사定州牧使이던 김우증金友曾은 왕륜현王輪縣을 폐하고 그 객사터를 집터로 삼았고 그 지역일대를 문중의 세장지로 삼기도 하였다.[3]

특히 유교국가 조선에서 상대적으로 재정이 어렵고 세력이 미약한 불교사찰의 명당 터를 재력과 위세로 취득하여 세도가들의 음택지로 활용한 경우가 다수 나타난다. 사찰을 훼철하고 묘지를 쓰는 것을 금했음에도 불구하고 실제로는 실행한 사례가 상당히 많았던 것이다.[4] 조선초기 신경준 선조인 고령신씨 6세조 신포시申包翅가 곡성 가곡리 절을 폐사하고 부친묘소로 재활용한 것을 비롯하여, 조선후기에는 대표적인 사례인 흥선대원군의 가야사터 남연군묘 조성, 김성수 조부의 선운사 백련암터 묘소, 황윤석 후손의 만일사 칠성각터 묘소, 세력가들이 묘소로 욕심냈던 다솔사 등의 사례처럼 조선말기까지도 이러한 사찰명당의 폐사 후 재활용 시도들이 계속되었음을 볼 수 있었다.

광해군 시대에 이의신 등에 의해 수도의 지기가 쇠하여 새로운 수도가

---

3) 『이재난고』 권26, 1778년(무술) 8월 15일(임신).

4) 『이재난고』 권19, 1772년(임진) 9월 22일(갑인), "寺刹之毁撤入葬 則近例有禁"

필요하다고 제시된 교하천도론은 고려시대 서경천도론과 마찬가지로 지
기쇠왕론을 근거로 하였다. 그런데 민간에서도 『정감록』을 비롯한 도참
비기들이 유행하면서 가문차원에서의 지기쇠왕설이 전해졌던 것 같다. 남
원(현재 임실군 오수면) 둔덕리 이천묵李天默 후손에게는 이와 관련한 가문의
풍수유훈이 후손들에게 전해지고 있었다는 사례가 있다. 당시 둔덕리는
전주이씨 집성촌이었는데 둔덕리가 운이 쇠하면, 금산 지제원역촌錦山 地
濟原驛村으로 이사했다가, 거기도 쇠하거든 다시 태인泰仁 고현古縣이 이사
하여 살만하다고 하는 유훈이 전승되고 있었다.5)

　　이러한 사례들을 미루어 보면, 조선후기에는 지식계층이나 서민층을
가리지 않고 풍수길지 활용에 대한 인식이 일상화 되었으며, 풍수신앙 체
계로까지 자리잡고 있었던 것 같다. 예컨대 황윤석은 일본의 지세를 설명
하면서 초목이 나지 않는 산이라는 '동산童山' 개념을 쓰고 있는데, 이는
풍수고전 『금낭경』 산세편에서 오불가장지五不可葬地의 하나로 꼽는 산으
로 순전히 풍수 전문용어이다.6) 또한 일본의 『후지산富士山』을 흑치黑齒
의 진산鎭山이라고 풍수적으로 파악하였으며, 산천의 설명을 풍수전문용
어를 사용하여 풍수적 관점에서 설명하고 있다. 그의 문학작품 속에도 이
러한 풍수적 자연관은 일상화 되어 있었다.

　　민간에서도 풍수담론이 생활화 되어 풍수도참설과 풍수설화들을 소재
로 풍수를 일상의 이야깃거리로 삼기도 하여 수많은 풍수설화와 유산가遊
山歌, 답산가踏山歌, 풍수가사 등으로 전승되었다. 명당 길지를 얻는 것은
하늘의 뜻, 곧 천명이고, 조상의 음덕이란 생각이 보편적이었다.7) 하지만
추길피흉追吉避凶을 추구하는 인간의 탐욕으로 인하여 때로는 비도덕적
방법으로 풍수발복을 꾀하는 그릇된 술수풍수와 풍수맹신으로까지도 이

---

5) 『이재난고』 권33, 1780년(경자) 4월 29일(정축).
6) 『이재난고』 권10, 1768년(무자) 6월 11일(정묘).
7) 『이재난고』 권19, 1773년(계사) 5월 13일(정해).

어졌다. 그리하여 잘못된 술수풍수는 윤리적 통제를 초월한 투장이나 암장까지도 거리낌 없이 자행하여 산송이 만연되었다. 또한 산송으로 인한 사회적 병폐가 극에 달하여 위백규와 같은 실학자들은 시급히 개혁해야할 시폐로 지적하기도 하였다.

『이재난고』에는 조선팔도를 활보한 수많은 풍수학인과 그들의 풍수이론과 수준, 풍수서적, 풍수생활 등이 기록되어 있어서, 조선후기 풍수학의 실상을 생생하게 전해준다. 한편 지역별로 다양한 풍수설화나 산송과 투장의 사례, 풍수술사들의 행태 등 잘못된 묘지풍수, 발복풍수의 폐해를 알 수 있는 사례, 민간의 풍수생활과 관련한 풍수와 장묘습속의 실체를 파악할 수 있는 사료들이 많다. 이러한 사료들은 그간 『조선왕조실록』등 관찬사서의 공식기록 사료위주로 접근하던 조선후기 풍수학 연구를 보다 더 깊숙이 파고들어가 실체에 가까이 다가가게 할 것이다. 즉, 민중의 삶속의 실제 풍수학으로 그려낼 수 있을 것이다. 이하에서는 『이재난고』를 중심사료로 하여 조선후기 풍수사상의 실체를 재구성하여 파악해 보고자 한다.

1. 조선팔도를 누비던 전설의 풍수학인들

조선시대 풍수학인에 관한 종래의 연구는 김두규(2000년)의 『조선풍수학인의 생애와 논쟁』, 최창조(2013)의 『한국풍수인물사』가 대표적이다. 이 두 연구는 주로 『조선왕조실록』의 기록을 중심으로 국정에 관여했던 유명한 풍수학인들의 행적과 풍수논쟁을 다루고 있다. 이러한 관찬사서 이외에 풍수설화에 등장하는 몇 명의 전설적인 유명 풍수학인 이외에 수많은 풍수학인들의 존재와 계보에 대해서는 그간 별다른 정보가 없어서 풍수학사의 공백으로 남은 부분이었다.

황윤석은 『이재난고』에 조선을 풍미하던 유명한 풍수학인들에 대한 기록을 하면서, 자신과 교유했거나 세평世評을 들은 조선의 풍수학인 80여 명에 대한 자신의 평가 혹은 세평, 사승관계, 특기 등을 밝혀 놓았다. 그 내용을 요약하여 정리하면 〈표 Ⅲ-1〉과 같다.

일찍이 배종호 교수는 「풍수지리약설」에서 풍수학인의 수준에 따른 등급을 범안凡眼, 법안法眼, 도안道眼, 신안神眼으로 구별하여 소개하였다.[8] 황윤석은 처음 만나는 풍수학인이나 소문을 들은 지사들을 그들의 이름, 출신지, 사승계보, 특기 등과 함께 심안心眼, 득풍수미오得風水微奧, 방통감여旁通堪輿, 대풍수, 심어풍수深於風水, 정어풍수精於風水, 능풍수, 명풍수明風水, 명풍수名風水, 업풍수業風水 등으로 풍수사들을 평가하여 나름대로 호칭을 달리하여 등급을 매겨 두었다. 또한 소문을 들은 풍수학인에 대한 세평을 풍수로 이름을 날렸다(以風水有名, 以風水名京郷, 名於都下有名), 호남제일풍수湖中地師, 영변제일풍수寧邊第一風水 등으로 각기 달리 표기해서 풍수실력 수준의 차별화를 시도한 점이 재미있다.

---

8) 배종호 교수에 따르면, 범안이란 尋常한 안목으로서 터를 볼 때 좌청룡, 우백호, 전주작, 후현무 등을 가리고 주봉을 정하며 砂水의 세를 매우 상식적으로 이해하는 것이다. 법안이란 태조 중조 소조 등의 九星五行에 맞추어 판단하며, 龍身의 伏起屈曲의 세와 그 방위를 山書法에 맞추고 전후좌우의 峰巒의 형국과 방위를 계량하며, 砂水得破의 세와 방위를 법칙화 하고 다시 龍眞穴을 잘 구분하여, 나아가서는 365度에 배정하여 그 전체를 판단하는 것이다. 도안이란 법에만 의존하는 게 아니라 얼핏 주봉을 보면 대세를 짐작하고, 대세를 보며 眞龍을 발견하고, 용신을 보면 氣留之處를 점하고 기류지처에 이르면 穴形이 완연히 눈앞에 들어오며, 따라서 전후좌우 사세팔방의 기운이 종합통일적으로 그 용신혈형과 배합비교되어질 것이며, 사수득파의 好不이 일목요연하게 드러나게 된다. 그런 것들을 진혈에 대조하여 조금도 법에 위배됨이 없을 때 비로소 도안이라 일컫는 것이다. 말하자면 開眼이다. (배종호, 「풍수지리약설」).

〈표 Ⅲ-1〉 조선시대 풍수학인록

	김두규(2000)	최창조(2013)	황윤석(출신, 평가호칭), 18세기	비고
1	-	도선	道詵	신라
2	무학	무학	無學	조선초
3	성지	성지	性智 (경상도, 挾風水)	광해군대, 승려
4	윤선도	윤선도	尹善道((永祐園遷奉)	
5	남사고	남사고	南師古	
6	이의신	이의신	李懿信	
7	시문용	시문용	施文用	
8	박상의	박상의	朴尙義	
9	김일룡	김일룡	金馹龍(홍덕명풍)	
10	-	성거사	成居士(장세성, 관서명풍)	인조대
11	-	이지함	李之菡	
12	-	이중환	李重煥	
13	河崙	-	-	
14	李陽達	이양달	-	
15	高仲安	고중안	-	
16	睦孝智	목효지	-	
17	魚孝瞻	어효첨	-	
18	文孟儉	문맹검	-	
19	鄭麟趾	정인지	-	
20	崔揚善	최양선	-	
21	安孝禮	안효례	-	
22	崔灝元	최호원	-	
23	李文用	이문용	-	
24	葉靖國	-	-	
25	趙 胤	-	-	
26	成聃紀	-	-	
27	黃得正	-	-	
28	正祖	-	-	
29	-	一耳僧	-	
30	-	두사충	杜思忠	
31	-	覺大師	-	
32	-	羅鶴天	-	
33	-	丁若鏞		

34	-	-	金甲老(公山, 승려출신환속)	金聖緝 제자
35	-	-	金光玉(고부)	
36	-	-	金光燦(장성)	
37	-	-	金得榮(동복, 業風水)	일명 金有榮
38			金命鎰(태인,以風水名京鄕)	혹은 조명일
39			金尙鉉(곡성,홍양,精於風水)	『心眼頓高』著
40			金聖緝(장흥, 以風水有名) 金聖霖(장흥, 精於風水)	64결
41	-	-	金聖集(公山, 풍수선생)	
42	-	-	金良基(禮賓奉事)	金聖緝, 육지승제자
43			金自点	長陵造營 摠護司
44	-	-	金鎭口	
45	-	-	金震泰	
46	-	-	金漢鳳(湖中地師)	
47	-	-	羅文喆(영동)	
48	-	-	羅天一(나주, 名風水)	林濬浩부친묘소점
49	-	-	文再鳳(정읍, 진주)	
50	-	-	方一 (남원, 승려, 旁通堪輿)	五星立臥各形法
51	-	-	朴黃中	황윤석모친묘감정
52			白東輪	
53	-	-	成居士(관서)	혹 朱거사
54	-	-	成大來(전주, 能風水)	
55	-	-	成櫟(實深於風水)	牛溪 후손
56	-	-	孫光復(순창, 善交會能風水)	
57	-	-	申光洙	
58	-	-	安思彦(觀象監 主簿)	相地官
59	-	-	梁仁輔(素稱 大風水)	
60	-	-	廉生員(보성)	황윤석생가 감평
61	-	-	元得弼(태인, 能風水)	
62	-	-	六指僧(丹學 得道)	승려性海의 號
63	-	-	李德基(수원)	
64	-	-	李德隣(연산, 精於風水)	
65	-	-	李命受(廣州, 深於風水)	鄭垣제자
66	-	-	李命顯(낙안, 김상현과齊名)	
67	-	-	李運燮(은진)	
68	-	-	李廷弼(장성)	

69	-	-	李宗繼(함평)	황윤석 선산감평
70	-	-	林再達(京儒 以風水相識)	
71	-	-	林濬浩(監察 心眼)	
72	-	-	林風水(林君),	황윤석모친묘감평
73	-	-	張世成(關西名風,得風水微奧)	成居士, 朱居士
74	-	-	張翻(영변지사)	張世成5대손
75	-	-	張正斗(광주)	
76	-	-	鄭哥(포천)	
77	-	-	鄭大有(태인, 能風水)	
78	-	-	鄭垣(관동名師 혹은 居關西)	장세성제자(鄭遠)
79	-	-	曹命鎰(태인, 名京鄕)	
80	-	-	趙尙一(춘천)	
81	-	-	趙峕(西原,以風水盛稱於湖西	능풍수, 칭거사
82	-	-	曺雲龍(순창생원, 明風水)	생원
83	-	-	朱大燁(영광)	
84	-	-	池漢朝(봉동 業風水)	
85	-	-	陳益濟(장성)	황윤석모친묘소점
86	-	-	車百兩(여율리 風水童子)	최연소 풍수
87	-	-	車氏(평안도, 寧邊第一風水)	
88	-	-	察月	승려, 육지승제자
89	-	-	崔慶隆(변산, 能風水)	86세 최고령
90	-	-	崔復源(영동, 能風水)	研精修練
91	-	-	崔進士(전주, 明於風水)	황윤석모친묘소점
92	-	-	崔昌憲(은진, 名於都下有名)	
93	-	-	許腆(名風水)	文官
94	-	-	玄進士(제주, 大風水)	以風水往來知名
95	-	-	洪聖欽(연산, 精於風水)	

자료 ; 『이재난고』

　　개별적인 풍수학인에 대한 구체적인 기록을 살펴보면, 김갑로는 공산公
山 호리동 출신으로 장흥명풍 김성집의 제자이며, 신분은 원래 승려출신
인데 중간에 환속한 풍수학인이었다.[9]

　　풍수학으로 벼락출세한 대표적인 인물로 묘사된 홍양지사 김상현에 대

---

　9) 『이재난고』 권39, 1786년(병오) 9월 15일(을유.

해서, 황윤석은 여러 차례 기록을 남겼다. "김상현은 흥양의 토반으로서, 풍수술로 호남지역에 이름을 날렸는데 낙안풍수 이명현과 이름을 나란히 하였다. 그는 풍수비법서인 『심안돈고心眼頓高』라는 책을 엮기도 했다고 한다. 소문난 풍수법으로 대가들 집에 출입하며 이들과 교류하고 신임을 받아 원릉元陵조성에 자문한 유공으로 현감자리를 얻고 출세하여 당상관에 오르고 당시에 벼슬이 화량첨사花梁僉使까지 올랐다.10) 김상현의 대가집 교류는 6, 7품정도가 아니라, 김상국金相福, 홍상국洪鳳漢, 우의정(李昌誼), 판서(李景祜, 李重祜) 같은 내로라하는 대갓집들이다. 이들 대신댁에서는 그의 손을 빌리지 않고는 장사지내지 못할 만큼 신뢰가 깊다고 한다.11) 원릉 조성시에 관상감 소속 상지관이외 초청지사方外地師 상지관으로 함께 참여하여 수령자리 하나를 꿰어찼다."고 기록하였다.

이러한 『이재난고』의 기록은 『일성록』에서도 사실로 확인된다. 정조 즉위년인 1776년 3월 19일 정조가 신뢰할만한 지사를 추천토록 하자 홍봉한이 김상현을 추천하였고 정조가 전라감사에게 말을 주어 속히 올려보내도록 명하였다.12) 산릉도감山陵都監에 관상감 영사, 예조 당상과 함께 방외지사로 김양기金基良, 유동형柳東亨과 같이 참여하여 같은 해 6월 초하루 금정金井을 여는데 관여하였으며,13) 이 공로로 7월 7일 곡성현감으로 제수되었다.14)

장흥지사 김성림金聖霖은 풍수, 운기運氣, 성명星命 등에 정통하였으며, 풍수는 특히 64결에 능했다. 또한 풍수외에 사주추명에도 능했던 듯, 황

---

10) 『이재난고』 권11, 1768년(무자) 10월 23일(정축) ; 『정조실록』 즉위년 병신(1776) 3월19일(경인), 홍봉한이 정조에게 金尙鉉을 믿을 만한 지사로 추천하여 말을 보내 올라오게 하다. 方外地師로 참여하였고, 이듬해 1777년 7월 곡성현감에 제수되었다.
11) 『이재난고』 권35, 1768년(무자) 10월 26일(경진).
12) 『일성록』 정조즉위년 병신(1776) 3월 19일(경인).
13) 『일성록』 정조즉위년 병신(1776) 6월 1일(경자).
14) 『일성록』 정조즉위년 병신(1776) 7월 7일(경오).

윤석의 사주를 감평할 때 출생시를 추정하기도 하였다.[15] 다른 장흥지사 김성집金聖緝은 풍수로 유명하였는데,[16] 풍수가로 꽤나 유명세를 떨친 것 같다. 김성집의 풍수를 맹신하여 황윤석의 지인 김대래가 고산 옥계근처에 집을 함께 지었는데, 김의백이란 사람도 장차 그들과 함께 살겠다고 하였다.[17] 다른 장흥지사 김성립은 출신지역과 항렬자가 같은 것으로 보아 김성집의 일가 형제뻘인 것으로 추정된다.

〈표 Ⅲ-1〉에서 세 군데 전거에 공통적으로 실린 8인 가운데 한 명인 흥덕명풍 김일용金馹龍은 황윤석과 동향인 흥덕출신이다. 그는 19세에 부안에서 좌수를 지낸 탓에 부안인으로 기록되기도 하였고,[18] 명풍수로서 서울의 대북가大北家에 출입하여 권세가와 가까이 지내다가, 인조반정시 연루되어 흥덕현 화시산 석굴에서 잡혀 처형되었다.

승려풍수 방일方一은 본래 남원 주촌 출신 최만崔晩의 6대 후손으로 지리산에 입산하여 불경에 밝았고, 방통감여하였으며, 오성입와각형법五星立臥各形法을 전문으로 하였다. 황윤석과 함께 순창 담양일대를 구산한 적이 있었고, 황윤석의 두 번째 천장지가 순창 아미산 노서하전혈老鼠下田穴인 것으로 추정되므로 황윤석의 순창 신후지지를 소점所占한 풍수학인으로 추정된다.

풍수에 실로 심오했다(實深於風水)는 성력成櫟은 중종, 선조 때 대학자인 우계牛溪 성혼成渾의 증손으로 박상의, 이의신, 승려인 성지性智와 이름을 나란히 하였다. 성력이 윤선거尹宣擧 처의 묘를 진혈에 소점하였고 이 묘지의 발복이 입증되어 이름을 얻었다.[19]

양인보梁人甫는 대풍수라 불렸으며, 전국의 여러 곳을 돌아다니며 묘소

---

15) 『이재난고』 권34, 1781년(신축) 5월 25일(정유).
16) 『이재난고』 권5, 1765년(을유) 12월 14일.
17) 『이재난고』 권13, 1769년(기축) 12월 28일(병자).
18) 『이재난고』 권14, 1770년(경인) 2월 27일(갑술).
19) 『이재난고』 권28, 3월 28일(임자).

천장을 많이 하였다.20)

장성지사 이정필李廷弼은 장성 금곡 출신으로 지사로 유명했던 은촌隱村의 조카이다. 김리성金履成의 추천으로 정조 때 영우원永祐園 천봉遷奉에 참여하여 일찍이 후겸가厚謙家에 출입하였고, 후에 자신의 명성을 높이기 위해 비결을 묻어두는 술수를 부리다가 발각되기도 했다 한다. 함평지사 이종계李宗繼는 태인에 있는 황윤석가의 용두선영을 길지라고 감평하기도 했다.21) 본래 함평 출신인데 풍수로 이름을 날리며 서산에 살고 있었고 주로 서울의 어느 대신 댁에 있었다고 한다.22)

이명수李命受는 광주廣州 의동 출신으로 풍수에 심오하였는데, 그는 장세성의 제자인 관서명풍 정원鄭垣에게 사습하였고, 오로지 정음정양법靜陰靜陽法을 위주로 하였는데 신구묘지에 적용해보니 증험하지 않음이 없었다.23) 낙안 이명현李命顯은 호남 명풍수로 이름을 드날렸는데, 출세가도를 달린 홍양지사 김상현과 이름을 나란히 하였다.24)

감찰 임준호監察 林濬浩는 심안의 경지였는데, 군자감 직장軍資監 直長 서직수徐直修가 평하길, 오늘날 오직 감찰 임준호만이 풍수공부가 심안의 경지에 도달했다고 하였다. 임준호는 동래부사 임상원林象元의 아들로 호는 세마洗馬이다. 일찍이 연산連山 내동의 부친 묘소 아래에서 살았다. 이 부친묘는 나주지사 나천일羅天一의 소점이다.25) 임준호는 세자 시강원에서 정조의 강을 맡기도 하였고, 과천현감을 지냈던 문관이다.26)

신비스런 풍수학인으로 알려진 관서명풍 장세성張世成은 주로 성거사成

20) 『이재난고』 권19, 1773년(계사) 5월 13일.

21) 『이재난고』 권4, 1764년(갑신) 6월 23일(계묘).

22) 『이재난고』 권4, 1764년(갑신) 6월 23일(계묘).

23) 『이재난고』 권26, 1778년(무술) 8월 15일(임신).

24) 『이재난고』 권35, 1768년(무자) 10월 26일(경진).

25) 『이재난고』 권26, 1778년(무술) 8월 11일(무진).

26) 『정조실록』 3년 기해(1779) 1월 28일 (계축) ; 『일성록』 영조 46년 경인(1770) 9월 9일(임자).

居士, 주거사朱居士 등의 별칭으로 불렸다. 장세성의 풍수학은 정원鄭遠(혹은 鄭垣)에게 전해졌고, 정음정양법을 위주로 하였다.[27] 영변풍수 장숙張翻은 잡술에 통효하여 재상가들을 출입하였는데 종적은 늘 깊은 산에 있었다 한다. 그의 5대조가 관서 명풍 장세성이다. 장세성은 본래 이괄李适의 비장이었는데, 이괄이 패주하자 망명하여 성명을 바꾸고 자칭 성거사로 행세하였다. 청천강 이남에는 오지 않았는데 묘지를 소점하여 길이吉利를 많이 얻었다 하며, 당시 관서지방의 문관이 성한 것이 그의 길지소점이 많아서 발복한 때문이라 한다. 그는 풍수비결을 가졌다고 하는데 그의 풍수비결이 왕왕이 서울까지도 전해졌다.[28] 이러한 조각 기록들을 종합해 보면 장세성, 주거사, 성거사는 같은 사람이고 그의 풍수학은 제자인 정원, 후손인 장숙에게 전수되었다고 할 수 있겠다.

호서지방에 이름을 날린 서원西原풍수 조암趙嵒은 풍수에 능했으며, 거사를 칭하였다. 미호 김원행渼湖 金元行 문하인 교관 이성보李城浦의 친구이며, 수원부사인 무인 조심태趙心泰의 9촌 조카이다. 그의 동생은 출가하여 중이 되었는데 호는 심월당審月堂이고 그도 또한 널리 이교구류에 달통했다 한다.[29] 나이는 50대이고 진천서 살다가 이사하였고, 서원의 모과동 근처 정자산리에 살았다.[30]

장성지사 진익제陳翊濟는 홍양풍수 김상현의 풍수비법인 「심안돈고心眼頓高」를 얻어 공부했다 한다.[31] 황윤석의 매제인 김수루가 추천하여 황윤석 모친의 묘소 소점에 참여하였다. 변산풍수 최경륭崔慶隆은 유독 나이를 86세로 기록한 것을 보면, 당시 활약하던 풍수학인 중 최고령 현역 풍수학인임을 강조한 것으로 보여진다. 황윤석가에 자주 출입하였고 나주 회

---

27) 『이재난고』 권26, 1778년(무술) 8월 15일(임신).
28) 『이재난고』 권15, 1770년(경인) 7월 22일(병인).
29) 『이재난고』 권46, 1790년(경술) 11월 4일(경진).
30) 『이재난고』 권32, 1780년(경자) 3월 23일(임인).
31) 『이재난고』 권34, 1782년(임인) 2월 7일(갑술).

강면에 대명당자리가 있다면서 거래를 권유하기도 하였다.[32]

　영동풍수인 최복원崔復源은 고문古文공부와 단방연정斷房鍊精수련을 30여 년 하여 여러 기술을 체득했는데 풍수에도 능해 선조의 묘를 교하에서 영동진산의 고산절정으로 이장했다 한다. 아무에게나 가벼이 간산을 허락하지는 않으나 한번 약속하면 수백리를 가리지 않고 구산해 준다고 한다.[33]

　정조 때 문관출신 풍수학인인 허전許傳은 정읍현감을 지낸 허반의 아들이다. 태어나면서 문장에 능했고 풍수에 밝았다. 호동에 살았고 사람들이 풍수감평을 청하면 여러 차례 가는 수고로움을 꺼리지 않았고 소견이 심히 높았다 한다.[34] 사환은 순흥부사, 서산군수 등을 거쳤다.[35]

　제주의 현진사玄進士는 대풍수로 불렸으며, 고관댁에 자주 왕래하였다 한다.[36]

　풍수학인들은 대개 사승관계의 도제식 사습으로 학문을 전수했고 풍수서는 필사하여 전수된 것 같다. 예를 들면, 육지승의 제자로 찰월察月과 김양기가 육지승(僧 性海)의 풍수서를 공동전수 받았고, 관동명사 정원이 이를 다시 전수하였다. 또 다시 홍양지사 김상현이 이를 전수하였다 하였고, 황윤식이 소징하고 임군에게 빌려주던 당사소전唐師所傳(아마도 楊筠松: 필자주)풍수서는 김상현 지사에게서 나온 필사본으로 추정된다.[37]

　풍수학인들은 집안 내림으로 계승되는 사례가 많았던 것 같다. 장세성의 5대손 장숙의 사례, 김성집과 김성림 형제의 사례, 장성지사 이정필의

---

32) 『이재난고』 권41, 1788년(무신) 9월 30일(갑오).
33) 『이재난고』 권30, 1779년(기해) 7월 28일(경술).
34) 『이재난고』 권26, 1778년(무술) 8월 11일(무진).
35) 『승정원일기』 정조 12년 5월 12일 (계유) ; 『일성록』 정조 15년 5월 22일(병신).
36) 『이재난고』 권41, 1788년(무신) 6월 9일(경자) ; 『이재난고』 권41, 1788년(무신) 7월 4일(갑자).
37) 『이재난고』 권34, 1782년(임인) 5월 6일(임인).

사례처럼 집안내력의 가전이 이어졌을 것이다. 정원의 경우는 장세성의
제자라고도 하고, 육지승 계보라고도 하여 여러 스승의 계보를 공부했을
가능성이 있다. 정음정양법은 장세성, 정원, 광주지사 이명수로 이어졌다
고 한다.

한편 당시 지사들이 풍수가로서의 자신의 주가를 높이려는 인위적인
술수를 쓰는 경우도 많았던 것 같다. 김리성金履成의 추천으로 영우원 천
봉 때 상지관으로도 참여했던 장성지사 이정필은 장성 금곡리金谷里에 살
았다. 같은 장성의 마령에 사는 김광찬이란 지사와 함께 몰래 짜고서 장
지에 미리 '만리지하萬里之下 석숭지거石崇之居'라는 8자 비결을 묻어두었
다. 만리지하는 장성長城을 의미하고 석숭지거는 금곡金谷으로 이정필 자
신을 상징하는 것이었다. 나중에 고부사람 한치조가 김광찬에게 부친묘소
구산을 부탁하였을 때 이 비결을 꺼내 보여주어 이 두 지사가 영험하다고
세간에 크게 이름이 알려지게 되었다.[38]

풍수감평이나 상지에 참여한 지사에 대한 사례는 지사의 풍수수준, 초
청자와의 인간관계, 재정상황 등에 따라 천차만별이었지만, 당시 대략적
인 지사의 대우를 알 수 있는 사례가 있다. 황윤석은 전주 최진사가 모친
묘소 소점 후 돌아갈 때 사례로 노잣돈 4전과 대장지 1권, 곶감 한 접을
주었다. 아울러 동생에게는 제비용으로 한 냥을 주면서 집안형편이 군색
하여 부끄럽다고 한탄하였다.[39]

유명한 지사들은 자신들이 보아둔 대지들을 비싼 값에 팔기위해 흥정
하기도 하였다. 『이재난고』의 사례에 의하면 좋은 묫자리 시세는 1백 냥
에서 높은 것은 400냥까지도 호가하였던 것 같다. 강천사 인근 장군대좌
혈은 11년 후면 발복하여 판서나 대장이 나올 대지인데 400 냥을 호가하
는데 150 냥으로 흥정할 수 있다는 사례와,[40] 변산풍수 최경륭 지사가 소

---

38) 『이재난고』 권44, 1789년(기유) 8월 9일(임술).
39) 『이재난고』 권34, 1782년(임인) 2월 18일(을유).

개한 나주 회강면 갈마음수형渴馬飮水形 비결지는 300냥쯤이면 구매할 수 있다고 소개하는 사례가 있다.[41]

당시에 내로라하는 수많은 지사들이 활약하였지만 확실하게 소개할만한 지사는 없었던 듯도 하다. 황윤석과 교유하던 정경순鄭景淳이 서울에 믿을 만한 의원과 풍수가 없다면서 호남은 어떤지를 물은 질문에 대해, 황윤석은 의술로는 임응회任應會를 꼽을 수 있으나 풍수는 뚜렷한 사람이 없다고 답하였다.[42] 지사들은 대개 지인들의 평가를 듣고 지인들의 추천에 의해 쓰는 것이 관례였던 것 같다. 황윤석의 매제인 김리휴가 전주 최진사가 풍수에 밝다고 소개하였고,[43] 이렇게 소개받은 최진사를 황윤석은 여러 차례 불러 구산과 감평을 하게 하고, 모친 장례절차에도 참여시킨다. 장성지사 진익제의 경우도 매제의 천거로 황윤석 모친 묘소 소점에 참여하였다.

유명지사들은 주로 서울의 고관대작 집안에 기거하면서 구산활동과 길지거래 등을 하며 대접받으며 생활한 경우가 많았다. 정약용도 「풍수론」에서 지사들이 명혈을 구했으면 자신이 쓸 일이지 왜 대신댁에 가져다 바치느냐고 비판한 것도 이러한 행태를 비판한 것이었다. 인조 때 광주 명풍 이명수는 정음정양법을 정원에게 배워서 이류을 날렸는데, 판서 김종정, 황주, 홍병은 등 고관댁만 상대하기에도 하도 바빠서, 인근마을에서는 풍수를 아예 말하지도 않았다고도 한다.[44]

---

40) 『이재난고』 권23, 1778년(무술) 1월 28일(기축).
41) 『이재난고』 권41, 1788년(무신) 9월 30일(갑오).
42) 『이재난고』 권20, 1774년(갑오) 7월 25일(병인).
43) 『이재난고』 권34, 1781년(신축) 10월 15일(갑신).
44) 『이재난고』 권26, 1778년(무술) 8월 15일(임신).

2. 풍수학 교과서와 풍수담론

1) 풍수서적

『경국대전』에 정해진 조선의 지리학 고시 과목은 외워서 시험을 치는 배강背講과목인 「청오경靑烏經」과 「금낭경錦囊經」을 비롯하여, 「명산론明山論」, 「호순신胡舜申;地理新法」, 「지리문정地理門庭」, 「감룡경撼龍經」, 「착맥부捉脈賦」, 「의룡경疑龍經」, 「동림조담洞林照膽」이었다.[45] 지리학 국가시험에 응시하여 상지관이 되려는 사람들은 이러한 공식적인 풍수학 고시과목 위주로 공부하였다. 그러나 민간에서는 이렇게 체계적인 풍수학 공부는 어려웠을 것이다.

실제로 『이재난고』에 언급된 풍수서적들은 『장경葬經(청오경)』, 『설심부雪心賦』, 『남사고비기南師古秘記』, 이익李瀷의 『팔도산수총론八道山水總論』, 『풍수신결風水新訣』, 『인자수지人子須知』, 『직지원신直指元辰』, 『정감록鄭鑑錄』, 『공청선생양택서空靑先生陽宅書』, 『심안돈고心眼頓高』,[46] 윤선도 비장 『양택서 일서陽宅書 一書』, 『당사전도서唐師傳道書』 등이다. 이 중에서 지리학 고시과목과 직접 일치하는 것은 『장경(청오경)』 하나 뿐이다. 『인자수지』나 『설심부』 등은 고시과목은 아니지만 풍수고전으로서 조선에서 많이 읽힌 풍수서적들이다. 황윤석도 "명나라 사람이 지었다는 『장경(청오경)』한 책이 가장 고의古意를 얻었으며, 『설심부』는 당나라 사람 작품이라고 하나, 문체가 당나라 때 문체가 아니다. 『직지원신』에 대해서는 그 설이 번다하지만 그 이치가 정밀하여 정종正宗이라 할 만하다.(혹은 정법이 아니어서 쓸만한 설은 1,2단 뿐이라 하기도 한다) 명나라 승려 철영澈瑩이 찬했다 하며

---

45) 『경국대전』, 「禮典」, 諸科.
46) 『이재난고』 권34, 1782년(임인) 1월 7일(갑진).

윤선도 비장이라고 알려졌다. 지금은 대부분의 집에서 소장하는데 4책 뿐이다."[47]하는 식으로 풍수학 서적에 관한 세평을 싣고 있다.

풍수고전 중의 하나인 『인자수지』는 명말 서선계, 서선술 형제의 저술로 많이 읽힌 책이다. 그런데 황윤석은 『인자수지』에 대해서는 별도의 언급이 없고, 『직지원신』에 관해서만 덧붙여 기록하고 있다. 이것은 당시의 풍수서들이 필사본형태로 사승관계에 의해 전수되었기에 정확한 풍수서의 이름과 저자들이 전해지지 않은 탓인 것 같다. 『당사전도서』는 당사라는 점을 보면 양균송의 감룡경과 의룡경일 가능성이 크고, 『심안돈고』는 홍양지사 김상현의 풍수비기라고 하고 있어서 김상현이 자신이 배운 것과 경험한 것을 비망록으로 정리한 풍수요결의 필사본쯤으로 추정된다.

당시에는 풍수서적의 전승이 곧 사승관계 풍수학의 전승을 의미하였을 것이다. 황윤석은 자신이 소장한 풍수서를 당사소전 풍수서라 했고, 그 책의 내력을 고 홍양지사 김상현이 관동의 명사 정원鄭垣이란 지사(혹은 鄭遠, 혹은 關西人이라 함)에게 얻어서, 육지승 제자인 찰월과 김양기가 함께 전수받은 것이라고 적었다. 이를 보면 비기형태의 필사본 풍수서적이 사승관계에 의하여 전해져 왔다고 추정할 수 있다.[48] 그 내용은 여러 풍수서의 핵심내용들을 발췌하고 거기에 실제 구산과 점혈시의 실무경험들을 추가한 비기형태의 필사본 풍수비망록 같은 책들이 전수되고 유통되었을 것으로 추정된다.

『정감록』은 도참서 비기류이지만, 당시에 풍수와 도참이 엄격한 구분 없이 풍수술로 인식되었을 것이므로 풍수서로 기록되었다. 『정감록』은 혹세무민의 금서로 인식되어 비기를 소지하는 것조차도 처벌을 했다는 기록이 있다. 익산 소진사蘇進士의 일가이며 5·6촌 인척인 소씨가 비기『정

---

47) 『이재난고』 권20, 1774년(갑오) 8월 1일(임오) ; 『이재난고』 권17, 1771년(신묘) 3월 13일(갑인).
48) 『이재난고』 권34, 1782년(임인) 5월 6일(임인).

감록』을 소지했다가 처벌받았다고 하였다. 심지어는『정감록』비결을 믿고서 보신처로 피난하려고 모든 토지를 팔고 피난준비를 하는 사람도 있었다.[49]

특이한 책으로『공청선생양택서』는 어떤 책인지 전모를 알 수는 없으나, 황윤석은 이 책의 요지인 36길상을 요약해 두었다. 그 내용은 풍수적 내용보다는 의리, 근검, 화목 등을 강조하는 윤리적이며 교훈적인 것들을 담고 있는데, 양택에는 상서로운 36가지 조짐이 있다고 한다.[50] 집터를 잡는 상택相宅은 풍수에 있지 않고 사람에 있는 법이라는 주를 달았다. 집에 살면서는 의리를 존중할 것, 자손은 근검하며 공부하고 일할 것, 담장을 높게 하지 말 것, 집에 잡인들의 출입을 금할 것, 일가친척들과 화목할 것 등 주로 처세훈과 인간적인 교훈을 담은 격언들 중심이다. 이 책은 풍수학의 요체가 땅에 있지 않고 사람의 인덕에 있다는 성리학적 천명관을 뚜렷이 나타내는 양택서이다.

조선후기에는 지리학 고시과목에도 포함되지 않았고,『이재난고』에도 언급되지 않았으나, 민간에서 유행된 풍수서가 많았다. 조선후기에 유행한 풍수서적은 체계적으로 발간된 것보다는 산서류山書類나 비기류秘記類, 결록류訣錄類, 답산가, 유산가, 만산도萬山圖 등이 많았고, 그 내용도 지역별로 다르거나 검증되지 않아 풍수이론과 거리가 먼 것들도 많았다. 대표적인 것들로는 유명 풍수가의 이름에 의탁한 산천 답산의 풍수감평 비결류나 풍수예언서류로서,『남사고결南師古訣』,『나학천비기羅鶴天秘記』,『답산가』,『도선비결』,『두사충결杜師忠訣』,『무학결無學訣』,『박상의결朴尙義訣』,『옥룡자결록玉龍子訣錄』,『일이답산가一耳踏山歌』,『일지一指유산록』등이 있었다.

---

49)『이재난고』권35, 1784년(갑진) 3월 23일(무인).
50)『이재난고』권29, 1779년(기해) 5월 26일(기유).

2) 물형론

풍수물형(형국)론은 자연을 유기체적인 생명체로 보는 대표적인 인식체계의 하나이다. 조선후기 풍수설화에도 자주 등장하고 있고 풍수술사들의 음택풍수 발복예언에도 자주 인용하고 있다. 특히 『옥룡자유세비록玉龍子遊世秘錄』 등 세칭 비기류 비결서나 유산록 등에는 다양한 물형이 소개되고 있음을 보면, 조선후기에는 풍수전문가들 뿐만 아니라 풍수설화로써 풍수학을 이해하던 일반 민중들에게도 풍수물형론은 상당히 친숙한 개념이 되었던 것 같다.

『이재난고』에는 성균관 대성전 터가 물형상 노서하전형老鼠下田形이라서 쥐와 상극인 고양이와 얽힌 복돌이의 신분상승免賤설화[51]를 비롯하여 다양한 풍수물형이 언급되고 있다. 『이재난고』에 실려있는 주요 물형들을 살펴보면, 장군대좌형將軍大座形[52] 기치형旗幟形, 기룡세驥龍勢(전의이씨 선조묘),[53] 노서하전형(성균관 대성전), 상제봉조형上帝封朝形(남원, 전주), 갈마음수형渴馬飮水形,[54] 옥녀세분형玉女洗盆形,[55] 옥녀측와형玉女側臥形, 장군규녀형將軍窺女形,[56] 나사토육지형螺螄吐肉之形, 좌옹혈雌雄穴(춘천),[57] 보검장갑형寶劍長匣形,[58] 태양대정형太陽大呈形 등이 있다. 이 가운데 우렁이가 진흙을 토해내는 형국인 나사토육지형은 보기 드문 물형이 아닌가 한다.

『이재난고』에 나오는 위의 물형명을 『조선왕조실록』에서 검색해보면

---

51) 『이재난고』 권24, 1778년(무술) 4월 14일(갑진).
52) 『이재난고』 권23, 1778년(무술) 1월 28일(기축).
53) 『이재난고』 권14, 1770년(경인) 2월 27일(갑술).
54) 『이재난고』 권41, 1788년(무신) 9월 30일(갑오).
55) 『이재난고』 권35, 1784년(갑진) 9월 16일(무진).
56) 『이재난고』 권35, 1786년(병오) 6월 24일(병신).
57) 『이재난고』 권5, 1765년(을유) 3월 27일(임인).
58) 『이재난고』 권22, 1776년(병신) 11월 16일(갑신).

한 건도 나오지 않는다. 한국고전번역원의 〈한국문집총간〉에서 검색해보니, 기룡세가 2건, 노서하전형이 4건 검색될 뿐 나머지는 용례가 없다. 민중들의 풍수설화에는 일상의 소재로 빈번히 등장하는 풍수물형이 『조선왕조실록』이나 유학자들의 문집에는 거의 언급되지 않는 대조적인 사실을 미루어 보면, 풍수물형론은 풍수설화 등과 같이 민간에서 주로 유행된 것 같다.

전문적인 풍수학 지식이 없더라도 생활 속에서 친근한 동식물과 사물의 속성으로 풍수원리를 쉽게 설명할 수 있는 물형론은, 민중들도 알기 쉽고 흥미를 유발할 수 있었기 때문이다. 반면에 유학자들의 현학衒學적 태도는 이러한 민중들의 풍부한 의식세계를 생생히 이해하는데 장애가 되었을 것이다. 이것이 위백규가 물형론에 의한 화복설을 비판한 사례처럼, 훗날 실학자들이 풍수술수를 비판할 때에는 물형론과 결부된 화복론에만 주목하다보니 풍수물형론이 지닌 본래의 함의를 이해하는 데까지는 미치지 못했다고 생각한다.

3) 비보풍수

고려시대 국역풍수의 핵심이었던 풍수비보의 전통이 조선시대에는 국역풍수로서는 많이 약화되었으나, 민간에서는 여전히 널리 쓰였다. 특히 집성촌, 종가들의 마을 비보로서 마을 숲, 장승, 솟대, 성황당, 남근석 등의 형태로 풍수비보가 지역을 가리지 않고 민속차원에서 일상적으로 행해졌다.

자연상태에서 풍수적으로 온전한 곳이 없으므로 고쳐 쓰는 지혜인 비보나 진압이 개인차원이나 집단차원에서 지속적으로 이루어졌다. 비보풍수는 한중일 삼국 중에서도 특히 한국풍수에서 하나의 특징으로 발달하였다. 좋은 사격이나 수세가 없을 때는 조산造山이나 조천造川, 인공연못과

같은 인공조형물을 만든 사례들도 많았다. 혈자리 앞에 풍수상 길격吉格
인 큰 샘이 없으면 뒷날 제방을 막아서 인공으로 만들면 된다[59]는 식으로
비보풍수 관념이 상존했었던 것이다. 풍수물형상의 해당 물상의 이름을
따온 지명이나, 조산, 숲정이, 서낭댕이, 장승백이 등의 비보지형지물이
지명으로 남은 곳이 많은 것은 이러한 비보풍수의 흔적이다.

3. 이기파와 발복풍수의 만연

1) 이기파와 발복풍수

조선후기에는 도참, 잡술, 이기파 풍수가 습합된 풍수술수를 주로 구사
하는 술사들이 추길피흉하려는 민중들의 기복욕망에 편승하여, 묘지풍수
와 발복풍수가 만연되었다. 본디 풍수학 갈래 중에서 형세파와 이기파와
의 관계는 먼저 형세를 갖춘 것을 전제로 이기를 논해야 마땅하다. 황윤
석도 정동기와의 대화에서 "택지하는 데는 먼저 마땅히 그 용혈을 먼저
밝히고, 다음에 기타를 보고, 나경 같은 것은 그 끝이다"고 하여 형세가
최우선임을 밝히는 견해가 있다.[60]

풍수고전에서는 형기를 갖추고 나서 이기라고 하였는데도, 조선후기에
는 발복풍수와 결합한 이기풍수가 만연한 것 같다. 지사들의 풍수 감평기
록을 보면 우선 패철로 방위부터 따지는 범철泛鐵부터 시작하는 것으로
묘사된 사례가 많다. 또한 산운과 년운을 맞추느라 장례를 몇 달씩이나
연기하기도 하고, 산운과 연운이 맞지 않는다 하여 장사일 택일을 연기하
는 사례 등을 보면 이기파가 극성한 것으로 보인다.[61] 풍수감평 기록들은

---

59) 『이재난고』 권19, 1773년(계사) 5월 13일.
60) 『이재난고』 권20, 1774년(갑오) 8월 1일(임오).

풍수상의 길지라는 산세와 국세의 묘사와 함께 반드시 풍수상의 길흉화복
과 풍수발복을 말하는 지사들이 거의 대부분이었다.

　황윤석 모친 묘지를 재감평한 임풍수의 감평순서를 보면, 내룡來龍(태조
산 방장산에서 중조산 왕륜산을 거쳐 소조산 보월산에서 주산인 오봉으로 맥이 옴), 입
수룡入首龍(陽龍으로 와서 結咽하여 기력이 있고), 정혈定穴(穴暈이 분명하고), 장풍
藏風(四山龍虎), 사격砂格, 풍수발복 순서로 말한다.[62] 이처럼 산룡을 언급
한 다음에 대부분 좌향, 득수, 파구의 방향을 언급하고, 망자와 상주와의
산운, 연운, 택일을 가리고 끝에는 꼭 풍수발복을 언급하고 있다.[63] 예컨
대, "청룡 역수가 길고 내외 백호가 중첩하며 역수의 기상이 아주 좋아서,
마땅히 자손이 창대하리라."[64] 태인 용두선산을 감평한 함평지사 이종계
가 "소과 급제자가 3~4세, 대과합격자도 나올 만큼 아주 좋은 자리"라고
했다.[65] "이곳은 10년 내에 반드시 먼저 부자되고 뒤에 귀해질 길지인데
평지에서 이런 곳을 얻다니 기이한 일이다."[66] "수세내룡이 회포하여 작
은 혈자리(小器)라 할만한데 자손의 번성함이 이와 같으니, 산소는 결국지
結局地를 구한 연후에 발복은 반드시 한다."[67]는 식으로 풍수발복설이 중
심이 되어 감평을 하고 있다.

　발복의 내용은 대개 부·귀·손을 주로 말하고 있다. 때로는 외손이
흥한다는 외손발복지지外孫發福之地를 말하기도 한다.[68] 이러한 사례들을
보면 이기론과 음택중심의 명당발복 풍수가 만연하였음을 알 수 있다.

　그러다 보니 발복의 다소가 명당시세를 정하는 기준이 되었다. 발복이

---

61) 『이재난고』 권44, 1789년(기유) 10월 27일(기묘).
62) 『이재난고』 권34, 1782년(임인) 5월 6일(임인).
63) 『이재난고』 권22, 1776년(병신), 11월 16일(갑신).
64) 『이재난고』 권19, 1772년(임진) 9월 17일(기유).
65) 『이재난고』 권4, 1764년(갑신) 6월 23일(계묘).
66) 『이재난고』 권19, 1773년(계사) 5월 13일(정해).
67) 『이재난고』 권19, 1773년(계사) 3월 23일(임자).
68) 『이재난고』 권35, 1784년(갑진) 9월 25일(정축).

좋은 길지 명당은 100 냥에서 400 냥 정도로 거래되기도 하였다.[69] 이기파 중에서도 특정유파는 음양배합을 중시하는 정음정양법이라든지 64결 같은 것을 전문으로 하였던 것 같다. 혈지묘사를 보면 용혈사수를 다루고, 내룡과 입수, 좌향, 득파 용호 순으로 언급하고 사상四象으로 혈형穴形을 말하고 구성九星을 논하는 사례들을 보면, 사상 혈형감별법이나 구성법도 많이 쓰인 것 같다.[70]

풍수전문이론은 아니더라도 황윤석가의 대정동 선산 감평시 큰 샘이란 지명과 연관시켜 길지임을 말한다거나, 물이 따뜻해야 길지이다는 식으로 일반상식을 끌어다가 대길지임을 강조하는 사례도 보인다.[71]

2) 나경사용의 일반화

이기파의 성행과 발복풍수의 만연에 따라 패철이 풍수학인의 필수품으로 사용되고 있었다.[72] 패철의 명칭은 몸에 차고 다니는 쇠라는 뜻의 패철佩鐵 이외에도, 나경羅經, 윤도輪圖, 자오침子午針, 봉침縫針 등이 혼용되고 있었다.[73] 이기파의 유행으로 나경사용이 보편화되어 지리가에게 나경보다 절실한 게 없다[74]고 하여 나경을 중시하고 있다.

지리가의 간산격언에 '원칠근삼遠七近三'이라고 하여 풍수고전에서는 멀리와 가까이에서 형세를 보는 간산법을 중시하는데 반하여, 『이재난고』의 간산묘사는 주로 패철놓기부터 간산이 시작하는 것처럼 묘사된 사례가 많다.[75] 마치 간산은 곧 패철을 놓는 것을 말하는 것처럼 간산시작부터

---

69) 『이재난고』 권23, 1778년(무술) 1월 28일(기축).
70) 『이재난고』 권23, 1778년(무술) 1월 27일(무자).
71) 『이재난고』 권19, 1773년(계사) 5월 13일.
72) 『이재난고』 권22, 1776년(병신) 11월 16일(갑신).
73) 『이재난고』 권35, 1783년(계묘) 2월 17일(무인).
74) 『이재난고』 권40, 1787년(정미) 6월 8일(갑진).
75) 『이재난고』 권34, 1782년(임인) 2월 23일(경인).

범철이 필수화 되고 입수, 좌향, 득파 등의 방위가 중시되어 묘사하고 있다.[76]

당시의 풍수학인에게 패철은 필수도구가 되었고 황윤석가처럼 왠만한 집안에는 패철을 소장하고 있었고, 때로는 빌려주고 빌려쓰기도 하였다. 춘분일에 맞추어 황윤석 소장패철과 전주 최진사의 패철의 지남침 방위를 교정하는 기록을 보면, 패철의 정확한 방위교정을 위해 태양이 적도와 일치되는 춘분일과 추분일에 맞추어 패철의 자침을 교정하는 관례가 있었던 것 같다.[77]

황윤석은 벼슬살이로 서울에서 근무하던 경직京職을 거친 덕분에 취득했을 것으로 보이지만, 나경외에도 관상감대륜도 인본觀象監大輪圖 印本을 소장하고 활용하기도 하였다.[78] 복잡한 이기파의 이론에 따라가다 보니, 나경도 층수가 발달하여 나경의 정침, 중침, 봉침縫針 등의 개념이 이미 사용되고 있었다.[79]

3) 잡술과 풍수의 습합

황윤석은 구산求山을 위해서 주역점을 치는 사례가 많았다. 지사의 도움으로 터를 정하고도 다시 좋은 터인지 여부, 산송없이 무사장사 가능여부, 산운 여부를 다시 주역점으로 확인하는 사례가 여러 차례 나타났다. 황윤석의 주역점 사례[80]에서 알 수 있듯이, 풍수와 주역점을 함께 참조하여 입수와 좌향의 방위를 정하기도 하였을 것이다. 주역점을 자주 활용한 황윤석의 경우나 이순신의 난중일기에 자주 나오는 척자점擲字占 사

---

76) 『이재난고』 권22, 1765년(을유) 2월 16일(신유).
77) 『이재난고』 권34, 1782년(임인) 2월 7일(갑술).
78) 『이재난고』 권34, 1782년(임인) 2월 12일(기묘).
79) 『이재난고』 권40, 1787년(정미) 6월 8일(갑진).
80) 『이재난고』 권34, 1782년(임인) 2월 12일(기묘).

례처럼 주역을 공부하여 주역점을 칠 수 있었던 조선시대 지식층들은 주요 의사결정시에 주역점을 활용한 사례가 많았다. 따라서 사람의 능력으로 헤아릴 수 없는 하늘과 땅의 뜻을 묻고자 풍수와 함께 주역점을 병행하여 풍수관련 의사결정을 한 사례들이 많았을 것으로 추정된다.

풍수술사들의 풍수이론에 사주이론이 습합되어 활용한 사례로서, 장흥지사 김성립은 풍수이외에 운기성명에도 정통했다고 하는데, 출생시를 모르고 사주로 명운을 볼 때에 자주 쓰이는 출생시를 추정하는 사주법을 쓰고 있다. 생시를 정확히 모르는 황윤석의 생시가 유시酉時라고 추정하는 생시추정법을 쓰고 있었다.[81]

풍수와 함께 관상과 사주 등 잡술일반을 함께 공부한 사례도 많았을 것이다. 풍수와 관상까지 겸비하여 감평하는 사례로 광주판관 윤세영尹世英은 황윤석의 관상을 보면서 풍수의 단혈單穴과 비유하여 말하고 있다.[82] 이밖에도 조선후기에는 도참이나 비술, 기문둔갑 등 온갖 잡술들이 풍수와 습합하여 술수풍수가 만연하였던 것이다.

4. 풍수와 장묘문화 : 풍수없는 장례없다

조선시대의 장례는 풍수를 빼고는 이야기할 수 없을 만큼 양자는 깊게 연관되었다. 장례절차와 풍수와의 관계를 황윤석의 망실亡室과 모친의 장례절차로 살펴본다. 우선 평상시 지사를 초청하여 신후지지나 가족의 묘지터를 잡아놓고 미리 치표置標해두는 사례가 많았다. 치표처가 준비되지 않은 황윤석가는 모친운명 이후에 지사 3인을 초청하여 인근의 산에서 장

---

81) 『이재난고』 권34, 1781년(신축) 5월 25일(정유).
82) 『이재난고』 권11, 1768년(무자) 10월 20일(갑술).

지를 구산하고, 좌향 결정, 개토일시, 하관일시 등을 산운과 집안 운(宅運)을 보고 정한다.

묘지조성 과정에서도 좌향, 재혈裁穴, 천광穿壙의 혈심穴深, 회곽灰郭조성, 묘지조성 후에 묘소 재감평 확인 등 모든 단계에서 전문적인 지사의 조력으로 장례를 치렀다. 황윤석은 이것도 모자라 지사의 판단의 적부를 확인하는 주역점을 단계별로 여러 차례 치기도 했다. 황윤석 모친의 묘지는 혈심을 5척으로 파고, 외관을 쓰지 않는 대신에 고창석회 40말을 사용하여 회곽을 만들고, 묘지에는 제청祭廳을 지었다.[83]

이기파의 발복풍수가 강조되다 보니 최적의 택일 택시를 엄격히 적용하기 위하여 계절과 때를 가리지 않고 한밤중에도 엄격하게 하관시에 맞추어 하관했다. 황윤석 모친의 하관시는 한겨울 2월의 인시寅時인 꼭두새벽이었고, 망실의 하관시는 11월 오후 늦은 신시申時로 아주 춥고 어두운 시각을 가리지 않고 무리하게 운세 맞추기 택일법을 강행하였다.[84]

조선후기 사족들의 경제적 이권확보와 술수풍수가 결합하여 커다란 시폐로 사회적 문제가 되었던 투장과 산송이 만연된 사례들이 『이재난고』에도 여러 곳에 나온다.[85] 황윤석도 수령시절에 산송처결과 산송관련 청탁민원 문제로 힘이 들었던 체험이 있었고, 개인적으로도 산송에 시달린 경험이 있었다. 그런 탓에 산송이라면 넌더리가 났던 듯 모친 장사시에는 산송 없이 장사할 수 있기를 바라면서 주역점을 치기도 하였다. 목천 현감과 전의 현감 시절에 산송의 처결 혹은 산송의 청탁 처리가 주요한 수령의 일상일 정도로 산송에 시달렸던 황윤석은, 개인적으로도 산송에 얽혀 문중선영의 투장처에 큰 아들을 보내 살피게 하는 등 산송관련 사례들을 자주 기록하였다.[86]

---

83) 『이재난고』 권34, 1782년(임인) 2월 12일(기묘).

84) 『이재난고』 권22, 1776년(병신) 11월 16일(갑신).

85) 『이재난고』 권31, 1779년(기해) 10월 24일(갑술).

관청에서 산송재결에 따라 묘지를 파서 옮기도록 이총移塚을 명한다 해
도 기한내 굴총掘塚을 거부하고 가문을 위해 처벌과 희생을 각오하고 버
티는 행태가 많았다. 이와 같이 산송판결의 법적 집행력이 담보되지 못한
것이 산송문제 해결이 어려운 큰 원인이었다. 이와 관련한 사례로써 산송
재결로 현지 측량하여 굴총을 명하고, 기한내 묘지를 파서 옮기기掘塚移去
를 하지 않으면 죽여버리겠다고 강하게 협박하는 관원의 협박사례까지 있
었다.87)

장례관련 풍수습속에서 황윤석가의 경우 집안노비들 묘소를 집안 선영
묘역 내에 쓰고 있는 사실을 보면, 노비를 둔 사족층에서는 집안 노비들
의 묘지도 자신들 소유 묘산의 한 켠에 쓰게 한 것 같다.88) 묘지풍수에
관한 격언으로 사당 앞과 절 뒤에는 묘를 쓰지 못한다는 이른바 '신전불
후금장神前佛後禁葬' 같은 풍수격언은 산송처결시 관청에서도 이 원칙을 인
용하고 있는 사례를 보면, 널리 받아들여진 규범이었던 것 같다.89)

조선초기와 중기에는 가족의 서열과 묫자리 차례를 역순으로 쓰는 이
른 바 역장逆葬이나 도장倒葬이 거리낌 없이 쓰였으나, 조선후기에는 유교
의 영향으로 위계질서를 중시하다 보니 위계에 따라 순서대로 장사하는
관례가 일반화되어, 특수한 물형 이외에는 도장을 극히 꺼렸던 것 같다.
춘천에 있는 장절공 신숭겸 묘는 세칭 좌웅혈로 국세가 아주 좋아 발복이
무궁장원할 혈인데도, 도장으로 인해 발복이 불능해서 안타깝다90)고 하
는 사례가 있었다.

현재도 일부 풍수가들이 땅의 생기를 측정하는 방법의 하나로써 같은
부피의 흙의 무게를 비교하거나 한번 파낸 흙을 제자리에 되메워 흙의 복

---

86) 『이재난고』 권34, 1781년(신축) 10월 15일(갑신).
87) 『이재난고』 권4, 1765년(을유) 2월 24일(기사).
88) 『이재난고』 권5, 1765년(을유) 4월 15일(경신).
89) 『이재난고』 권4, 1765년(을유) 2월 20일(을축).
90) 『이재난고』 권5, 1765년(을유) 3월 27일(임인).

원력을 측정하는 방법을 쓰고 있다. 이와 유사한 방법으로 흙의 무게로 생기를 측정하는 방법이 조선후기에도 쓰였던 것 같다. 왕실의 장례에 사용된 사례도 있었다. 인원왕후仁元王后의 장지 재혈시에 종실이며 자칭 풍수학인이라는 남원군南原君이 장지 예정지와 명릉明陵의 흙을 각각 한 말씩 파다가 저울에 달아보고 생기를 측정했다는 사례가 소개되어 있다.91) 상중에는 기제사忌祭祀를 폐하는 관례가 있었던 듯하다.92)

5. 민중판 풍수담론인 풍수설화

풍수설이라는 이론 자체는 음양오행론 등 동양철학의 기초가 필요하여 전문적 지식이 없이는 이해하기 힘든 영역이다. 그런데도 민중들은 이를 이해하고 수용하려는 자세와 함께 풍수설화를 통하여 전문 풍수이론과는 다른 풍수의 가치관과 세계관을 구축하였다.93) 즉, 풍수설화는 어려운 풍수전문이론을 일반대중의 눈높이에서 윤리적이며 교훈적 이야기와 함께 재미를 버무려 각색한 이야기 풍수학이라 할 수 있다. 한국의 구비설화에서 풍수설화가 차지하는 비중이 많아서 우리 민족문화의 저변을 연구하는데 중요한 소재이기도 하다.

『이재난고』에는 청 건륭제의 선영이 대마도라는 설화, 견훤왕의 출생설화,94) 세종의 영릉천장설화, 광주이씨의 여우굴 명당 취득담, 남원 교룡산에 오나라 손권孫權의 조상묘가 있고 영광에 명나라 주원장朱元璋의 조상묘가 있다는 설화, 남사고의 한양풍수를 사색당파와 비유한 파자설화

91) 『이재난고』 권27, 1778년(무술) 12월 27일(계미).
92) 『이재난고』 권34, 1782년(임인) 1월 24일(신유).
93) 장장식, 1995, 『한국의 풍수설화 연구』, 민속원, 247쪽.
94) 『이재난고』 권14, 1770년(경인) 2월 4일(신해).

破字說話, 동래정씨의 회현동 종가 취득설화95), 부안의 벽송대사 지엄智嚴의 천년향화지지 설화, 부안 호암의 남사고비기, 변산 월명암 명혈지 괴혈설화, 성균관 명륜당 노서하전형 설화, 신숭겸묘소 설화, 인조반정 설화, 전의이씨 조상묘소인 금강변 기룡세 명당 취득담,96) 조경단 풍수설화, 주지번 부벽루명과 천하제일강산 설화, 퇴계장지의 남사고 감평설화,97) 풍수점복 영험담 등의 풍수설화와 수많은 풍수발복담이 실려 있다. 일반 민중들은 물론이고 지식인들 사이에서도 풍수설화와 발복담이 보편적인 일상의 화젯거리였음을 알 수 있다.

[주요 풍수설화의 내용은 부록에 별도 수록하였다]

---

95) 『이재난고』 권35, 1786년(병오) 6월 24일(병신).
96) 『이재난고』 권14, 1770년(경인) 2월 27일(갑술).
97) 『이재난고』 권14, 1770년(경인) 2월 27일(갑술).

제4장
천지인을 달통한 이재 황윤석의 풍수사상
‑착한 사람이 좋은 터를 만난다(吉人逢吉地) ‑

이 장은 이재 황윤석의 풍수인식과 황윤석 집안의 풍수생활을 조사연구한 것이다. 그간 황윤석 선행연구의 줄기흐름을 보면, 초창기에 국문학, 한문학 분야 연구로 시작하여 실학, 수학, 음악, 과학기술 등 다양한 분야를 거쳐서, 최근에는 생활사 분야 연구들이 많다. 최근 2000년 이후의 연구동향을 개관하면, 국문학, 어문학, 성리학, 철학사상, 학맥과 교유, 과학기술, 수학, 관료제와 행정, 지방문제 등 여러 분야에 많은 연구들이 나오고 있다.[1] 그러나 박물학자 황윤석에 관한 여러 연구 중 풍수지리 관련연구는 아직 시도되지 않은 영역이다.[2]

---

1) 최근의 주요 연구성과로서, 국어국문학분야에는 김도형, 2013, 「이재 황윤석의 기문연구」와 「이재 황윤석의 문학론 : 서발(序跋)을 중심으로」 ; 심소희, 2010, 「황윤석의 정음관 연구」 ; 강신항, 2004, 「『이재난고』를 통해 본 황윤석의 국어인식」 ; 전재강, 2003, 「황윤석 시조의 교술적 성격과 작가 의식」 등이 있다. 성리학, 철학사상 관련연구로는 이형성, 2013, 「이재 황윤석의 낙학 계승적 성리설 일고」 ; 최영성, 2013, 「이재 황윤석의 학문본령과 성리학적 경세관」 : 2008, 「황윤석실학의 특징과 상수학적 기반」 ; 이천승, 2010, 「이재 황윤석의 낙학(洛學) 계승과 호남에 대한 자의식」 ; 구만옥, 2009, 「황윤석, 성리학의 집대성을 위해 노력한 주자도통주의자」 등이 있다. 학맥과 교유에 관한 연구로 박현순, 2013, 「지방 지식인 黃胤錫과 京華士族의 교유」 ; 이선아, 2012, 「18세기 실학자 황윤석가의 학맥과 호남낙론(洛論)」 등이 있다. 과학기술, 수학 등에 관한 연구로는 이경언, 2010, 「황윤석의 『산학입문』과 학교수학에의 응용」 ; 허남진, 2003, 「이재 황윤석의 서양과학 수용과 전통학문의 변용」, 관료제와 행정관련 연구로는 이선아, 2010, 「영조대 정국 동향과 호남지식인 황윤석의 학맥과 관료생활」 ; 유영옥, 2007, 「능참봉직 수행을 통해 본 이재 황윤석의 사환(仕宦)의식」 ; 노혜경, 2005, 「18세기 수령행정의 실제: 황윤석의 『이재난고』를 중심으로」. 지방문제관련 연구로는 배우성, 2006, 「18세기 지방 지식인 황윤석과 지방 의식」 ; 이지양, 2008, 「호남선비 황윤석이 본 '호남차별' 문제」 등이 있다.

2) 황윤석과 『이재난고』에 관한 풍수지리관련 선행연구는 아직 없으며, 지리학 쪽에서는 다음 논문이 있다. 이건식, 2008, 「황윤석의 1775년 전국지리지 편찬범례(凡例)의 특징 분석 : 1775년 무렵 홍문관의 전국 지리지 편찬 관례의 복원 시도」 『지명

호한한 저서를 남긴 황윤석이지만 그의 풍수에 관한 별도의 논저를 아
직도 찾지 못했으므로, 그의 생애와 가계, 문학작품, 『이재난고』 등에 산
재한 풍수관련 사료의 내용분석을 중심으로 검토하였다. 아울러 현지답사
와 조사는 고창 구수동 황윤석 생가와 소요산의 귀암서당, 구동사, 집안선
영인 고창의 대정동, 왕륜산, 정읍 태인의 용두선영, 순창 회문산, 화순
천운산 선영 등을 답사하였다.

1. 호남제일명당에 살고지고 : 황윤석의 생애와 풍수지리

1) 국풍 박상의와 교유한 황윤석집안의 개방적 학풍

이재 황윤석은 호남의 대표적인 박학지사로 알려져 있다. 그는 성리학
뿐만 아니라 양명학, 단학, 선학禪學 등으로부터 천문, 역상曆象, 병법, 산
학, 기하학 및 복서卜筮, 태을太乙, 육임六壬, 기문奇門, 둔갑遁甲 등의 잡술
에 이르기까지 두루 관심을 가졌다.3) 성리학자인 그가 이른바 잡학, 잡술
이라고 해서 천시되고 금기시되던 분야까지도 관심을 갖고 공부할 수 있
었던 것은 부친 황전黃㙻과 가문의 개방적인 학풍이 있었기에 가능했던
것으로 보인다.

황윤석의 부친 황전은 역범易範, 예악, 서수, 성력星曆, 병형 등의 설이
모두 선비가 힘써야할 실리의 학이라 생각하였다. 그는 이학理學, 예학禮
學, 수학, 병학, 보학譜學 등 다양한 학문 명칭이 있는데, 이학과 예학 두
가지 이외에는 잡술로 몰고 있으니, 한심한 노릇 이라고 하였다. 당시로

학』 14, 한국지명학회, 101~150쪽.
 3) 최영성, 2009, 「황윤석 실학의 상수학적 기반」 『이재 황윤석의 학문과 사상』, 경인
    문화사, 80쪽.

서는 상당히 파격적인 개방적 사고를 가졌던 것이다.[4] 이러한 황전의 포
용적인 학문관은 주목할 만하다. 당시 성리학이나 예학만을 중시하고 경
세적 실무의 학은 경시하던 풍토에서 대담하게 이른바 잡학을 인정하고
그 유용성을 말했던 것이다.

부친의 이러한 실학적 사고와 포용적 학풍은 황윤석으로 하여금 성리
학에 머물지 않고 실학에로 나아갈 수 있는 계기를 마련하였다.[5] 황윤석
의 학문적 기본태도는 격물치지에 의한 박학정신을 추구하고 있다.[6] 그
는 자신의 학문편력이 주역에서 출발하고 성리대전을 줄기로 하여 다양한
잡학까지 섭렵하게 된 내력을 다음과 같이 말하고 있다. "20여 년 동안
『성리대전』한 질에 대해서는 용공用工함이 없지 않으며 음양·성명性命·
역범·율력·산수·성음·자서에 대해서도 성리대전을 공부하다가 알게 되
었다."[7]

특히 황윤석가와 풍수인연에서 특기할 것은, 선조·광해군 당시 조선
최고 풍수학인 박상의(1538~1621년)[8]가와의 세교를 들 수 있다. 황윤석의
5대조 황이후黃以厚는 1615년(광해 7) 인근 고을인 장성출신 박상의를 초빙
하여 자신이 정착할 집터를 잡아주도록 하였다.[9] 황윤석과 박상의 집안
간의 세교가 대대로 이어져 황윤석은 1785년에 박상의의 전기를 집필해

---

4) 『만은유고(晩隱遺稿)』권3, 잡저「日識」壬午.
5) 황의동, 2009,「이재 황윤석의 성리학연구」『이재황윤석의 학문과 사상』, 경인문화
사, 40~41쪽.
6) 이형성, 2013,「이재황윤석의 낙학계승적 성리학일고」『이재 황윤석 학문과 박학의
세계』, 신성출판사, 57쪽.
7) 『이재난고』권11, 1768년(무자) 8월 13일(무진).
8) 박상의(朴尙義, 1538~1621년) : 선조, 광해군시대의 관상감 주부(主簿), 당시 최고
풍수학인으로 광해군 때 창덕궁, 경덕궁, 인경궁 등 궁궐 입지선정, 동묘 입지 선정,
선조 정비 의인왕후 박씨의 유릉(裕陵) 선정에 참여하였다. 전국 각지, 특히 호남지
역에는 명풍수 박상의와 관련한 풍수설화와 그가 훗날의 주인을 위해 미리 소점해
둔 명당인 세칭 '박주부신의주(朴主簿信義柱)'관련 풍수설화가 많다.
9) 『이재난고』권5, 1765년(을유) 5월 6일(경진).

주기도 한 것이다.[10]

이러한 학문배경에 연유하여 그는 유학자가 아닌 풍수의 비조 도선에 대해서도 긍정적인 평가를 하고 있다. 또한 이재는 도선의 풍수 맥통을 당승 일행에게서 온 것으로 이해하고 있었다.

> 도선(道詵)같은 사람은 풍수로 이름났는데 그들은 또한 유도(儒道) 밖의 사람들이라고 할 수 있지만 틀림없는 빼어난 인걸들이었다.[11] 도선이 전한 것은 실제로 당승 일행(唐僧 一行)에게서 나왔으니 분명히 근거 없는 말은 아닐 것이다.[12]

2) 호남제일의 음양택을 추구한 황윤석가의 풍수내력

조선후기 대부분의 민중들이 풍수사상을 신봉하고 있었듯이, 이재 황윤석 집안인 평해황씨 종사랑공파에도 각별한 조상숭배와 풍수생활의 흔적들이 면면히 이어 오고 있다. 장묘, 관혼상제나 예법 같이 집단규범의식이 강한 풍속은 개인의 인식보다 집단의 인식이 공유되기 마련이다. 따라서 황윤석의 풍수지리 인식도 집안 내력에 크게 영향을 받았을 것이고, 후대에도 이어졌을 것이기 때문에 황윤석가의 풍수생활을 먼저 살펴본다.

(1) 양택풍수

(가) 구수동 이재 생가(고창군 성내면 조동리槽東里)

이재 생가가 있는 구수동이란 지명은 풍수물형론으로 마을이 소의 구유모양이라서 생긴 이름이다.[13] 호남의 삼신산의 하나인 두승산을 병풍

---

10) 『이재난고』 권36, 1785년(을사) 5월 29일(정축), 「주부박공전(主簿朴公傳)」.
11) 『이재만록』 하, 35쪽.
12) 『이재만록』 중, 214쪽.
13) 마을의 풍수 형국이 소나 말의 여물통인 구유나 바가지 형상이므로, 구유의 전라도 방언이 구수 또는 구시여서 구유의 방언인 구수를 뜻이 좋은 한자로 음차한 것이

삼고 북서풍을 막아주는 나지막한 마을 주산을 배경으로 용맥이 뻗어 내린 아늑한 곳에 집터를 잡았다. 안채에서 보면 조산朝山인 입암산과 방장산이 앞쪽에 둘러있고, 사랑채는 소요산 방향으로 자리했다. 마을 앞에는 생리 터전인 구숫들이란 비옥한 들판이 펼쳐져 있고 시내가 휘돌아 고부천으로 나가고 있어서 마을 터의 요건을 두루 잘 갖췄다. 구수동과 이재 생가는 풍수상 길지를 공들여 택지한 것으로 보인다.

『택리지』의 「복거총론卜居總論」에서는 사람이 살 만한 곳의 요건으로 지리, 생리, 인심, 산수의 네 가지를 들었다. 여기에서 지리는 풍수적 환경이고, 생리의 첫째가 비옥한 땅이라고 한다면, 생가마을 구수동과 귀암서당 마을 비자동은 양기풍수상 좋은 삶터의 요건을 두루 갖추고 있는 셈이다. 황윤석도 〈목주잡가〉 13에서 호남의 삼신산인 방장산, 두승산, 봉래산과 소요산 한 가운데 자리 잡은 구수동 본택과 귀암서당의 풍수적 자부심을 표현하였다.14)

황윤석 생가의 풍수적 화두는 학맥이나 관직에서 상당한 지위를 지닌 집안이 양택 길지에 규모나 격식을 갖춘 집을 지으면서 왜 지금까지도 초가집을 고수하고 있느냐는 것이다.15) 이에 대해서는 경제적인 이유로 기와집을 짓지 못했다는 견해도 있다.16) 그러나 집을 지은 황전의 경제력은 황윤석을 서울로 유학시킨 데서도 짐작되듯이 당시에 대략 천석꾼 규모의

다. 현재도 마을 앞뜰이 굽들 혹은 구숫들이고 현재의 법정지명 조동리(槽東里)도 구유조(槽)자를 써서 구유형국 마을이란 뜻이다.

14) 이재 생가는 큰 국세로 보면 호남의 삼신산인 고창 방장산(方丈山), 고부 두승산(斗升山 ; 瀛州), 부안 능가산(楞伽山 ; 蓬萊)에 둘러싸인 형국으로 호남 삼신산의 한 가운데 지점에 있다. 영주산이 주산, 방장산이 朝山, 봉래산이 백호 격이다.

15) 황윤석의 부친 황전이 지은 집인 현존하는 안채는 정면 6칸에 앞뒤에 퇴간을 둔 5량가구(樑 架構)이고, 기둥이나 들보 등도 튼튼하여 제법 사대부집 격식을 갖춘 집이어서 건축 구조적으로는 기와지붕으로 하기에 충분하다고 한다.

16) 이헌창, 2007, 「18세기 황윤석가의 경제생활」『이재난고』로 보는 조선지식인의 생활사」, 한국학중앙연구원, 346쪽.

살림형편이었다고 한다. 또한 황윤석의 4, 5대 후손인 황재렴과 황종윤 대에는 순창 만일사를 이축시키고 칠성각 터에 황중섭을 모설정도의 상당한 재력이 있었는데도, 경제적 이유로 기와집을 못 지었다는 것은 설득력이 없다고 본다.

생가 건축 당시의 경제사정, 건물의 규모와 구조, 후손들의 경제력과 사회적 지위 등을 종합해 보면 풍수적 이유가 우선 고려되었다고 판단된다. 황전에게 보살핌을 받은 풍수동자가 보은하기 위해 이 집터를 잡아주었다는 풍수설화와 관련해서 보면, 당초부터 풍수상의 경계로 초가집을 지었다고 본다. 그 후에도 경제력이 충분했던 후손들도 선조들의 뜻을 계승하여 현재까지도 초가집을 고수하고 있는 까닭은, 터의 지기를 오래 보존하기 위해 무거운 기와를 올리지 말라는 풍수상의 가내 전승을 고수한 때문이라고 한다.[17]

(나) 소요산(逍遙山) 귀암서당과 누정(고창군 부안면 선운리)

이재 생가가 주거용 가거지可居地라면 황윤석 가문의 별장용, 정자용 가유지可遊地가 소요산 귀암서당과 명옥대鳴玉臺, 창랑정滄浪亭이다.[18] 인걸은 지령이라고 할 때 문필봉은 학자나 문인을 낳는다고 한다. 이런 관점에서 이재 생가 쪽에서 보는 소요산은 대단히 힘이 강한 문필봉이다.[19] 황윤석이 박학지사가 된 풍수적 소응은 이 문필봉의 기운을 받았다고 추

---

17) 이재 생가 집터가 구유형, 또는 소쿠리명당이라는 와혈(窩穴), 혹은 제비집 명당이라는 연소혈(燕巢穴)이어서 무거운 기와를 올리지 말도록 했다고 전해진다. 새, 뱀, 나비, 지네와 같은 특정 물형의 음택에는 비석이나 상석등 석물(石物)을 하지말라는 풍수격언과 같이, 풍수에서 이러한 경계는 연약지반의 하중을 고려한 구조적인 안전장치이다. 아울러 근검정신을 지혜롭게 후손에게 깨우치려는 배려라고 본다.

18) 『이재난고』 권1, 〈書堂雨後聽溪聲有懷〉.

19) 강한 문필봉인 이 소요산 기슭 귀암서당이 있는 서당물 아래 진마마을에서는 문호 미당 서정주, 앞마을 인촌마을에선 인촌 김성수 부통령, 소요산 남쪽기슭 연기마을에서는 차천자로 불리던 보천교 교주 차경석 등이 출생하였다.

정할 수 있다. 이곳에 집안서당과 명옥대란 누대를 짓고 황윤석의 증조 황세기黃世基 때부터 머물기 시작하여, 작은 할아버지인 귀암龜岩 황재중 黃載重이 서당을 열어 문명을 날렸고, 그의 호를 따서 귀암서당이라 했다. 황윤석의 부친 황전도 이곳에서 문회를 열기도 했고, 황윤석을 비롯한 집 안사람들이 별장겸 서당으로 자주 애용했던 것 같다.

당시 마을이름이 비자동이라고 하였으나, 현재 귀암서당의 유래로 서 당물이라 불리고 있다. 지금도 이재정자(滄浪亭 또는 擊磬亭)와 귀암서당터, 이재샘터 등이 남아 있다. 특히 마을 앞이 터져서 허전함을 비보하기 위 한 방편으로, 황윤석이 마을 입구 쪽 좌우에 솟대를 세우도록 했다 하고, 이 비보풍수 전통은 지금도 전승되어 마을어귀에 솟대가 서있다.[20]

귀암서당 터는 강한 문필봉인 소요산을 주산으로 바윗줄 맥이 흐르는 곳에 두 개의 거북바위를 좌청룡 우백호 삼아 그 사이에 서당을 세웠다. 서당마을 앞에는 구숫들[21]이 있고, 서해바다 선운포仙雲浦와 변산 봉래산 의 절경을 바라보는 곳으로 별장 터로는 아주 제격이다. 황윤석은 목주잡 가에서 이 서당 터를 가문의 자랑으로 여기며 풍수적으로 잘 묘사하고 있 다.[22]

황윤석은 어린 시절부터 여기서 공부하였고, 19세인 1747년 귀암서당 을 유람한 일, 21세인 1749년에도 귀암서당에서 공부한 사실, 귀암서당서

---

20) 서당물 이장 노태환(74세)의 구술에 의하면, 황윤석이 마을 앞이 터져서 허한 것을 비보하도록 해서 솟대를 세우기 시작했고, 매년 정월 보름날 솟대를 교체하는 풍속 을 지금도 이어오고 있다고 한다. 또한 마을에 식수가 부족했는데 황윤석이 귀암서 당 입구에 샘터를 찾아서 해결했다고 전승되며 현재도 이재샘이라고 부르고 있었다.

21) 생가 구수동 마을 앞과 서당물 마을 앞 들이 풍수상 구유형국이라고 똑같이 구숫들 인 점과 마을 앞 물길도 오른쪽에서 왼쪽으로 감아도는 우선수로 같다는 점도 풍수 적으로 흥미롭다. 동기감응, 동성상응이라고 황윤석 집안이 좋아하는 기운의 터를 찾아서 서당 터를 잡는데도 상당한 정성을 들였음을 추정케 한다.

22) 〈목주잡가 〉 其十三 "龜壽洞 本宅西偏 四十里 逍遙山아 蓬萊는 几案이오 沙浦雲浦 襟帶로다 그 中의 우리집 三世遺躅 어이참아 니줄소니"

여러 달을 지냈다는 기록이 일기에 남아 있다.[23] 황윤석의 아호 운포주인
雲浦主人이나 부친 황전의 아호 선포仙浦도 이곳 선운포 지명에서 취한 것
이고[24], 숙조 황재중의 아호 귀암도 이곳 거북바위에서 따 온 것이다. 풍
수의 특징이나 지명에서 따서 호를 붙이는 것도 일종의 풍수상 '지인상관
地人相關'이라고 생각된다.

〈사진 IV-1〉 황윤석 생가 안채

〈사진 IV-2〉 황윤석 생가 곳간채

〈사진 IV-3〉 황윤석 생가 입수

〈사진 IV-4〉 귀암서당터
귀암과 기념비

---

23) 『이재유고』, 「이재선생연보」 ; 『국역 이재유고』 1, 18쪽. 先生 19歲, 遊龜岩書堂.
24) 『이재유고』, 「이재선생연보」 ; 『국역 이재유고』 1, 211쪽. "又嘗讀書於逍遙山下 西
海之濱, 仙雲之浦 先世草堂, 自謂西冥山人 又雲浦主人."

〈사진 Ⅳ-5〉 귀암서당 입구 거북바위   〈사진 Ⅳ-6〉 귀암서당 마을 솟대비보

(2) 음택풍수

『이재난고』와『평해황씨 종사랑공파세보 전』등의 기록과 후손의 구술, 현장답사를 종합해 보면, 황윤석 집안이 춘천에서 흥덕현으로 이거한 이후 조성한 주요 문중 세장지 선영은 세 곳이다. 생가 인근에 있는 대정동 선영[25], 생가 동남쪽 10여리에 있는 왕륜산 신영, 태인 용두에 있는 용머리선영이다.[26], 그밖에도 구수동, 흥덕지역 주변야산 인근에도 개별 묘역이 있으며, 생가에서 멀리 떨어진 곳으로는 이재 황윤석은 화순 천운산에, 이재의 증손 황중섭은 순창 회문산에 묘소가 있다.

이 선영들은 황윤석가에서도 대단한 명혈로 인식하여 왔고, 실제로도

---

25) 『이재난고』권41, 1787년(정미) 11월 14일(정축). 별칭으로 도리소(桃李所), 큰 선산, 후리치(厚里峙), 큰샘골, 찬샘골 등으로 부른다.
26) 이 세 곳 선영은 이재의 시조 목주잡가 其11에 잘 나와 있다. 南來先墓 桃李所여 王輪山도 몃히런고 象頭山 東南의 더옥죠타 龍頭러라 이 後의 先人亡室 完窆되면 무슴 關念 ᄒᆞ올소냐.

풍수적 요건을 상당히 잘 갖춘 길지로 평가된다. 집안에 전승되는 풍수물형은 대정동은 호승예불형胡僧禮佛形, 태인 용두는 야자형也字形 명당이라고 전승되고 있다.27) 특히 태인 용머리 선영은 소조산인 상두산에서 뻗어온 용이 혈을 맺은 주변 국세도 짜임새 있고 용두라는 지명과 아울러 추정하자면, 이른바 『옥룡자유세비록』에 나오는 명혈과 부합한다고 볼만한 길지이다.28)

이곳에 있는 이재의 손자 황수경 묘비에도 "태인 용머리는 산촌 휘 재 만공께서 계시는 곳, 호남 갑의 명당임을 자타가 의심치 않는 이 조역兆域"29)이라고 쓰여 있어서, 후손들도 호남제일 명당으로 인식하고 있었다. 또한 이 용머리 주변 태인 고현은 황윤석의 모친 도강김씨 친정마을로 황윤석의 수태지이며 태몽설화가 깃든 곳이기도 하다.

대정동 선영은 평지룡에 아늑한 음택지로 물형으로는 가문전승의 호승예불형으로도 보이나, 꽃봉우리 같은 산세와 도리소桃李所라는 글자의 뜻으로 살피자면 풍수물형상 도화낙지桃花落地, 이화낙지李花落地 형국임을 나타낸 것으로도 추정된다. 왕륜산 선영은 횡룡입수하여 혈을 맺은 주변 환경도 잘 짜여진 곳으로 가전 풍수물형은 알려지지 않았으나, 조산인 방장산에서 뻗어온 용이 다시 방장산을 바라보는 이른바 회룡고조형回龍顧祖形이다.30)

---

27) 집안전승 풍수물형은 후손인 黃炳槿(전주) 전북儒道會長의 구술을 따랐다.
28) 『옥룡자유세비록』〈태인편〉, "象斗山下 十里外에 回龍 盤龍 兩大穴은 主山 大川 重重하여 陰陽宅 兼全하니…"현재 지명도 마을이름이 上龍마을이고 용이 살던 바위굴인 용굴이 있고, 마을 옆 교차로가 龍頭교차로이다.
29) 『평해황씨 종사랑공파세보 全』 97쪽.
30) 왕륜산 선영 풍수물형에 대한 집안 전승은 확인하지 못했으나, 함께 답사한 풍수학인 선문대 최낙기 박사의 견해도 회룡고조형으로 본다.

〈표 IV-1〉 이재 황윤석가의 주요 선영

선영	풍수물형	모셔진 분	소재지
大井洞(桃李所, 후리치, 찬샘, 큰샘골)	胡僧禮佛形	8대조 守平, 6대조 處中 5대조 以厚, 고조 宗爀, 증조 世基, 叔祖 載重 등	고창군(고부,흥덕)
王輪山	回龍顧祖形	7대조부 紐, 傍系 등	고창군(흥덕)
용머리(龍頭)	也字形	조부 載萬, 손자 秀瓊	정읍시 (태인)
天雲山	將軍大坐形	頤齋 黃胤錫	화순군(능주)
回文山	五仙圍碁形	증손 中燮	순창군(순창)

* 소재지 ( )안은 조성당시 고을지명임

〈사진 IV-7〉 회문산 황중섭 묘

〈사진 IV-8〉 회문산 황중섭 묘 조 안산

〈사진 IV-9)〉 회문산 황중섭 묘 폐사지 흔적

〈사진 IV-10〉 천운산 황윤석 묘 입수

〈사진 IV-11〉 천운산 황윤석 묘
조 안산

〈사진 IV-12〉 천운산 황윤석 묘
전순바위맥

〈사진 IV-13〉 용두선영(가운데 용맥)

〈사진 IV-14〉 용두선영 암중괴혈

〈사진 IV-15〉 대정선영 호승예불형

(3) 이재 황윤석가의 풍수설화

풍수지리 이론 자체는 전문적 지식이 없이는 이해하기 힘든 영역이다. 그런데도 민중들은 풍수를 이해하고 수용하려는 자세와 함께 설화문학의 영역으로 받아들이면서, 풍수설과는 다른 가치관과 세계관을 구축하였다.31) 곧 난해한 풍수이론을 민중적 눈높이로 이해하고 일반민중의 삶 속에서 윤리적이며 교훈적 이야기로 녹여낸 것이 풍수설화라 할 수 있다.

황윤석 집안에는 아름답고 재미있는 풍수설화 세 편이 전승되고 있다.32)

(가) 호남 대학자 황윤석을 기다린 천운산 장군대좌혈

황윤석은 1791년 6월 63세를 일기로 운명하자, 생가근처 대정동 선산에 안장했다. 그 후 50여년 뒤인 1842년 순창 죽동의 아미산蛾眉山에 이장하였다. 세거지 홍덕에서 상당히 먼 지역인 순창 이장의 배경에 대한 기록이나 집안의 구전은 확인할 수 없었다. 그러나 황윤석이 승려풍수 방일과 순창지역을 여러 날 구산답사했던 일기기록, 족보의 아미산아래라는 기록, 황윤석가에서 용두선영처럼 「옥룡자유세비록」에 실린 비결지를 구산한 일 등 여러 정황으로 보면 황윤석이 신후지지로 잡아서 치표해 두었다가, 후손들이 산운을 맞추어 풍수상 길지 명당을 찾아 천장한 것으로 보인다.33)

---

31) 장장식, 1995, 『한국의 풍수설화 연구』, 민속원, 247쪽.

32) 이재가의 풍수설화는 종손 황병무(서울), 후손 황석구(광주), 후손 황병근(전주) 등의 구술과 족보기록, 이기화 전고창문화원장 구술 등 고창지역 구전을 참고하여 구성하였다.

33) 황윤석 이장지 순창의 竹洞 蛾眉山下는 『옥룡자유세비록』〈순창편〉에 아미산아래 노서하전형, 좌웅3혈, 반월형 등 명당이 여럿 있다는 가사와, 지금도 아미산아래에 竹谷洞이 있는 점, 황윤석이 생전에 승려풍수 방일과 순창지역 구산답사를 한 기록 등을 미루어 보면 이 비결지 老鼠下田穴을 찾아 신후지지로 삼았다가, 선산에서 육탈 후에 이장한 것으로 보인다. "眉山西麓 老鼠下田 積粟案이 놓였구나 坎癸乾亥

1791년 6월 신미일에 고부군 후리의 선산에 장사지냈다가, 다시 1842년 순창군 죽동으로 이장하였고, 다시 1898년 능주 한천면 천운산 계좌(癸坐)로 옮겼다.[34]

다시 1898년에 고향에서 더욱 먼 곳인 능주 천운산으로 이장한 사연이 아름다운 풍수설화로 전승되고 있다. 현재 이재묘소가 있는 화순군 한천면 오음리 돗재는 원래 이천서씨(혹은 현부자)의 세장지 선산이었다고 한다.[35] 어느 날 서씨 집안 종손이 꿈을 꾸었더니, 선친이 나타나서 땅에는 마땅히 거기에 맞는 주인이 있는 법이고, 지금 너의 선영 명당은 내가 차지하기는 벅찬 자리이다. 마땅히 삼남의 대학자를 모실 자리이므로, 이 명혈의 임자인 대학자를 찾아 모셔야 우리 집안이 복을 받는다는 계시가 있었다.[36]

그 계시를 실현하기 위하여 서씨 집안에서는 삼남일대 서원과 향교 등에 통문으로 이러한 취지를 두루 알려 적격자를 추천받았다. 이러한 과정을 거쳐 박학지사로 이름을 날린 호남의 걸출한 선비 이재 황윤석이 적격자인 명당주인으로 선정된 것이다. 이장과정에서 이장비용도 서씨 집안에서 부담하였고 이장절차 일체를 도와주었다고 한다.

이른바 땅에는 걸 맞는 주인이 있다는 소주길흉론所主吉凶論, 적덕을 해

斬絶하여 兩橫案이 되었으니 水口重疊 東流水는 七代富貴나리로다." 족보에 의하면 이재의 3子 황보한도 부친 황윤석을 따라 아미산에 음택을 두고 있는 점도 이러한 추정을 가능케 한다.

34) 『국역 이재유고』 1, 212쪽.

35) 후손 황병근의 구슬에 따르면, 독립운동가 정치인으로 국회부의장이던 월파 서민호 집안 선대라 한다. 후손 황석구씨 구술은 광주 현 부자집에서 부친 장지로 구산한 명혈인데, 꿈에 세 번이나 훌륭한 양반에게 양보해야 할 명당이란 계시가 있었다고 하여, 줄거리는 비슷한데 원소유주의 성씨가 다르다.

36) 황윤석의 천운산 음택은 집안전승 물형은 장군대좌형인데, 대학자에게 알맞는 자리라고 했다는 측면에서 보면 주변의 깃대봉 등 여러 산들이 여러 개의 문필봉 형태로 둘러있다. 풍수상 장쾌한 국세를 갖추고 있는데, 현재 화순탄광개발시 훼손된 주변환경이 복원되어 전라남도 휴양림으로 지정 관리되고 있다.

야 길지를 얻는다는 적덕자 명당취득론의 전형적인 풍수설화이다.

(나) 만일사를 옮기고 쓴 황중섭의 회문산 오선위기혈

풍수에 조예가 깊었던 이재의 후손들도 풍수길지를 찾아 조상을 모시는 전통을 이어 갔다. 우선 황윤석의 손자이며『이재유고』를 편찬했던 황수경黃秀瓊은 이재의 조부 황재만를 모신 태인 용두선영의 고조 묘소 바로 밑 암맥 사이 괴혈怪穴터를 신후지지로 삼아 자리하였다. 강한 생기가 있어 발복이 빠르고 강하지만 재혈이 실패할 위험성도 크다는 바위사이 괴혈을 감히 찾아 쓴 것을 보면 풍수안목이 높고 명당발복에 관심이 컸음을 짐작케 한다.

이재의 증손이자 황수경의 아들 황중섭의 묘소가 순창 회문산 만일사 뒷산줄기 대혈지, 이른바 회문산 오선위기혈 자리에 있다. 원래 이 터는 구 만일사 칠성각 자리였는데 흥선대원군의 도움을 받아 만일사를 현재의 위치인 아래쪽으로 이축시키고, 그 자리에 안장했다고 한다.[37]

이재의 4대 후손 황재렴, 재학, 재진 3형제가 부친 황중섭을 길지에 모시기 위해 무척 애를 썼다. 황재학이 명풍수를 데리고 명산을 주유하던 중 만일사 뒤 칠성각 마루 밑 대혈을 찾았다. 혈증으로 혈자리위 마루 판자 한 장이 온기로 부식돼 있었다. 하지만 산중대찰의 칠성각을 부친의 묘소로 만든다는 것은 권력의 힘이 필요한 실로 어려운 일이었다. 삼형제는 친부를 길지에 모시는 데 가산이 기울거나 심신의 노고를 마다할 수 없다고 생각하고, 의논 끝에 영의정 조인영 집안을 찾아가기로 했다.[38]

삼형제는 한양길을 재촉하던 차에 여산에서 송씨라는 길손을 만나 전

---

37)『평해황씨종사랑공파세보全』「菊圃公行錄」, 105~107쪽.
38) 이재의 손자 황수경이『이재유고』를 편찬할 당시 전라감사로서 서문을 써주고 재정지원을 했던 조인영가와 세교가 있었으므로 이 연고를 활용하고자 했던 것으로 보인다.

후사정을 이야기했다. 대원군과 친분이 깊었던 송씨는 대원군에게 『이수신편』을 쓴 이재의 후손들의 사정을 말하고 간청을 하였다. 대원군이 『이수신편』 친람을 요청하여 운현궁에 가서 『이수신편』을 올렸다. 대원군이 흔쾌히 승낙하고 전라감사에게 협조토록 서찰을 보내, 만일사를 현재 터인 아래쪽으로 옮기도록 해서, 마침내 오선위기혈에 부친 황중섭을 모셨다고 한다. 이런 사연을 반영하여 황중섭의 묘비문에는 적덕자 명당 취득설, 명당발복설, 소주길흉 사상 등이 잘 담겨있다.

> "회문산 굽이굽이 사연도 많은데, 향화(香火) 끊이지 않는 양지바른 이 조역(兆域), … 구름도 쉬어가는 높고 험한 곳일지라도 마땅히 드러누울 임자가 있었다오. 알맞은 주인이시니 편히 쉬시고 총생에게 복지어 주소서"[39]

(다) 풍수동자와 명당 보은설화

양택 명당인 구수동 이재 생가와 음택 명당 용두선영 취득에도 은혜 갚는 풍수설화인 풍수보은담이 전해진다. 이재의 부친 만은공 황전이 한겨울 유난히 춥고 눈이 많이 내리던 밤에 책을 읽고 있던 중 밖에 인기척이 있어 나가보니, 마루 밑에 한 아이가 웅크리고 추위에 떨고 있었다. 아이를 불쌍히 여기고 방으로 데려와 그날부터 보살피게 되었다. 이 아이가 아주 총명해서 만은공이 글을 가르쳤는데, 하나를 가르치면 열을 깨우치므로 기특하게 여겼는데, 18세 되던 해에 아무 말도 없이 홀연히 떠나가버렸다.

아이의 행방이 묘연하여 궁금해 하던 차에 10년 후에 다시 찾아왔다. 그간의 은혜를 잊을 길 없어 보은하려고 왔다고 하였다. 그 동안 10년 세월을 풍수공부를 하여 심안이 트였다고 하면서, 이 풍수동자가 보은의 정표로 이재 생가터 소쿠리명당과 태인 용머리 야자형 명당을 잡아 주고 떠

---

39) 『평해황씨종사랑공파세보 全』, 101~102쪽.

났다고 한다. 전형적인 적선자 명당취득설을 담은 보은 풍수설화이다.

3) 황윤석의 생애와 풍수인연

위와 같이 황윤석 집안에는 대대로 양택·음택을 가리지 않고, 좋은 터를 선정하고 활용하는 데 각별한 풍수인식과 풍수생활 실행이 있었다. 거기에다 황윤석의 생애를 보아도 풍수와 관련하여 각별한 인연들이 눈에 뜨인다. 먼저 그의 출생설화를 보면, 어머니가 태인 용머리의 길지 외가에서 비상한 태몽을 꾸고 임신을 하였다.[40] 황윤석은 후일 「목주잡가」에서 이 용두선산 길지태육吉地胎育을 자랑스럽게 읊고 있다.[41]

황윤석은 평생을 구수동 생가에서 살았으며, 별장 겸 집안 학습처인 소요산 귀암서당에 자주 머물렀다. 그의 생가에 대해서도 방문하는 지사들과 풍수 감평하면서 대대로 살만한 길지라는 자부심을 가졌다.[42] 또한 흥덕에서 아주 멀리 떨어진 춘천의 선대 선산까지 자주 성묘하는 일은 숭조사상과 함께 풍수관념도 있었으리라 본다.[43] 풍수감평을 통해 대정선영이 길지임을 거듭 확인하기도 하고[44], 용두선산을 살피러 갔다가 산직이 집에서 숙박하기도 하고,[45] 용두선산 앞의 물길이 홍수로 조금 바뀌었을 때 풍수상의 길흉 영향이 어떨지 궁금해 하는 등 선영에 대한 각별한 관

---

40) 꿈에 동남쪽 시내 건너에 있는 황방산 정상에 해가 솟아 올라 龍溪위에 임하였다. 햇빛과 물빛이 휘황찬란하여 바로 창 벽을 쏘니 한 방이 환하게 밝고 일신이 모두 붉은 햇무리 속에 있었다고 한다. 또한 조부 황재만을 고현의 동북쪽 龍頭山에 장사지냈는데 산 아래에 시내가 있었다. 이때 시내의 양쪽 언덕의 풀이 모두 말라서 사람들이 모두 기이하게 여겼다고 한다.
41) 『이재난고』 권32, 1779년(기해) 12월 16일(병자), 〈木州雜歌〉其十四.
42) 『이재난고』 권45, 1790년(경술) 4월 17일(정묘).
43) 『국역 이재유고』 1, 44~45쪽. 봄 정월에 미호선생을 배알하고, 다시 춘천으로 가서 선산을 둘러보았다.
44) 『이재난고』 권19, 1773년(계사) 5월 13일.
45) 『이재난고』 권4, 1765년(을유) 2월 19일(을축).

심과 풍수발복을 기대하고 있다.46)

그의 벼슬살이도 유독 풍수와 관련이 큰 왕릉수호직이 많았다. 그는 장릉참봉莊陵參奉, 장릉령長陵令으로 재직했고 부임하지 못한 창릉령昌陵令까지 세 번이나 왕릉직을 제수받았다. 부친 황전도 장릉참봉 물망에 오른 일이 있었다. 또한 1770년 3월 사릉思陵제관 차출, 1770년 8월 숭릉崇陵제관 차출, 1771년 1월 익릉翼陵제관 차출 등 왕릉제관 봉제사도 3회나 하였다. 왕릉은 풍수실력이 최고수준인 고위관리와 상지관들이 왕실의 권위와 재력을 업고서, 최고 길지에 조성하는 교과서적인 음택명당이다. 따라서 지적호기심이 강한 황윤석은 왕릉에 수차례 근무하면서 풍수식견을 높이는 좋은 기회로 삼았을 것이다. 실제로 장릉령, 장릉참봉 당시 일기에는 왕릉의 내왕객이나 관리들과 풍수설을 논하거나 왕릉주변 풍수답사를 하는 기사가 자주 나온다.47)

황윤석의 박학정신의 학문태도는 풍수지사들과의 교유에서도 확연히 드러난다. 그는 일기에 이의신李懿信,48) 박상의 같은 조선중기 명풍수와 전국의 이름난 풍수학인들의 이름을 자주 올리고 있다. 특히 호남 인근의 당시 유명한 지사들과 만나고 대화하는 기록을 무수히 남기고 있다. 그는 연령 불구하고 풍수신동 소년동자 차백량車百兩부터 86세의 변산풍수 최경륭崔慶隆 지사까지, 유학자, 관리, 상지관, 민간풍수를 가리지 않고 수많은 풍수학인들과 교유하였다. 그의 일기에는 수십 명의 지사와의 만남을 소개하면서 그들의 수준에 따라 심안, 능풍수, 심어풍수, 지풍수, 통풍수,

---

46) 『이재난고』 권20, 1774년(갑오) 9월 10일.

47) 『이재난고』 권7, 1766년(병술) 7월 13일(신사) ; 『이재난고』 권27, 1778년(무술) 12월 27일(계미).

48) 李懿信(16세기 후반~17세기 전반) ; 본관은 廣州이다. 선조 정비 의인왕후 박씨 裕陵선정에 참여하였고, 광해군시 박상의와 쌍벽을 이룬 대표적인 풍수학인이다. 1612년(광해군 4) 한양의 지기가 쇠해진 것이라 상소하고 도읍을 교하로 천도하기를 청하여 왕의 동의를 얻었으나, 예조판서 이정구 등의 반대로 좌절되었다.

업풍수, 명풍수, 명어경향名於京鄕 등으로 구분하여 기록하였다. 전국, 특히 호남지역의 무수한 유명지사들과 숙박, 교유, 구산활동을 함께 하기도 한다.49) 그는 풍수답사를 즐겨 승려풍수 방일과 순창, 담양, 강천산 일대를 여러 날 답사하기도 했다.50) 훗날 황윤석 사후에 그의 천장지로 순창 아미산을 택한 것과 함께 살펴보면, 황윤석의 순창지역 구산활동은 그의 신후지지를 구산한 것으로 추측되는 대목이다.

특히 그는 조선 최고의 명풍수로 호남지역에 '박주부신의주朴主簿 信義柱'라는 숱한 비결지 풍수설화를 남긴 박상의 전기인 「주부박공전主簿 朴公傳」을 공들여 저술하였다. 박상의에 관한 소상한 기록과 논평을 남긴 것은 박상의 가문과의 세교와도 관련되겠지만, 황윤석의 풍수학인에 대한 우호적인 태도의 일단과 그의 풍수소양을 짐작케 하는 사례가 아닐까 한다.51)

황윤석은 풍수의 바탕사상인 역학에 능통한데다 왕릉 근무이력, 전국의 풍수고수들과의 교유를 통해 상당한 풍수식견을 가졌다. 황윤석이 평생 쌓은 풍수실력을 발휘하는 사례는 모친 도강김씨 장사를 치르는 구산과 안장과정에 잘 드러나 있다. 그의 44세 당시인 1772년 졸한 부친장례 기록은 상세한 것이 없으나, 모친 사망과 장례까지의 2개월여 간의 장례 절차와 구산과정은 상세히 적고 있다. 모친 도강김씨가 운명한 것은 그가 53세이던 1781년 12월 22일이었고, 여러 명의 지사들을 동원하여 호암, 수강산, 용현, 상포 등 인근 일대를 샅샅이 찾아 길지를 구산하였다.

---

49) 그와 교유하였던 『이재난고』에 등장하는 주요 풍수학인들은 〈표 Ⅲ-1〉 조선시대 풍수학인록을 참조.

50) 『이재난고』 권23, 1778년(무술) 1월 27일(무자).

51) 하태규는 황윤석이 박상의에 대해 상당한 배려를 한 것은 '아마도 황윤석이 관심을 갖고 있는 상수학에 관련된 인물이었기 때문'으로 보인다고 한다. 하태규, 2009, 「이재 황윤석의 역사탐구와 이해」 『이재황윤석의 학문과 사상』, 경인문화사, 140~141쪽.

한편, 지사가 길지를 택지할지 여부,[52] 송사없이 무사안장여부, 안장일 택일,[53] 묘의 좌향과 운세의 부합여부 등 길지에 무사안장을 점치는 주역점을 여러 번 치는 데서 볼 수 있듯이 모친 음택지 선정에 심혈을 기울였다. 이렇게 온갖 정성을 다하여 마침내 장지를 확정하고, 1782년 2월 11일 주역점을 치고 나서 개토를 시작하고, 12일 좌향과 관이 들어갈 자리의 땅의 깊이(천광혈심)를 확정하고, 14일 발인하고, 15일 인시에 하관하여 성분成墳과 평토제를 마치고, 2월 19일 드디어 졸곡제卒哭祭를 지냈다.

황윤석은 양주 이상사와의 대화에서 자신은 풍수를 모른다고 겸손해하기도 했으나,[54] 그의 풍수실력이 당대 전문 풍수학인 수준 이상이었음을 짐작케 하는 사례가 있다. 모친 묘소 정혈소점 혈자리 잡기에 참여한 3인의 지사들의 주장이 각각 다르자, 2월 12일 세 명의 지사와 함께 현장에서 집에 소장하던 관상감대륜도 인본을 활용하여,[55] 논쟁을 정리하고 좌향을 확정할 정도로 풍수이론에 정통했다.

또한 풍수학인의 필수 도구지만 당시에는 전문지사가 아니면 소장이 어려웠을 나경과 관상감대륜도 인본까지도 집안에 소장하고 지인에게 빌려주기도 했다. 춘분과 추분일에는 가장 나경의 지남침을 교정하기도 하는 것을 보면, 평소에도 나경을 자주 사용했음을 알 수 있다.[56] 또한 전문적 공부 없이는 알기 힘든 풍수전문용어를 정확히 주석해 놓기도 했을 정도로 풍수에도 일가를 이루었음을 확인할 수 있었다.[57]

---

52) 『이재난고』 권34, 1782년(임인) 1월 9일(병오).
53) 『이재난고』 권34, 1782년(임인) 1월 28일(을축).
54) 『이재난고』 권15, 1770년(경인) 8월 28일(신축).
55) 『이재난고』 권34, 1782년(임인) 2월 12일(기묘).
56) 『이재난고』 권34, 1782년(임인) 2월 7일(갑술).
57) 『이재만록』 하, 52~53쪽. 華表柱는 지금 어떤 물건인지 자세히 알지 못한다….또 풍수가는 수구에 하나의 작은 산이 서있는 것을 화표라고 하니 이런 것이다.

2. 황윤석의 풍수지리 인식

1) 풍수지리의 바탕사상 인식

풍수이론 체계의 바탕에 음양오행사상이 깔려 있다는 점과 황윤석의 학문의 대동맥이 역학과 상수학에 침잠하였음을 감안해 보면, 그의 학문 내력만으로 보아도 풍수이론에 정통했을 것이다. 그는 풍수이론의 기반이 되면서 풍수를 논할 때 자주 쓰이고 있는 개념들인 기와 음양, 오행, 오기의 운행에 대하여 해박한 역학지식을 바탕으로 다음과 같이 자신의 정리된 견해를 밝히고 있다.

> "사람이 태어날 때에 그 기의 전체를 얻는 이것은 마땅히 행해져야 할 이치이지만 사람 중에는 자못 다양한 형태가 있습니다. 간혹 인에 편중되어 측은한 것을 오로지 하는 사람은 목기를 많이 얻은 것이고, 의(義)에 치우쳐서 수오(羞惡)를 오로지 하는 사람은 금기를 많이 얻은 것입니다. 나머지도 각기 이런 이치를 따라 차이가 생깁니다. 사람도 이와 같은데 하물며 기의 온전함을 얻지 못하여 이지러지고 결함이 있는 물건에 있어서 말해 무엇 하겠습니까?"[58]

음양과 오행에 관해서는 그의 대표적인 저술인 『이수신편理藪新編』 권5에서 음양, 오행론을 상세히 정리해 두었다.[59] 음양에 관해서는 천지의 조화는 음양 2기의 끝없는 순환작용으로 일어나며, 음양은 부부나 남녀와 같이 상대적관계이면서, 춘하추동, 주야와 같이 착종錯綜관계이기도 하다[60]고 명쾌히 설명하였다. 문재연과 주역을 논하면서 음양의 상대성을 알기 쉽게 정리하고 있고,[61] 오행에 대해서도 그 유래와 갈래를 적절한

---

58) 『이재유고』 1, 21~23쪽.
59) 『이재전서』 2, 「理藪新編」 권5, 86~90쪽.
60) 『이재전서』 2, 「理藪新編」 권5, 86~88쪽.
61) 『이재유고』 1, 162~163쪽. 문재연과 주역의 괘륵, 변점의 법을 논하였다. 선생이

사례를 들어 밝히고 있다.[62] 특히, 풍수와 병법에서 쓰이는 오행의 의미
와 연유를 상세히 설명하고, 그 변천과정과 구법과 신법의 차이까지를 정
확히 밝히고 있어서 역학을 근간으로 풍수 등 잡학에도 박학지사임을 짐
작케 한다.

　　병가의 오행진법에서 원진(圓陣)은 토가되고, 방진(方陣)은 금, 곡진(曲陣)
은 수, 직진(直陣)은 목, 예진(銳陣)은 화가된다. 그러므로 풍수가들의 옛 법도
이것을 따라 산이 둥근 것을 토성(土星)이라 하고, 물이 둥근 것을 토성(土城)
이라 하여 이하 모두 그러하다.『고려사』「방기전(方技傳)」과 김위제(金謂磾)
가 전한『도선비설(道詵秘說)』,『신지비기(神誌秘記)』에 이르러 한양 오덕의
땅을 논하여 말하기를 "중앙의 백악은 형태가 둥글어 토가 되고, 서쪽은 방형
이니 방은 금이 된다."라고 하였는데 이것이 바로 방원설이며 또 병가와 풍수
가의 옛 법과도 다르지 않다 . 그러나 근세의 신법은 그렇지 않아 토를 방(方)
으로 삼은 것은 땅이 네모진 것과 곤(坤)이 곧고 네모지고 크다는 것에 근거하
여 한 것이고, 금을 원(圓)으로 삼은 것은 종이나 방울 같은 모든 쇳소리 나는
등속들은 그 가구가 모두 면이 둥글다는 것과 건(乾)이 천(天)이되고 원(圓)이
된다는 것에 근거하여 말한 것이다. 대개 옛 법에서 토를 원으로 삼는 것은 서
양의 지구가 둥글다는 설과 서로 통하고 금을 방으로 삼은 것은 쇠는 똑바르게
자를 수 있다는 것으로 말한 것이다.[63]

말하기를 "음양, 이기의 근본만이 부득불 하나는 順하고 하나는 逆하는 것이 아니
니, 또한 천지간 만사에도 길류는 반드시 양이고 흉류는 반드시 음입니다 … 상하
를 말하면 양은 상이고 음은 하이고, 청탁을 말하면 양은 청하고 음은 탁입니다"
62)『이재난고』권15, 1770년(경인) 6월 18일(임진) ;『이재만록 중』, 98쪽. 오행의 조
목을 수, 화, 목, 금, 토로 정한 것은 「禹謨」와 「禹貢」에서 시작하여 「洪範」에 자세
히 기록되어 있으나 역사가의『五行志』는 이를 따른 것이다. 邵雍의『皇極經世書』
에서는 오행을 수,화,토,석으로 바꾸고 땅의 四象이라 하였으니 선천적인 四行일 뿐
이다. 이보다 앞서 불교에는 지, 수, 화, 풍이라는 四大의 설이 있었고, 명나라 말기
서양학자가 또 기, 화, 수, 토를 일컬어 기본 행으로 네 가지가 있다고 하였다. 行이
라는 것은 그 氣가 운행할 수 있는 것을 말한다. 비록 그러하지만 금, 목, 토는 모두
질료를 이루고 있어서 기라 할 수 없고 수, 화는 기이니 질료를 이루지 못하고 있
다. 만일 그것이 운행할 수 있다고 한다면 수, 화를 버리고 다른 것을 구할 수 없으
니 이것이 四家에서 모두 수, 화를 든 까닭이다.
63)『이재만록』중, 213~215쪽.

동기감응론은 풍수발복과 관련하여, 풍수이론 구성에서 핵심적인 위치를 차지하며 다양한 논쟁의 소재가 된다. 양기풍수 보다는 음택풍수에서 주로 쟁점이 되었고, 반풍수론은 동기감응을 부정하는 것부터 출발한다. 동기감응에 대해 정자程子는 「장설葬説」에서 "아버지와 할아버지, 자식과 손자는 같은 기운을 갖는데, 조상의 유골이 편안하면 그 후손이 편안하고, 조상의 유골이 불편하면 그 후손이 불안한 것 역시 그와 같은 이치이다." 고 하였다.[64] 주자朱子는 「산릉의장山陵議狀」에서 "유골을 온전하게 모셔서 그 혼령이 평안하다면 자손이 번창할 것이며, 제사가 끊이지 않을 것이다. 이것이 바로 자연의 법칙이다."라고 하였다.[65] 동기감응설은 대부분의 풍수고전 등에서 밝히고 있고, 조선시대에는 정자와 주자의 영향을 받아 대부분의 유학자들이 인정하였다.

황윤석은 풍수사상의 기본적 인식인 동기감응을 인정하고 있고 특히, 정자의 동기감응설을 인용하면서 "자손의 기는 곧 조종祖宗의 기이기 때문에 감응하는 것"이라고 설명하였다.

> "천지간의 같은 기들이 서로 관계함이 이와 같으니 인사와 천시도 또한 감응함이 분명하다. 범인도 오히려 그러한데 하물며 제왕의 존귀함에 있어서랴!"[66]

> 정자가 말하기를, "천지의 기는 이미 지나간 것은 화하고 오는 것은 이어진다. 천지사이는 큰 화로와 같아서 어떤 물건이든 녹이지 않는 것이 없으니 어제의 굽힘이 오늘의 폄이 되는 그런 것이 아니다. 이 천지가 어찌 이러한 이미 오래된 기를 쓰겠는가? 다만 계속 생겨서 다함이 없을 뿐이다."라고 한 것이 있다. 이것으로 미루어 보건대 인물은 형체가 흩어지면 정령(精靈)이 다시 남아있지 않음을 알 수 있다. 성인이 무슨 까닭으로 초혼 신주(招魂 神主)를 만들고 묘(廟)를 세우고 제사를 설하겠는가? 이것은 다른 것이 아니라, 자손의

---

64) 『二程集』, 「葬説」, "父祖子孫同氣, 彼安則此安, 彼危則此危 亦其理也."
65) 『朱文公文集』 권15, 「山陵議狀」, "使其形體全而神靈得安, 則其子孫盛而祭祀不絶, 此自然之理也."
66) 『이재난고』 권15, 1770년(경인) 6월 17일(신묘) ; 『이재만록 중』, 62쪽.

기는 곧 조종의 기이기 때문이다. 서로 감응하는 이유가 곧 이것이니 귀신의
정상을 몰라서 될 것인가.[67]

쾌적한 주거환경이 사람들에게 좋은 영향을 준다는 점에서 양택풍수의
동기감응에는 별다른 논쟁이 없는 듯하다. 음택풍수에서 동기감응을 부정
하는 견해는 주로 사회적 폐해를 개혁하려던 혁신적인 실학자들이 주로
주장하였다. 그 논거로써 홍대용의 「의산문답」 사례와[68] 정약용의 「풍수
론」 사례 등을 자주 인용한다.[69] 그러나 이 주장들은 지나친 사회병폐가
되어버린 풍수화복론의 부작용과 역기능, 술수화한 미신적 풍수를 비판한
것으로 극단적인 반풍수적 견해로 알려져 있으나, 정작 풍수이론 자체에
대한 논증적 비판론은 아니다.

소주길흉론은 풍수사상의 철저한 윤리성을 강조한 측면이다.[70] 명혈
길지는 적선·적덕한 사람만이 차지할 자격이 있고, 악업을 지은 사람은
아무리 좋은 지사를 구하고 큰 돈 들여 구산을 하더라도 허혈이 되고 만
다는 것이다. 풍수설화의 상당수가 이러한 적선 보은담 부류로 선행과 덕
행을 강조하는 것이 많고, 앞서 본 황윤석가의 풍수설화도 전형적인 소주
길흉의 명당 획득담과 보은담이다. 황윤석은 소주길흉에 대해, 선행한 길
인만이 좋은 터를 얻을 수 있다며 "길인이 길지를 만난다."고 말한다.[71]
또한 소주길흉설은 땅과 그 땅을 쓸 사람과의 오행상생 궁합상 땅에는 알
맞은 임자가 따로 있다는 이른바 '지인상관설地人相關說'이다. 황윤석은 산
을 살피는 법이 사람 보는 법과 유사하다는 의미에서, 그의 「산설山說」에
서 "간산看山은 간인看人이다"[72]고 하였다.

---

67) 『이재난고』 권15, 1770년(경인) 6월 13일(정해) ; 『이재만록 중』, 20~24쪽.
68) 『湛軒書』 內集, 권4, 補遺, 「醫山問答」, 한국고전종합DB.
69) 『茶山詩文集』 권11, 論. 「風水論」 1, 한국고전종합DB.
70) 최창조, 2009, 앞 책, 45쪽.
71) 『이재난고』 권7, 1766년(병술) 7월 11일(기묘).
72) 『이재난고』 권2, 1751년(신미) 4월 21일.

황윤석은 조상선영의 발복을 은근히 기대하는 경우도 자주 있고,73) 풍수발복담과 관련한 여러 편의 풍수설화를 소개하면서도 명당발복을 긍정하는 태도를 갖고 있다. 강이섭 선조의 명당발복담,74) 청나라 제독이 된 담양 양민 이일선과 담양 옥산의 그의 모친명당 이야기,75) 청나라 대관이 된 금구사람과 그의 조부 묘지 황산명당 이야기를 통해 명당 발복담을 소개하였다.

한편 황윤석은 동기감응과 소주길흉을 인정하면서도, 성리학자로서 '지인상관설'을 넘어서 '천지인 합일' 혹은 '천명설'을 중시한다. 명당길지를 얻는 것도 길지를 택지하는 것도 하늘의 뜻에 달렸다고 본다. 그가 유난히 주역점을 즐긴 것도, 모친 장지를 정하면서도 대소사를 결정할 때마다 수차례 주역점을 치는 일들도 하늘의 뜻을 묻기 위한 것으로 보인다. 단종이 흉사를 당했을 때 엄흥도嚴興道가 창황蒼黃중에 업고나와 매장했지만 장릉같은 길지를 얻은 사례를 들어 길지를 얻는 것은 하늘의 뜻이라 하기도 했다.76) 또한 산지의 득실은 신명身命에 달린 것이니 어찌 감히 하늘을 원망하고 남의 탓을 할 것인가?77) 길지는 실로 가운과 관련되는 것이지 어찌 인력으로 미칠 수 있는 것이겠는가?78)하는 태도는, 길지를 만나는 것은 하늘의 뜻이고 가운에 달린 일이지 사람이 구한다고 억지로 되는 일이 아니라 천명에 달렸다는 성리학의 '천명설'에 서 있다.

성리학자에게 천명은 우주의 본질이면서 도덕의 근원이고, 윤리실현의 방법론이기도 했다. 윤사순은 '천명사상'에 대해, "요컨대 성리학자들의 천명관의 기저에는 이기로 이루어진 '생명의 시원'과 더불어 '상제'에 대

---

73) 『이재난고』 권44, 1789년(기유) 10월 27일(기묘).
74) 『이재난고』 권27, 1778년(무술) 12월 12일(무진).
75) 『이재난고』 권27, 1778년(무술) 12월 12일(무진).
76) 『이재난고』 권7, 1766년(병술) 7월 13일(신사).
77) 『이재난고』 권19, 1772년(임진) 9월 22일(갑인).
78) 『이재난고』 권27, 1778년(무술) 12월 12일(무진).

한 경건의 마음가짐이 자리하고 있다고 하겠다. 이러한 마음가짐을 기저로 하고서 천명의 내용을 본성인 이로 보아, 그것에 대한 자각과 실현을 통해, 선한 윤리행위는 물론 자연과의 조화로운 삶 즉, 천인합일을 영위하려는 것이 '천명사상'임에 틀림없다."79)고 한다. 천지인은 상응하며, 수양을 쌓아야 천명을 받을 자격이 있다는 '천명사상'은, 풍수학의 동기감응론의 천지인상응, 윤리적 수양을 한 적덕한 사람이 길지를 만난다는 소주길흉론과 아울러질 수 있다고 본다. 바로 이 지점에서 풍수학과 성리학의 '천명관'이 가진 보편적이며 미래적 가치를 찾아야 한다고 생각한다.80)

2) 양기·비보 풍수관

황윤석은 실용학문이었던 양기풍수에도 해박한 식견을 가지고 있었다. 황윤석은 생거生居가 사거死居보다 요긴하다는 인식을 갖고 있었고 생리지법인 양택이 음택보다 더 절실하다고 보았다.81) 이런 인식은 그가 지은 제각의 상량문에 "풍수가 좋은 곳에 집터를 잡는다"82)는 대목에서도 엿보인다. 그가 주부로 근무했던 목멱산(서울 남산) 전생서典牲署 터가 전생서라는 관청 터로 적합하다고 하였다는 무학대사와 정도전의 예언 설화사례를 살펴보면, 조선건국 초기에 관청의 업무성격에 맞는 입지선정 작업인 양기풍수를 활용했음을 짐작하게 한다.83)

---

79) 윤사순, 1992, 「韓國性理學과 天命思想」 『儒敎思想硏究』 4·5집, 한국유교학회, 40쪽.

80) 이병수는 열암 박종홍의 '천명사상'을 유학에 고유한 사상이 아니며, 현대문명의 위기극복과 동서철학의 융합을 가능케 하는 세계관적 의의를 지녔다고 평가한다. 이러한 의미의 천명사상은 풍수학의 보편적이며 미래적인 가치와 궤를 같이한다고 생각한다. 이병수, 2003, 「유학의 천명사상에 대한 새로운 해석 ; 열암 박종홍의 천명사상」 『시대와 철학』 14-2, 한국철학사상연구회, 353~375쪽.

81) 『이재난고』 권17, 1771년(신묘) 3월 13일(갑인).

82) 『이재난고』 권33, 1780년(경자) 7월 14일(경인).

특히 그는 국가경영과 관련한 양기풍수에 관해서는 탁월한 안목을 갖추고 있다. 황윤석은 북한산성과 남한산성의 형세상의 장단점 비교, 산성과 평지성 비교, 방어전략상 요충인 천연요새 관문과 나루터 소개, 축성법, 북한산성과 한양수도의 방어전략, 호남의 천혜요새인 입암산성과 적상산성의 지세와 방어전략 평가, 개성부 청석동과 전주부 만마동 승전 전사에서 보는 목 진지의 방어전략상 지리적 유용성, 총포무기의 활용전략 등을 논했다. 특히, 삼면이 바다인 우리국토 특성상 해상과 섬들을 잘 경영하지 못함을 지적하면서, 해양활용방안, 해적과 왜적의 방어전략인 해방론海防論, 해양경영에 대한 조정의 중장기대책遠慮을 촉구하고 있다.[84]

이러한 양기풍수는 정약용이 수원화성을 축조한 데서 보듯이, 경세치용과 이용후생에 직결되는 풍수 영역이므로 유학자들도 거리낌 없이 의견을 말할 수 있었을 것이다. 최원석은 「유학과 풍수」에서 조선전기 주자학자들이 형세론 위주의 묘지풍수론을 중시했다면, 조선후기 실학자들은 홍만선, 이중환, 서유구, 유중림 등처럼 실용적인 주거풍수에 주로 관심이 많았다고 보았다.[85] 황윤석의 사회개혁론이 부분적이고 미온적이어서 실학자로 보기 어렵다는 견해도 있으나, 이런 관점에서 보면, 주거풍수를 중시하였고, 국가경영과 국방전략상 필요한 실용적 양기풍수를 전개한 황윤석의 풍수인식은 실학자로서의 일면을 잘 보여 준다.

그는 또 영조와의 대화에서 한양수도의 입지경위를 설명하면서, 일관 김위제가 지세를 살피기를 청하였고 정도전과 무학이 정도한 내력과, 고려와 조선조의 한양수도의 영역을 비교하여 정확히 말하고 있다.[86] 황윤

---

83) 『이재난고』 권38, 1786년(병오) 6월 11일(계미).

84) 하우봉, 1994, 「이재 황윤석의 사회사상」 『이재 황윤석 – 영정시대의 호남실학』, 민음사, 49~52쪽 ; 『이재만록』 중, 108~130쪽.

85) 최원석, 2014, 「유학과 풍수 – 조선시대 풍수론의 전개과정을 중심으로」 『남명학』 19, 남명학연구원.

86) 『이재유고』 1, 82쪽.

석은 지리서 편찬에 관해서는 인문사회적 측면을 보다 강조하였던 것으로 보인다. 황윤석은 지리서에 관한 접근법이 달라져야 한다고 생각했다. 그에게 지리서는 지방을 통치하기 위한 도구가 아니라 그 지방의 역사·문화·인물을 확인하는 근거여야 했다. 어떤 인물을 수록하는 것은 그 인물에 대한 평가, 나아가 그 시대에 대한 평가를 반영하기 때문이다. 그런 점에서 사육신을 싣지 않거나, 기묘사림이나 을사사림을 싣지 않은『동국여지승람』의 여러 판본들은 문제가 많다는 것이다. 지리서를 인사의 문제로 보는 그의 문제의식은 그 후로도 오랫동안 변하지 않았다.[87]

비보풍수는 온전치 못한 땅이나 오행의 조화를 위해, 넘치는 것을 덜고 모자란 것을 채워 균형을 찾으려는 지혜이다. 황윤석은 구수동 생가가 길지임을 자부하면서도, 여름철에는 선운포 별장에서 지내는 것처럼 풍수상 생기가 왕성한 곳의 좋은 기운을 받기위해 길지를 유람한다. "선운포의 우리 집 별장은 뒤에는 소요산 앞에는 능가산(봉래산)이고 천석화훼泉石花卉로 경관이 으뜸이다"[88]고 하면서 이곳을 좋아했다.

> 일찍이 소요산 아래 서해의 바닷가, 선운포에 있는 별장인 귀암서당과 명옥대에서 독서하며 서명산인, 운포주인이라고 스스로 일컬었다.[89]

그가 귀암서당에서 스스로 지은 호인 서명산인西冥山人과 운포주인雲浦主人은 산천조응지리山川照應之理[90]에 따라 음양인 산과 수, 오행상생金生水을 조화시켜 작명한 고차원의 이름비보, 문자 비보법이다.[91] 비자동 귀

---

87) 배우성, 2009, 「황윤석의 현실인식과 수리론」, 『이재 황윤석의 학문과 사상』, 경인문화사, 175~176쪽.
88) 『이재난고』권19, 1771년(신묘) 10월 19일.
89) 『이재유고』, 「頤齋先生年譜」, "自謂西冥山人 又雲浦主人."
90) 『이재난고』권17, 1771년(신묘) 3월 13일(갑인).
91) 귀암서당의 주산은 逍遙山으로 장자의 逍遙遊에서 따와 황윤석이 살던 흥덕현의 진산인 培風山과 짝을 이룬 산이름이다. 황윤석은 원래 산이름을 그대로 따서 逍遙

암서당 마을에 그의 가르침으로 전해지는 솟대 비보 설화에서도 비보풍수에 대한 그의 인식의 일단을 엿볼 수 있다. 그의 시문에도 비보라는 용어를 쓰기도 했고,[92] 고려가 도선설을 활용하여 국역풍수로서 산천 비보한 사실을 정확히 인식하고 기록한 점 등을 보면, 비보풍수를 충분히 인식하고 활용한 것으로 보인다.[93]

3) 음택·발복 풍수관

황윤석의 호한한 저술중에서 위백규의 「원풍수」[94]나 정약용의 「풍수론」과 같이 풍수에 관한 별도의 논설은 아직 발견되지 않았다. 황윤석의 음택풍수관의 일단을 그가 장릉참봉 당시 민백순閔百順과 나눈 다음 대화에서 살펴볼 수 있다.

여름 4월에 청풍 민백순과 풍수설을 논하였다. 선생이 말하기를 "풍수설은 후세에 여러 현자들이 왕왕 돈독히 믿었는데 이것은 반드시 주자가 그렇게 만든 것이 아니라고 할 수 없습니다. 저 신안 주자를 살펴 보면 성묘날에 서산 채원정(西山 蔡元定)이 따라갔고, 또 스스로 생전에 가묘를 잡은 것도 서산의 손에 의해 잡은 깃이고, 부모 묘를 이장할 때, 기일이 지났는데도 매장하지 않은 적(후손과 부모와의 길운을 맞추어 택일한 날짜를 기다린 것을 말함 ; 필자주)이 있고 부모 묘를 각각 나누어 썼는데도(유체가 땅의 온전한 생기를 받기 위해 일혈일기(一穴一己)원칙에 따라 합장이나 쌍분하지 않고 각장(各葬)함을 말함 ; 필자 주) 주자의 후손 중에 끝내는 주자같은 사람이 나오지 않았으니 이와 같은 설은 마땅히 있는 듯 없는 듯 치부를 해야할 따름입니다. 하물며 제

山人이라 자호한 적도 있으나, 선운포 지명에서 딴 雲浦主人과 함께 쓸때는 西冥山人이라고 바꾸어 썼다. 山과 川(浦)으로 음양조화를 하고, 浦가 水이므로 水를 상생하는 오행 金인 西를 붙여 金生水로 오행상생시키고, 冥과 雲의 음양조화를 꾀한 고도의 문자비보법이다.

92) 『이재난고』 권27, 1778년(무술) 10월 29일(을유).
93) 『이재난고』 권13, 1769년(기축) 11월 19일(정유).
94) 『존재집』 권16, 「原風水」.

왕의 능과 같은 것은 송, 명, 고려는 모두 한 산에 나아가 장사지냈는데 우리 왕조는 각 처에 복조(卜兆)하고 심지어 태봉(胎封)하는데도 복(卜)이 있었으니 이것은 큰 폐단을 남긴데 관련이 있음이랴?"라고 하니, 청풍이 말하기를 "풍수설은 비록 주자가 쓴 산릉의장을 가지고 살펴보면 이러한 이치가 없다고 할 수는 없지만 다만 너무 지나치게 믿어버리면 고질적인 폐단이 됩니다. 만약 국가에서 요상한 책들을 다 수집하여 태운다면 좋겠습니다. 다만 매장할 수 있는 산 하나를 잡아서 조자손(祖子孫) 순으로 매장을 하여 사당의 소목(昭穆)의 순서와 같게 한다면 좋을 것입니다."라고 하였다. 선생이 "완평(完平) 이완(李皖)이 일찍이 이와 같이 하였을 따름입니다."라고 하였다.[95]

황윤석은 정자의 「장설」과 함께 조선시대 유가들의 풍수지침서가 되었던 주자의 「산릉의장」의 풍수설을 수용하면서도, 풍수화복론은 '있는 듯 없는 듯 치부해야할 따름'으로 지나치게 신봉하는 것을 경계하면서도 무시할 수도 없다는 태도이다. 이른바 풍수설의 '불가신不可信 불가폐不可廢'의 입장을 보이고 있다. 이것을 김두규는 '불연 기연不然 其然'이라고 표현한다.[96] 이러한 입장은 조선시대 국왕이나 유학자들의 전형적인 풍수인식이었다. 세종도 "풍수서란 믿기 어려운 것인 듯도 한데, 옛사람들이 다 썼다."[97]고 하여 같은 태도를 보인다. 조선시대 유학자들도 풍수를 알아야 통유通儒라 할 만하다는 세조의 말처럼 풍수는 일종의 필수교양이었다.[98] 거기에 효도와 숭조는 조선의 핵심윤리였던 데다가 주자학 일존의 조선에서는 주자와 정자의 거스를 수 없는 절대적인 권위와 영향력에 의해 당시의 유학자들은 주자와 정자의 풍수관을 당연하게 받아들였을 것이기 때문이다.[99] 따라서 풍수설을 무시할 수 없었을 것이다.

한편으로는 정자의 「장설」에서, "터를 잡는다는 것은 그 땅의 좋고 나

---

95) 『이재만록』 상, 77~78쪽 : 『이재유고』 1, 55~56쪽.

96) 김두규, 2008, 앞 책, 97쪽.

97) 『세종실록』 권106, 26년(1444 갑자) 12월 21일(병인).

98) 『세조실록』 권33, 10년(1464 갑신) 4월 26일(무신).

99) 김두규, 2008, 앞 책, 215쪽.

쁨을 정하는 것이지, 음양가들이 말하는 화복을 추정하는 것이 아니다." 는 논지에 따라, 길흉화복에 집착하는 직업술사들의 술수화된 풍수의 역기능은 시급히 청산해야 할 과제였다. 또한 조선후기 사회에 만연된 술수 묘지풍수가 빚은 산송과 같은 심각한 사회적 병폐를 고치기 위해서도 잘못된 묘지풍수를 철저히 비판해야 할 현실적 필요가 컸기 때문이다.[100]

황윤석의 이러한 '불가신 불가폐'의 입장은, 이익, 홍대용, 정약용 등의 실학자가 동기감응을 부정하며 반풍수화복론적인 입장을 취한 것이나, 위백규와 같이 풍수설을 조목조목 분석하여 합리적인 부분은 취하고, 길흉론 같은 황당하고 사리에 맞지 않은 것은 전혀 믿을 것이 못된다[101]고 하는 실학적 풍수관과는 거리가 멀다. 황윤석은 성리학자이면서도 실학자인 양면성을 지녔다. 그는 주자학을 거의 절대적으로 존신한 점에서, 18세기 동시대 홍대용, 박제가, 정약용 등이 성리학에서 결별한 것과 대조된다.[102] 이러한 점이 풍수지리인식에서도 이른바 '반풍수화복론'을 주장한 다른 실학자와 달리 성리학적 입장에 머무른 까닭으로 보인다.

결론적으로 황윤석의 풍수지리 인식에서도 성리학자와 실학자의 양면성이 혼재되었다 할 수 있다. 주자와 정자의 동기감응과 형세론 풍수를 수용하면서도, 양기풍수나 비보풍수의 활용측면에서는 실학자적인 모습이 보인다. 그러나 길흉화복론에서는 '불가신 불가폐'의 이중성을 갖고 있어 실학자들과는 다른 이중적 입장이라고 할 수 있다.

---

100) 『존재집』 권3, 疏, 「奉事」 위백규는 당시 풍수폐해로 장사관련 『경국대전』 보수 (步數) 규정이 무시될 정도의 자의적 금장남용, 송사(訟事)없이 지내는 장사가 백에 한둘 정도로 산송남발, 수령의 산송판결이 공정하지 못한 점 등을 비판하면서, 관아에 낸 소장(訴狀)의 반이 산송이고, 사형이나 도형(徒刑)이나 유배형에 처해 지는 사람들의 반이 산송사건의 당사자라고 하고 있다.

101) 『존재집』 권16, 「原風水」.

102) 황의동, 2009, 「이재 황윤석의 성리학연구」 『이재황윤석의 학문과 사상』, 경인문화사, 71~72쪽.

4) 풍수의 눈으로 자연을 노래하다 :
문학작품 속의 풍수관

황윤석의 풍수관은 그의 문학작품 속에서도 엿볼 수 있다. 대표적으로 그의 가문과 집안내력 등을 읊은 「목주잡가」 시조 11에서 14까지는 전형적인 풍수시가로 분류할 수 있다.[103] 11은 집안 3대 선영인 도리소, 왕륜산, 용두 선영을 소재로 용두선영의 소조산인 상두산까지 언급하며 조상음택이 길지임과 은연중에 명당발복을 기대한다. 12는 구수동 본택 양택지를 소재로 숭조의식, 가문의 전통과 효도하는 가풍을 담고 있다. 13은 소요산 귀암서당의 별장 양택지 풍수승경을 노래하면서 궤안几案, 금대襟帶 등의 풍수용어를 직접 시어로 쓰고 있고, 주변의 자연환경 묘사를 주산 소요산, 안산, 조산 순으로 풍수적 개념砂으로 그리고 있다. 14는 용두선영 용계 인근 자신의 태육지와 태몽지를 길지로 자부하면서 승선대후를 바라는 명당발복 관념을 은근히 표현하고 있다.

> 木州雜歌
> 其十一
> 南來先墓 桃李所여 王輪山도 몃히런고
> 象頭山 東南의 더옥죠타 龍頭ㅣ러라
> 이 後의 先人亡室 完窆되면 무슴 關念 ᄒ올소냐
>
> 其十二
> 오래다 우리龜壽 洞中東偏 잿밧이다
> 僉正先祖 舊基읍고 烈女旁親 旌門마조
> 眞實노 二百年 追慕ᄒ면 孝子孝孫 되오리라
>
> 其十三
> 龜壽洞 本宅西偏 四十里 逍遙山[104]아

---

103) 『이재난고』 권32, 1779년(기해) 12월 16일(병자), 〈木州雜歌〉.

蓬萊ᄂ 几案이오 沙浦雲浦 襟帶로다
그 中의 우리집 三世遺躅 어이츰아 니즐소니

其十四
龍頭先山 十里西南 太山古縣 第三里라
黃榜山院 龍溪물의 慈親夢中 히비최데
이 몸이 胎育ᄒᆞ온 吉地오니 承先待後 아닐소냐

황윤석은 풍수적 관점으로 자연환경을 파악하고 묘사하는 안목을 갖고
있다. 장릉長陵 주위를 시찰하면서 주변자연환경을 묘사한 일기문 중에서
내백호, 상합처(합수처), 외백호 등의 풍수용어를 일상으로 쓰고 있고, 소색
포와 한강하류의 합수, 임진강과 한강하류와의 합류 등 풍수에서 중요시
하는 합수처를 강조 묘사하고 있다.[105] 또 전라도 고산지역을 여행하면서
쓴 일기에는 안수산과 추줄산 등을 풍수용어인 화성필봉火星筆峰 모양으
로 묘사하고 있다.[106]

한편 시작의 소재로 풍수설화 등을 자주 인용하기도 했다. 조선초 한양
천도시 무학대사의 왕십리 풍수설화를 소재로 한 시도 보인다.[107] 장릉령
당시 능서원 이성번과 대화한 후에 지은「교하잡영팔절交河雜詠八絶」제2
에서, 황윤석은 장릉이 풍수상 길지임을 힘차게 용틀임하는 생룡(隆隆伏伏)
과 물줄기의 환포(還有大江), 천도할 만한 승지라는 고사, 장릉이 이전한 사
실 등으로 노래하고 있다.

또한「기본릉고사記本陵故事」제1에서는 풍수발복설과 관련해서 장릉에
안장된 인조이후 왕실 종사에 잇따른 흉사가 일어난 고사들과 장릉의 처
음 장례시에 총호사 김자점이 일부러 혈을 훼손하여 화를 초래한 풍수설

---

104) 이재 생가의 사랑채, 곳간채의 조산에 해당하는 소요산은 생가가 있는 흥덕현의
    진산인 培風山과 짝을 이룬 山名이다. 이재는 逍遙山人이란 自號를 쓰기도 했다.
105)『이재난고』권27, 1778년(무술) 12월 12일(무진).
106)『이재난고』권2, 1754년(갑술) 2월 30(경술).
107)『이재난고』권4, 1764년(갑신) 7월 21일(신미).

화를 소재로 하여 시를 읊고 있다.108) 또한 호남명풍 이의신과, 박상의가 파주 교하가 500년 도읍지가 될 만하다는 천도론을 상소한 내용도 전하고 있다.109) 「천안현 28작추록天安縣 二十八作追錄」에서는 풍수물형인 구룡쟁주혈九龍爭珠穴, 비보풍수를 소재로 하기도 한다.110)

3. 황윤석 풍수관의 특징

황윤석가는 포용적인 학문태도로 다양한 학문을 수용하는 가풍을 갖고 있었다. 특히 그의 5대조 황이후는 조선최고 풍수학인 박상의를 초빙하여 양택지를 소점하였고, 황윤석은 박상의의 전기를 집필할 정도로 양가간의 세교가 있었다. 이러한 집안 학풍과 박학지향의 학문취향이 결합하여 황윤석은 풍수와 같은 잡학에도 지적 호기심을 갖게 되었다. 더욱이 황윤석가는 양택, 음택을 막론하고 최고 길지를 활용하는 풍수전통이 대를 이어 계승되고 있었다. 황윤석의 관직경로도 왕릉수호직과 왕릉제관을 수차례 역임하는 등 풍수지리와 유독 관련이 많았다. 또한 전국의 유명 풍수학인들과 교유하면서, 풍수이론 공부와 풍수답사 등의 실전을 통해 수준급의

---

108) 『이재난고』권27권, 1778년(무술) 12월 27일(계미). 長陵令 당시 陵書員 이성번과의 대화에서 長陵(인조와 원비 인열왕후능)은 전에 파주 운천리에 있었고 풍수도 길했는데, 당시 권신이던 총호사 김자점이 술수로 일부러 혈자리 앞을 짧게 잘라버렸는데, 부역에 참가한 호남승군 중 풍수학인이 이를 눈치 채고, 노래를 지어 불렀다. "蛇頭穴을 끊어버렸으니 長孫이 파할텐데 어찌할거나" 하였더니, 이로부터 10여 년 후 소현세자가 죽고 나서 계속해서 왕조들의 왕자가 번성치 못하고, 무신 기유 경술 3년에 걸쳐 역모, 효장세자 흉상 등 종사를 위태롭게 하는 여러 흉사가 연이었는데, 능의 병풍석을 옮기자 큰 뱀 모양이 드러나서 능참봉이 예조에까지 보고했다는 풍수설화를 소개하고 있다.

109) 『이재난고』권27, 1778년(무술) 12월 27일(계미).

110) 『이재난고』권27, 1778년(무술) 10월 29일(을유), "〈天安縣 二十八作追錄〉.

풍수지식을 쌓았던 것으로 보인다. 그의 문학작품 속에도 풍수적 관점으로 자연을 묘사하거나 직접 풍수용어를 쓴 작품, 풍수설화를 소재로 한 풍수시가 등이 여러 편 있다.

황윤석은 유학자로서 기본적으로는 정자와 주자의 동기감응론과 형세론 풍수 등 풍수관련 논지를 충실히 받아들이고 있다. 그는 "길인이 길지를 만난다"고 말하여 적덕자 명당취득설을 취한다. 한편 황윤석은 동기감응과 소주길흉을 인정하면서도, 성리학자로서 '지인상관설'을 넘어서 '천지인 합일' 혹은 '천명'을 중시한다. 천지인은 상응하며, 수양을 쌓아야 천명을 받을 자격이 있다는 성리학의 '천명사상'은, 풍수학의 동기감응론의 천지인상응과 상통하고, 윤리적 수양을 한 적덕한 사람이 길지를 만난다는 소주길흉론과 아울러질 수 있다고 본다.

특히 그는 양기 풍수를 음택풍수 보다 중요하다는 인식을 갖고 있다. 주요 산성이나 전략적 요충지 등의 특성을 비교하며 국방시책을 제시하기도 하고, 삼면이 바다인 국토의 특성상 해양의 활용법과 해방론을 제시한 것은 실학자로서의 일면을 보여주는 것이라 할 수 있겠다. 한편 그는 풍수화복설에 대해서는 '불가신 불가폐'의 이른바 양가적 입장을 지니고 있었고, 이러한 인식은 조선 유학자들 대다수의 인식과 같다. 이른바 '반풍수화복론' 경향의 조선후기 개혁적 실학자들과는 다른 점에서 그의 풍수인식도 성리학자와 실학자의 인식이 혼재되어 있다.

제5장

존재 위백규의 실사구시 풍수학과 묘지제도개혁론

- 천문지리를 손금 보듯 꿰뚫던 존재,

「원풍수(原風水)」를 쓰다 -

이 장에서는 존재 위백규(1727~1798)의 풍수지리 인식과 '묘지제도개혁론'을 살펴보고자 한다. 아울러 풍수설에 대한 본격적인 논증을 통한 합리적 대안 제시라는 측면에서, 탁월한 풍수학 논저인데도 불구하고 아직 학계에서 주목하지 않은 위백규의 「원풍수」를 소개하고 조명해 보려는 시도이다. 그리고 그의 사회개혁론 가운데서 아직 조명되지 않았지만, 풍수설과 관련한 산송예방과 묘지제도개선방안으로서 선구적 개혁론인 '묘지제도개혁방안'을 드러내보고자 한다.

그의 사회개혁론에 대해서는 교육제도나 지방행정, 토지제도와 조세제도 등을 소개한 선행연구가 있었다. 그러나 당시 조정과 지방수령의 사송詞訟의 대부분을 차지한 심각한 사회문제이던 산송과 묘지제도의 시폐를 지적하고, 개혁방안을 제시한 것은 괄목할 주장인데도 아직 알려지지 않았다. 당시 극심하던 묘지발복 술수풍수와 관련한 시폐를 개선하려는 관점에서 풍수설에 관한 논리적 비판론인 「원풍수」를 쓴 것으로 보인다. 필자는 처음에 「원풍수」를 접할 때에는 실학자인 위백규의 개혁사상과 관련한 저술이므로, 그간 풍수학계에 널리 알려진 이익, 홍대용, 정약용 등 실학자들의 이른바 '반反풍수론'과 궤를 같이 하겠지 하는 선입견을 가졌다. 그러나 새기면서 되뇌어 살펴보니, 기존의 실학자들과는 확연히 다른 새로운 제3의 시각에서 분석한 탁월한 풍수학 논설임을 깨닫고 「원풍수」에 주목하게 되었다.

위백규의 「원풍수」는 지금까지 알려진 유학자·실학자의 풍수논설 가운데 내용면에서 가장 세밀하고 논리적으로도 정치한 풍수학 저술이다. 그의 풍수지식과 철학사상이 오롯이 함축된 「원풍수」는 『존재집存齋集』 권16 잡저 원류原類에 9번째로 실려 있다.[1] 이 사료는 한자 원문 3,413자로 구성되어 있는데, 풍수학설 전반에 대한 비판적 논평과 자신의 풍수관을 밝힌 '원체原體' 산문으로 본격적인 풍수학이론 전문 평설이라 할 수 있다.

아직까지 나온 조선시대 풍수논설중 압권이라 할만하다.

1. 전설의 풍수 이의신과 교유한 위백규가의 풍수전통

1) 천문지리 제자백가를
손금 보듯 꿰뚫던 존재의 박학 배경

위백규魏伯珪는 호가 존재이고 자는 자화子華이다. 고조인 정렬廷烈은 현감을 지냈고 장흥 방촌의 입향조이다. 조부 삼족당三足堂 세보世寶는 시·서·화를 잘하여 세상 사람들이 삼절이라고 칭송했으며, 아버지 문덕文德은 진사이며, 문장과 행실로 사우로부터 존경을 받았다.[2]

그는 천문, 지리, 병사, 율력, 산수의 학문을 정통하고, 나아가서는 기타 백공기예百工技藝의 실학에 관해서도 눈으로 직접 보고 마음으로 이해하기를 힘썼다. 또한 그는 전국 팔도의 산천토지, 정폐민속政弊民俗, 원근험이遠近險易 등을 상세하게 저술하였는데, 그 명칭을 『정현신보政絃新譜』라 했다. 그 밖의 저술로는 『예설수록禮說隨錄』, 『경서조대經書條對』, 『독서차의讀書箚義』, 『고금古琴』 등이 있고, 문집으로 『존재집』이 있다.[3] 지리관련 저술로는 동양삼국과 세계의 지도와 지지를 기술한 『영환지瀛環誌』와 『천하지도』가 있다.

---

1) 위백규, 1974, 『존재전서』 상, 권10, 경인문화사, 303~307쪽.
2) 『존재집』 권24, 부록, 「行狀」.
3) 현상윤(이형성 교주), 2010, 『현상윤의 조선유학사』, 심산, 518~519쪽.

그는 처음에 숙조부 위세옥魏世鈺에게 수학했으나 유년기를 지난 뒤에는 스스로 힘써 공부에 정진하였다. 8세에 역학에 몰두하였고, 10세 이후에는 제자백가를 두루 읽어 천문, 지리, 복서卜筮, 율력, 선불仙佛, 병도兵韜, 의약, 상명相命, 주거舟車, 공장工匠, 기교技巧 등 학문에 널리 통달해서 손금 보듯 꿰뚫었다고 한다.[4] 1751년 병계屛溪 윤봉구尹鳳九(1683~1767)를 만나 제자로 입문한 뒤에 1766년까지 스승에게서 의례, 이기심성론理氣心性論 등 학문적 계도를 받았고 호론湖論을 계승하였다.

위백규는 18세기 호남지역에서 궁경독서躬耕讀書하던 박학지향의 유학자다. 그는 폭넓은 위기지학爲己之學을 하기 위해서 박학과 훈고학적 실증주의를 추구했다.[5] 호남 실학자로서 위백규의 박학적 학문경향은 조선후기 실학자들의 공통적 기반이었다.[6] 박학외에 18세기 호남유학자들의 특징으로 상수학象數學과, 제자백가, 실용학문에 깊은 관심을 표명한 점을 드는데, 위백규도 이런 학풍을 갖고 있었다. 특히 상수학과 제자백가, 실용학에 대한 관심은 서경덕徐敬德 학풍과의 관련성 속에서 이루어졌던 것으로 보이며, 18세기 호남유학의 중요한 특징이라고 할 수 있다.[7]

하우봉河宇鳳은 18세기 호남실학의 특징으로 자연과학과 언어학, 지리학 분야에서 정체를 발하는 실학사상으로 발전하였다고 한다.[8] 예컨대 호남 3천재라 불리는 여암 신경준(1712~1781), 존재 위백규(1727~1798), 이재 황윤석(1729~1791)을 보면 모두가 백과전서파인 박학지사이고, 자연과학, 언어학, 지리학분야 등 실용학문에 관심이 많았음을 확인할 수 있다. 위

---

4) 『존재집』서. "靡不貫穿, 燦若掌紋, 誠天才也."
5) 위정철, 2012, 『존재 위백규와 다산 정약용의 생애와 사상연구』, 한국학술정보, 354쪽.
6) 위홍환, 2005, 「존재 위백규의 학풍과 교유관계」 『한국고시가문화연구』, 한국고시가문화학회, 232쪽.
7) 조성산, 2006, 「18세기 영·호남 유학의 학맥과 학풍」 『국학연구』 9, 한국국학진흥원, 200쪽.
8) 하우봉, 앞 논문, 299쪽.

백규도 황윤석과 같이 상수학에 깊은 관심을 가져 이와 관련된 저술을 많이 남겼다는 점과 특히, '기삼백朞三百' 이해에 힘썼다는 공통점은 흥미로운 일이다.9) 「연보」에 의하면 위백규는 8세에 『주역』을 접했으며, 9세에 『서경』 '기삼백'을 온전히 이해하고, 10세에 천문, 지리, 복서, 율려, 병법, 산수의 책을 널리 읽었다고 한다.10)

위백규의 수학과정에 가장 큰 영향을 끼친 사람은 숙조부 간암艮菴 위세옥魏世鈺이다. 위백규가 지은 위세옥 행장을 보면, 그러한 내용이 잘 담겨있다. 병계 윤봉구와 죽마고우인 인연을 활용하여 존재를 윤봉구의 제자로 사승관계를 맺어준 사람이 바로 위세옥이다. 위세옥은 자신의 서책 일체와 지적 경험을 가문의 유망주인 위백규에게 물려주면서, 영특한 종손 위백규에게 가문중흥의 기대를 걸고 아낌없이 지원했던 것이다.11)

> 문학에 뛰어나 각 문체에 두루 능했으며, 견문이 해박하고 기억력이 뛰어나 고금의 진귀한 서적과 국조사실(國朝事實)에 해박하지 않은 것이 없었다. 의약·복서·산수·추보(推步 천체 운행)·감여(堪輿 풍수지리) 같은 학문 또한 모두 연구해서 그 요체를 명확하게 알았다. 항상 스스로 말하기를 "내가 남보다 뛰어나지 않지만 내가 아는 것을 나누어 사람들이 각기 그 한 가지를 터득한다면, 곧 응당 한 사람이 이룰 수 있을 것이다. 대개 행시(行詩) 하나, 단율(短律) 하나, 표(表) 하나, 부(賦) 하나, 간찰(簡札) 하나, 의(疑) 하나, 의(義) 하나, 전고(典故) 하나, 필(筆) 하나, 잡술(雜術)이 각각 하나이다."라고 하였다. 사람들 또한 그렇다는 점을 인정했으나, 진정 처사군(處士君)을 아는 사람은 심행(心行) 하나가 응당 앞서 언급한 여러 가지 중 하나의 위에 있어야 한다고 여겼다12)

숙조 위세옥은 자신의 모든 학문과 평생의 경험을 위백규에게 가르쳐

---

9) 조성산, 앞 논문, 197쪽.
10) 『존재집』 권24, 부록, 「연보」.
11) 위정철, 앞 책, 25쪽.
12) 『존재집』 권23, 행장, 「艮庵處士魏公行狀」.

주려 했다. 위세옥이 풍수지리에도 통달하였다는 위백규의 기록, 숙조로부터 전수받은 책 중에 잡술이 각각 하나씩 있다는 점과 당시 유학자들도 풍수지리를 이야기 하는 것을 고상하게 여겼다[13]는 사실 등을 종합해 보면, 위백규는 숙조 위세옥에게 풍수학을 배웠고 그에게서 풍수학 관련 서적도 함께 전수 받았을 것으로 보인다.

위백규에 대한 후인의 인물평이나 저술과는 달리, 위백규의 교유관계나 후학은 매우 소략하고 묘연하여 밝히기가 힘들다. 이것은 그가 호남의 벽지에서 무명의 선비로 거의 전 생애를 보냈기 때문이다.[14] 다만, 풍수학과 관련하여 위백규가 살던 장흥 인근고을인 해남 출신이며 선조, 광해군 당시 활약한 조선최고 명풍수 이의신과 위백규의 선대가 교유한 사실은 특기할 일이다.[15]

위백규 집안은 존재의 고조 위정렬과 그의 동생 위정철魏廷喆[16]이 당대 국풍이라 불리던 이의신을 초빙하여 판서공 위덕화魏德和의 연화부수형 묘소를 잡았고, 두 집안의 양택지도 함께 잡았다 한다. 현존하는 존재고택과 판서공파 종택(위성렬 가옥)이 바로 이의신 소점인 것이다.[17] 당대 국

---

13) 『존재집』 권2, 疏「萬言封事」, "조금이라도 염치가 있다고 일컬어지는 사람들은 음풍농월하는 短律을 짓고, 산의 경치를 구경하고, 화초와 나무를 모으고, 풍수지리를 이야기하는 것을 고상하게 여긴다."

14) 위홍환, 앞 논문, 229쪽.

15) 李懿信(16세기 후반~17세기 전반) ; 본관 廣州, 선조 정비 의인왕후 박씨 裕陵선정 참여, 선조, 광해군 대 박상의와 쌍벽을 이룬 대표적인 풍수학인, 1612년(광해군 4) 한양의 지기가 쇠해진 것이라 상소하고 도읍을 교하로 천도하기를 청하여 왕의 지지를 얻었으나, 예조판서 이정구 등의 반대로 좌절되었다. 전라도 해남출신으로 고산 윤선도의 처고숙이므로 윤선도의 풍수학은 이의신의 학맥이다.

16) 장흥위씨 판서공파의 장흥 방촌 입향조이며, 武臣으로 防禦史를 지냈다. 최근 『瀋陽往還日記』의 저자로 밝혀져 주목을 받기도 했다. 鈴木開, 2014, 「『瀋陽往還日記』에 나타난 인조 9년(1631) 조선-후금관계」 『한국문화』 68, 181~213쪽.

17) 장흥위씨 가내 전승에 따르면, 존재의 고조 위정렬의 동생 위정철이 부친 판서공 위덕화의 묘소 求山을 위해 명풍수 이의신을 초빙하여 천관산 일대를 구산하다가, 이의신이 존재고택과 옛날 회주목 관아터인 판서공종택(현재 위성렬가) 양택지를

풍이라고까지 불린 이의신과 교유할 정도로 풍수인식과 풍수실천이 있었
던 가풍의 영향으로, 풍수교양이 가학으로 대물림하여 위세옥이 습득하였
고, 위백규에게 전했을 것으로 추정된다.

한편 이재 황윤석가는 이의신과 쌍벽인 국풍 박상의를 초빙하여 양택
지를 잡고 교유하기도 했고, 황윤석은 박상의의 전기를 집필하는 등 세교
가 이어졌다.[18] 호남 3천재 중 한 사람인 황윤석 집안은 명풍 박상의와,
위백규 집안은 명풍 이의신과 각각 교유가 있었던 사실은 풍수학사에서
흥미로운 일이 아닐 수 없다. 동시대 호남의 대표적인 실학자 집안들이
호남출신 쌍벽의 풍수학인들과 교유한 것은 이채로운 사실이다. 풍수나
잡학과 같은 다양한 학문과 사상분야를 폭넓게 받아들이는 학풍, 곧 학문
의 다양성과 포용성을 조선후기 호남유학의 또 하나의 특징으로 볼 수 있
는 대목이다.

2) 위백규 집안의 풍수전통

조선시대 지식인들의 생활철학 속에는 풍수적 인식이 상당 부분 차지
하고 있었다. 이러한 풍수적 인식이 길지를 찾고 세거지의 풍수적 결함을
비보하는 등의 실제적인 풍수생활 실천으로 표출되었다. 그리고 그들의
이러한 풍수적 인식과 풍수생활은 조선 후기로 갈수록 더욱 발전하였
다.[19] 위백규와 황윤석, 신경준 집안들도 예외 없이 양택지인 생가, 서당,

소점하였다. 존재고택은 비봉포란형으로 대학자인 존재를 배출하였디. 이의신 소점
으로 알려진 위덕화의 묘소는 장흥군 회진면 덕도에 있으며 蓮花浮水形 명당이라
고 전해진다.
18) 유기상, 2015, 「이재 황윤석의 풍수지리 인식」『한국사상사학』50, 한국사상사학
회, 401~402쪽.
19) 박성대·양삼열·김병우, 2013, 「경주 최부자 가문의 양택을 통해 본 풍수인식에 관
한 연구」『한국민족문화』47, 535~577쪽.

누정, 음택지인 조상선영 등을 풍수상 길지에 택지하는 강력한 전통이 계
승되고 있음을 현지조사와 풍수답사 결과 확인할 수 있었다.[20]

위백규 집안도 당대 최고 명풍수 이의신을 초빙하여 생가 터와 음택지
를 잡았을 정도로 풍수지리 활용에 관심이 컸다. 숙조 위세옥이 풍수지리
에 통달했었고, 위백규도 풍수학에 정통했음을 보면, 위백규 집안에도 풍
수전통이 가전되어 계승되었기 마련이다. 장흥 천관산 인근에 있는 위백
규 집안의 생가마을, 생가, 장천재와 다산사, 집안 음택지 등에 대한 현지
풍수답사결과를 종합하면, 위백규 집안에는 풍수지식이 가전되었고 양택
과 음택을 막론하고 길지를 택지하고 활용하는 풍수생활 전통이 내리물림
되었음을 확인할 수 있었다.

장흥 방촌리 계춘동桂春洞[21]에 있는 존재 생가는 명풍수 이의신이 소점
한 봉황포란형鳳凰抱卵形의 양택 명당이다.[22] 일찍이 고려시대 회주목懷州
牧의 진산이던 상잠산觴岑山을 주산으로 하고 천관산을 조산朝山으로 하는
이곳은 양택풍수의 요건을 두루 갖춘 길지이다. 대문과 안방을 천관산 주
봉인 구정봉에 맞추어 양택 터잡기 원리에 따라 교과서적인 공간배치를
하였다.

특히 천관산이 바위가 많은 화산이므로 화기를 비보하기 위하여 서재
앞에 화재예방 비보연못을 만들었다. 천원지방天圓地方 원리에 따라 방형
연못에 원형 인공섬方池圓島을 갖추었다. 봉황형의 형국에 맞추어 집뒤 후
원에 대나무 밭과 오동나무가 있고 샘터를 갖추고 있어서 비봉형의 비보

---

20) 유기상, 앞 논문 참조.
21) 존재의 아호 계항, 계항거사(桂巷, 桂巷居士)는 이 마을이름 桂春洞을 딴 것으로 桂
    樹는 陰인 달(月)이므로, 陽인 天冠山의 해(天, 日)와 절묘하게 대비하여 음양조화
    를 꾀한 일종의 문자비보풍수임을 알 수 있다.
22) 존재가의 풍수설화는 장흥위씨 후손 위성(방촌유물전시관 명예관장, 문화유산해설
    사, 69세)씨의 구술과 장흥위씨 대종회 누리집 자료(http://www.jangheungwi.or.kr/
    2015. 7. 2 검색)를 기초로 하여 구성하였고, 생가와 묘소 등 현지 풍수답사와 족보
    자료, 구술증언 등은 존재 8대종손 위재현씨의 많은 도움을 받았다.

요건을 온전하게 구비하였다.[23]

이 마을에는 존재고택과 함께 위백규의 방계 판서공파 종택(위성렬 가옥)도 있다. 역시 당대 최고풍수로 국풍이라고도 불렸던 이의신 소점으로 전해진다. 판서공파 종택은 고려시대 회주목의 관아터를 집터로 재활용한 양택지로서, 위정렬의 동생인 위정철이 터를 잡아 집을 지었고 후손이 세거하고 있다.[24]

존재고택이 있는 방촌리 마을 어귀에는 마을 비보물인 방촌리 석장승 한 쌍이 남아있다. 풍수지리적으로 볼 때 이 회주고성의 서쪽이 허약하다 하여, 읍성의 허함을 풍수적 비보진압과 수호를 위해 서문밖에 진서대장군鎭西大將軍이라는 이 장승을 세웠다고 전해져 오고 있어서, 방촌리의 장흥위씨들이 입향후에 마을의 풍수비보도 함께 한 것으로 보인다.

위백규 집안의 생가이외의 양택지로는 그가 수학한 문중의 강학처 장천재長川齋와 존재가의 재실인 다산사茶山祠가 있다. 장천재는 천관산 어귀에 풍수가 수려한 곳에 있는데, 장풍과 득수의 요소를 아울러 잘 갖춘 터이다. 장천재 바로 앞 홍예교虹霓橋 이름이 도화량桃花梁이라 전해오고 있다. 장천재 앞의 꽃봉오리 모양의 능선과 함께 보면, 풍수상 길지인 '도화낙지桃花落地' 터라고 인식해 온 흔적이라고 추측된다.

다산사는 존재생가에서 가까운 상잠산의 남사면 찻등茶山언덕의 아늑한 자리에 있다. 위백규집안 가족묘의 시묘터인 이곳에 위백규가 41세 1767년 당시 다산초당을 세우고 강학하다가, 훗날 다산정사로 개칭 중건하였다. 그후 다시 1902년 존재를 기리는 단을 세웠고, 현재 다산재라는 재실과 다산사라는 사당을 두고 있다.[25] 이곳도 또한 양지바르고 경관이

---

23) 봉황새는 대나무 열매와 단샘물인(醴泉)만 먹고 오동나무에만 깃든다 하여, 비봉형에는 대나무와 오동나무, 예천을 갖추고 있다.

24) 이의신 소점인 판서공파 종택지는 자손이 번성하는 명당으로 알려져 있는데, 판서공파 후손들은 자손이 성하여 현재 15대째 혈손으로 장자상속을 하고 있다고 한다.

25) 『존재전서』의 사진설명에는 다산사의 존재 제단을 존재묘소로 잘못 인식하여 표기

좋으며 가유지可遊地로서의 양택지 요건을 두루 갖춘 아주 좋은 터다.

위백규의 묘소는 다산재의 좌청룡 자락에 산수 밝고 아름다운 자리인 가족묘역에 가족들과 함께 자리 잡고 있다.[26] 묘역 옆에 작은 석맥이 흐르고 있고, 묘역 인근에 지석묘 무리가 산재한 것을 보면, 일찍부터 양지바르고 평온한 묘지터로 여겨져 대대로 음택지로 활용했음을 알 수 있었다. 그의 독창적인 점혈법占穴法이자 간산법인 '영법影法'에 걸 맞는 편안한 터로서 풍수상 음택지의 요건을 제법 갖춘 곳이다.

그의 '묘제개혁론'에서 제안했듯이 조부모, 부모, 형제들의 묘역과 같은 산줄기에 가족묘역 형태로 순차적으로 자리 잡았다. 위백규는 유언으로 비문을 쓰지 말고 소박하게 장사지내도록 했다고 한다. 꾸밈없는 소박한 묘지와 아주 작은 묘갈을 보면 궁경독서 하던 지행합일의 실학자 위백규와 잘 어울리는 음택지였다. 땅에는 알맞은 주인이 있다는 소주길흉과 지인상관을 연상할 수 있는 터이다.

〈사진 Ⅴ-1〉 위백규 생가 비보 연못   〈사진 Ⅴ-2〉 위백규 생가 안채

하고 있다.
26) 『존재집』 권24, 부록, 「연보」.

〈사진 V-3〉 위백규가 존재 현판

〈사진 V-4〉 위백규 생가 사랑채

〈사진 V-5〉 위백규 생가 사당채

〈사진 V-6〉 위백규 생가 사당 입수룡

〈사진 V-7〉 위백규 강학처 다산재

〈사진 V-8〉 위백규 묘소

〈사진 Ⅴ-9〉 위백규가 장천재 앞 도화교　　〈사진Ⅴ-10〉 위백규가 장천재 앞 도화봉

〈사진 Ⅴ-11,12〉 위백규 생가 마을 방촌리 비보 석장승

2. 조선 풍수논설의 압권, 「원풍수」와 실학적 풍수인식

1) 풍수지리의 바탕사상 인식

위백규는 황윤석과 같이 상수학에 침잠하였으므로 주역과 음양오행에 능통하였다. 풍수학은 주역과 음양오행 사상을 바탕으로 구성한 이론이다. 위백규의 저술중 격물설格物說의 「천지」와 「오행」편[27]은 그의 해박한 음양오행관을 체계적으로 다양한 사례를 들어가면서 알기 쉽게 정리하고 있다. 「천지」편은 다름 아닌 음양에 대한 논설이다. 그는 천지와 명암, 해와 달, 밤과 낮 같은 구체적인 자연현상부터 남녀, 부부와 같은 인간관계, 사회관계까지를 음양원리로 명쾌하게 설명하였다. 양인 태양의 운행으로 밤과 낮이 있고 명암이 있으며, 밝음은 하늘을 움직이고 어둠은 땅을 적셔서 초목과 사람 동물이 모두 밤이 되면 쉰다. 어미가 태아를 기르고, 남녀가 만나 사귀고 부부가 한 집에 사는 것도 모두 이 도리이다라고 설명하였다.[28] 「오행」편에서는 목, 화, 토, 금, 수 오행의 성질과 작용 등을 여러 사례를 들어 구체적으로 논변하였다.

위백규는 스스로 이교구류에 달통하여, 불가와 도가는 물론 이른바 잡학이라는 병가, 의가, 담명가談命家, 감여가에도 두루 미쳤다고 적고 있다.[29] 그러나 위백규의 기본적인 학문태도는 당대의 유학자들이 그러하였듯이 제자백가의 경서를 추앙하였으며, 성리학적인 진리 탐구를 추구하였다.[30] 그리고 성리학자답게 궁극적으로 그가 바라는 바는 나에게 있는 것을 극진히 하면서, 저 푸른 하늘이 명하는 바를 기다리는 것이라고 하

---

27) 『존재집』 권12, 雜著 格物說「天地」, 「五行」.
28) 위정철, 앞 책. 33쪽 ; 『存齋集』 卷12, 雜著 格物說 「天地」.
29) 『존재집』 권18, 雜著, 「諭邑中諸生文」.
30) 위홍환, 앞 논문, 230쪽.

면서, 천명을 중시하였다.

> 그 나머지 소소한 소가(騷家)와 시가(詩家)는 두루 보고 외우면서 익히지 않은 것이 없었고, 사방으로 불서·병가·도가·의가·담명가·감여가(堪輿家; 풍수지리)에까지 두루 미쳤으며, 소설패사(小說稗史)에 대해서도 모두 섭렵하여 그 대의를 통달하였다. … 다만 마음에 바라는 것은 과거 합격 여부에 급급하지 않고, 나에게 있는 것을 극진히 하면서 저 푸른 하늘이 명하는 바를 기다리는 것이다.[31]

위백규는 상수학이 미래를 알 수 있는 점은 인정하면서도, 그러한 과정에서 빚어질 도덕적 문제에 대해서는 깊은 우려를 표시했다. 당시 호론계湖論系는 당위적 도덕성을 강조하였고, 이 과정에서 소옹邵雍의 상수학의 도덕성을 문제 삼은 바 있었다. 이러한 관점에서 존재는 정명도程明道가 소옹 상수학을 배우려 하지 않은 점을 높이 평가하였다.[32]

> 그러므로 설시가(揲蓍家 시초로 주역점을 치는 사람)는 지나간 일에 대해서는 살피면서도 미래에 대해서는 거스른다. 담명가(談命家 운명을 점치는 사람)는 이미 그렇게 된 일에 대해서는 밝지만 아직 발생하지 않은 일에 대해서는 어둡다. 옛 분묘에 대해서는 잘 알지만 새로운 묘역에 대해서 어두운 것은 감여의 술법이다. … 수왕(數往)이 순한 것은 평상을 통해 극진히 변화하기 때문에 비록 어리석은 사람이라도 이에 대해 말할 수 있다. 하지만 지래(知來)가 역한 것은 변화를 추산하여 평상에 합치하기 때문에 신령스런 성인이 아니면 여기에 참여할 수 없다.[33]

풍수, 주역점, 명리 등 이른바 잡술에 관하여도 과거에 대해서는 잘 알지만 미래에 대해서 예측하는 일은 변화의 추이를 살펴 평상에 부합시키는 일이므로 신성神聖이 아니고는 할 수 없는 일이라고 하여 비판하고 있

---

31) 『존재집』 권18, 雜著, 「論邑中諸生文」.
32) 조성산, 앞 논문, 198쪽.
33) 『존재집』 권17, 雜著, 「雜術解」.

다. 주자학 이외의 이른바 잡학이라고 하는 사주팔자, 관상, 풍수, 도교, 불교 등은 수신과 치국을 기본으로 하는 유가의 관점으로 볼 때 심하게는 좌도 혹은 이단으로 치부되었다. "요즘 사대부들은 인사를 나누고 나면, 곧 모두 성명星命을 말하고 상술相術을 논하며, 지리에 대해 변론할 뿐이다."고 하여, 성리학자로서의 위백규는 풍속이 좌도로 쏠리는 현상에 대해서는 늘 경계했다. 도교술사의 역사와 황탄함을 지적한 것도 같은 맥락이었다.[34]

2) 본격 풍수논설「원풍수」에 나타난 존재의 풍수사상

'원原'은 산문체 한문문체의 하나로서, 본원적인 사실을 추론한다는 뜻이다.[35] 『존재집』 권16은 원류를 따로 모아놓은 것으로서 풍수, 하도, 팔괘, 인신, 효, 유무, 사물 등 13종 31편의 원체 작품을 수록하였다. 위백규는 원류에서 다양한 사물의 근원적인 개념과 작용을 논거를 들어 체계적으로 규명하였다. 따라서 원류작품은 위백규 사상의 근저를 엿볼 수 있는 자료이다. 『존재집』 권15의 「격물설」과 사물을 격물치지하는 점에서는 유사하면서도 격물설에 비해 좀 더 깊이와 체계를 갖춘 정치한 논설이라고 할 수 있다. 이러한 저술을 보아도 위백규가 추구하는 지의 형태는 박학과 명변明辯을 추구하는 것임을 알 수 있다.[36]

조선후기 문인 중에서도 위백규와 같이 많은 원체 산문작품을 체계적으로 연작의 형태로 창작한 예는 찾아보기 어렵다.[37] 그러한 점에서 위백

---

34) 오항녕, 2013, 「존재 위백규의 讀史論 : 「尙論」과 「大明紀」를 중심으로」 『전북사학』 42, 243쪽.
35) 위백규(오항녕 옮김), 2013, 『존재집』 4, 흐름출판사, 297쪽. "原은 한문 文體의 하나로서, 본원적인 사실을 추론한다는 뜻이다. 억양과 곡절을 되풀이하면서 근원을 찾고 깊이를 천명한다. 한유의 〈原道〉가 대표적인 작품이다."
36) 박동주, 2008, 「위백규의 原體散文「原事物」考」 『한국한문학연구』 41, 한국한문학회, 370쪽.
37) 박동주, 앞 논문, 346쪽.

규의 「원풍수」는 현재 문체형식상 국내 유일의 원류 풍수론이라는 점에서도 특이한 사례이다. 또한 내용면에서는 풍수고전이나 풍수설의 기본원리와 주요쟁점들을 조목조목 명쾌하게 논변한 후, 자신의 풍수관을 밝히고 있다. 정약용의 「풍수론」 등 그간 알려진 풍수논설은 대부분 풍수화복설을 유교윤리를 바탕으로 총론적으로 비판한 것이었다. 이런 관점에서 「원풍수」는 한국풍수사에서 마땅히 새로운 시선으로 검토되어야 할 저술이라고 평가하면서, 이하에서 「원풍수」의 주요내용을 고찰하고자 한다.[38]

「원풍수」의 내용 중 종래의 풍수설을 논평하거나 위백규의 풍수관을 피력한 항목을 중심으로, 필자가 풍수학적 관점에서 의미있다고 판단한 논변들을 풍수학의 논리체계 항목별로 구분하여 분석해 보았다. 개별 항목별 검토 이후에 종합하여 일목요연하게 〈표 Ⅴ-1〉과 같이 도표로 정리하여 본문과 대조하여 보기 쉽게 하였다. 본문과 〈표 Ⅴ-1〉의 종합정리 체계는 기감응적 인식체계인 동기감응과 소주길흉 인식, 형세파와 이기파, 용·혈·사·수, 물형론, 바람직한 장사법으로 분류하고 정리하였음을 미리 밝혀 둔다.

(1) 기감응적 인식(동기감응, 소주길흉론)

위백규는 풍수인식의 기본인 기감응과 관련하여, '천지인상관설', '동기감응설', '소주길흉설', '천명설' 등을 두루 인정하였다.

　　　천·지·인은 하나의 이치라서, 길한 혈에 매장하면 상응하기가 이와 같으니, 크게

---

38) 이 절에서 원문은 『존재집』 권16, 「原風水」; 『存齋全書』 上, 卷10 「原風水」를, 번역문은 위백규(오항녕 옮김), 앞의 책, 335~353쪽을 인용하였다. 「原風水」의 집필시기에 관해서는, 당시에 儒家에서는 풍수가 대외적으로는 잡술이라 여겨진 탓인지, 그의 행장이나 연보의 주요저술 목록에 언급이 없어서 정확한 시기는 알 수 없다. 다만, 무르익은 논변 등과 문체로 보아 「격물설」을 지은 65세 전후로 그의 대다수 원류 작품들이 쓰여진 시기와 비슷할 것으로 추정해 본다.

길한 땅은 필시 천리에 두세 군데이다. 오직 큰 복덕이 있는 사람만이 자연히 여기에 묻힐 수 있으니, 이 역시 사람마다 힘을 써서 구할 수 있는 자리가 아니다.[39]

위백규는 사람과 터는 서로 상관한다는 '소주길흉론'을 넘어서, 천지인 삼재는 하나의 이치라서 서로 관련된다는 '천지인상관설', 길한 혈에 매장하면 상응한다는 '동기감응설', 적덕자만이 길혈을 차지할 수 있다는 '소주길흉설'은 인정하는 입장을 보인다. 나아가 길혈은 사람의 힘으로 구할 수 있는 자리가 아니다. 즉, 하늘의 뜻이 있어야 한다는 '천명설'을 취하고 있다. 이러한 인식은 그의 「감여설堪輿說」에서, "길지를 썼는데도 반드시 발복하지 않는 까닭은 무엇인가? 이것은 쓰는 사람의 천덕天德에 부합하지 않기 때문이다"[40] 라는 말에도 잘 드러나 있다.

그 땅에서 태어나면 뛰어난 인물이나 진장(鎭長)이 되고, 그 땅에 매장하면 안온하고 길선(吉善)하다.[41]

좋은 땅에서 태어나면 뛰어난 인물이 된다는 것은 양택의 동기감응을 말한 것이다. 좋은 땅에 매장하면 안온하고 길선하다는 것은 음택의 동기감응을 말한 부분이다. 이익, 홍대용, 정약용 등의 동기감응론 부정이 음택발복 중심이었던 데 비하여, 위백규는 인걸지령론과 양택의 동기감응까지를 폭넓게 인정한 것으로 보인다.

(2) 용·혈·사·수론

가. 용론

위백규는 산과 물의 상관관계인 '산자분수령山自分水嶺(산이 곧 분수령이

---

39) 『존재전서』 상, 권10, 「원풍수」, 307쪽.
40) 『존재전서』 상, 권7, 「감여설(堪輿說)」, 186쪽.
41) 『존재전서』 상, 권10, 「원풍수」, 307쪽.

다)'은 물이 아래로만 흐르는 성질에서 오는 원리임을 밝혔다.

> 물의 성질은 아래로 흘러내리기에, 저절로 두 곳으로 트이는 이치가 없다. 때문에 산맥이 연결되지 않을 수 없고, 물줄기들은 한곳으로 모여들지 않을 수가 없다.[42]

신경준은 「산수고山水考」글머리에서, "하나의 근본에서 만 갈래로 나뉘어지는 것은 산이요, 만 가지 다른 것이 모여서 하나로 합하는 것은 물이다"고 하였다. 『산경표山經表』를 비롯한 우리 산줄기와 물줄기를 논할 때 흔히 쓰는 고전적인 격언인 "산은 물을 가르고, 물은 산을 넘지 못한다."는 풍수격언도 같은 원리이다. 위백규는 이 음양원리에 의한 산경과 수경의 분합원리가 기본적으로 물이 낮은 데로만 흐르는 성질에서 빚어지고 작동되는 이치임를 명쾌하게 간파하면서, 태초의 산경, 수경의 형성원리를 설명하였다. 신경준과 당시 실학자들의 국토지리관이기도 하였던, 풍수에 연원한 전통 자연지리 인식을 엿볼 수 있다.

위백규는 산천형성의 원리를, 음양이 교합하여 풍과 수를 낳고, 풍과 수의 작용으로 산천이 형성된다고 보았다.

> 만물이 생성되기 이전에 음양이 교합해서 찌고 적시다가 물(水)을 낳았고, 두 기운이 들고 내쉬며 호흡해서 바람風을 이루었다. 큰 허공과 빈 골짜기에는 단지 바람과 물뿐이었다. 그러다가 바람이 움직이고 물이 흔들려서 찌꺼기들이 가라앉아 엉기며 큰 흙덩이가 만들어졌으니, 곤륜산이 드디어 땅의 배꼽[地臍]이 되어 먼저 물 밖으로 나왔다. 사방은 이로 인해 부드러웠다가 점차 단단해지고, 물은 점점 흘러내렸다. 그리하여 높은 곳은 절로 높아져서 산악이 되거나 구릉이 되고, 낮은 곳은 절로 낮아져서 계곡이 되거나 들판이 되었다.[43]

---

42) 『존재전서』상, 권10, 「원풍수」, 303쪽.
43) 『존재전서』상, 권10, 「원풍수」, 303쪽.

풍과 수는 천지인 사이를 운행하는 소통의 기이다. 위백규는 산천이 형성되는 원리를 풍과 수의 교호작용의 결과로 보았다. 태초에 음양교합으로 생겨난 풍과 수가 움직이고 흔들리면서 교호작용하여 높은 곳은 저절로 높아져서 산과 언덕이 되었고, 낮은 곳은 더욱 낮아져서 들판이나 계곡이 형성되었다고 설명한다. 풍수의 바탕사상인 음양교합과 오행의 운행, 풍수의 작용을 변화의 동인으로 보는 우주관을 엿볼 수 있다.

그는 용맥은 동시에 생성되었으므로, 산줄기 맥통에 따라 용맥이 이어졌다는 설이나, 여기에 하늘의 별자리 24위를 붙여 음양으로 길흉, 귀천을 논하는 이기파의 설은 잘못이라고 한다.

> 일제히 엉기며 쌓였던 기운이 다시 녹아서 뭉쳐지는 과정은 흡사 시루 속에서 떡을 찌는 것 같았으니, 모두 한 덩어리의 열기였다. 동쪽 열기가 옮겨가 서쪽 열기로 된 것은 아니다. 후세의 감여가들은 산맥이 서로 연달은 형상을 보고 드디어 "이 산이 가서 저 산을 만들고, 이 맥은 저 맥에서부터 나왔다."라고 말하였다. 그리고 이로 인해 천성(天星) 24위를 갖다 붙여 음양·길흉·귀천의 맥기를 논하니, 어찌 잘못이 아니겠는가.[44]

전통풍수에서는 용맥이 뻗어온 계통을 중시한다. 유교가 중시한 정통 장자상속 논리와 연관시켜 마치 족보의 위계처럼 태조산太祖山, 소조산少祖山, 조산祖山, 주산主山 등으로 수직적으로 파악하는 개념이 그것이다.[45] 신경준의 「산수고」나 「산경표」를 비롯한 당시 대부분의 실학자들은 곤륜산에서 의무려산을 거쳐 조선으로 뻗어온 용맥이, 백두산을 조종으로 하여 족보처럼 용맥이 연결되어 생기가 공급된다고 보았다. 그러나 위백규

---

44) 『존재전서』 상, 권10, 「원풍수」, 303쪽.
45) 채성우(김두규 역해), 2002, 『明山論』, 비봉출판사, 75~77쪽. 김두규는 「節目」의 주석에서, "『人子須知』에는 간룡법으로 태조산, 소조산, 부모산 및 태, 식, 잉, 육, 입수 등 여러 격들이 있는데, 모두 용의 큰 의미를 보는 것이다. 『明山論』에서도 이와 같은 의미에서 이것들을 아울러 '節目'이라 했다고 한다."

는 용맥은 태초에 동시에 형성되었음을 근거로, 이 맥은 저 맥에서 왔다는 식의 조종 맥통론을 부정하였다. 거기에 천성 24위를 갖다 붙여 음양, 길흉, 귀천을 논하는 풍수설, 이른바 이기파 풍수를 잘못이라고 단정하였다.

또한 위백규는 입수룡의 마디마다 각기 다른 귀천의 24개의 기를 가졌으며, 차례로 흘러 들어온다는 술가의 말은 잘못이라고 한다.

> 술가의 말처럼 조선의 산맥을 논한다면, 곤륜산 북쪽 줄기에서 맥이 떨어져 나와 이리저리 만리를 죽 뻗어 왔으니, 이 과정에서 몇 번씩이나 24가지의 용을 거쳤겠는가. 만일 절마다 기가 다르고 차례로 흘러들어온 것이 마치 군대의 대오와 같다면, 무수한 24가지의 기가 날마다 번갈아 달려오면서 두루 돈 뒤에 다시 시작할 것이다. 이렇게 허다한 산봉우리와 골짜기가 모두 지나가는 나그네의 숙소가 되었으니, 귀하고 천한 용맥의 기에 어찌 일정한 절이 있겠는가.[46]

여기에서 위백규는 혈까지 오는 산줄기의 꺾인 마디마다 천성 24위를 갖다 붙이고 음양오행을 논하는 술사들과 이기파 풍수의 주장이 근거가 없음을 다시 한번 논박하였다.

그는 평지룡의 경우, 터잡기 할 때 용맥을 분별하기가 쉽지 않다는 점을 다음과 같이 말한다.

> 그들의 말에 '한 치라도 낮으면 물이고, 한 치라도 높으면 산이다.'라고 한다. 무릇 천지가 개벽한 지 4만 년 동안 언덕과 골짜기가 변천하였으니, 한 치 높은 것이 반드시 어떤 용의 맥이란 걸 어떻게 보장할 수 있는가.[47]

평지룡, 평양룡平壤龍의 경우 용맥의 분별이 어려우므로 물이 모이는 합

---

46) 『존재전서』상, 권10, 「원풍수」, 303쪽.
47) 『존재전서』상, 권10, 「원풍수」, 304쪽.

수지점을 보고 용맥을 분간하고 혈을 정한다. 위백규는 현실적으로 수 만년 동안 퇴화작용이 진행된 용맥을 평지에서 육안으로 분간하기란 사실상 어렵다고 하였다. 평지룡의 사례까지 드는 것을 보면 위백규의 풍수설 연찬이 상당한 수준이었음을 짐작하게 하는 대목이다. 나아가 위백규는 묘소가 근접하면 기를 뺏긴다거나 맥을 누른다는 말은 통론이 아니라고 한다.

> 이로써 미루어 보면, 지금 세상에서 남의 묘소가 너무 가까이 있어 기를 빼앗긴다는 말을 하는데, 이는 통론이 아닌 듯하다. 그들의 말에 맥을 누른다는 논의 역시 가소롭다. 온 천하의 산을 거론해 보면, 한 절도 매장하지 않는 곳이 없다.[48]

당시 만연하였던 산송과 관련하여, 금산과 금장의 확대가 크나큰 시폐가 되었는데, 그 근거로 활용된 풍수설이 바로 이것이다. 묘소가 너무 가까이 있어 기를 빼앗긴다거나 맥을 누른다는 구실로, 금산 금표 구역을 점점 확대해 갔던 것이다. 그러나 금장의 확대는 외형상 이러한 풍수설에 의지하였으나, 실제로는 금산과 금장을 통해 여러 곳에 분산墳山과 장지를 확대하여 경제적 이익을 추구하려는 세력가들의 탐욕이 결합된 것이었다.

나. 혈론

위백규는 혈을 맺는 원리에 관하여, 풍수의 작용으로 풍과 수가 만나서 국세가 환포環抱하여 혈을 맺는다. 따라서 귀천의 용맥의 기가 줄처럼 이어져서 결혈한다는 말은 잘못이라고 본다.

> 오늘날에도 포구의 수위가 낮아진 뒤에 고저와 요철을 살펴보면, 만 가지로 각각 다른 모습이다. … 모두 바람과 물이 이뤄낸 바이니, 어찌 일찍이 귀천의 맥기가 그렇게 만든 것이겠는가.[49]

---

48) 『존재전서』 상, 권10, 「원풍수」, 306쪽.

그는 혈을 만드는 것은 오직 풍수의 작용이라고 설명한다. 그 증거사례로서 물 빠진 포구의 자연현상을 들고 있다. 포구에서 썰물 때 개펄을 보면 크고 작은 땅줄기의 생성과 물 흐름의 원리를 관찰하기가 아주 좋다. 해변에서 살면서 궁경독서 하던 위백규의 격물치지하는 생생한 안목이 드러나는 대목이다. 여기서도 용맥의 귀천을 따지는 이기파 풍수설을 부정하였다.

> 이 때문에 바람과 물이 서로 모여 교차되는 땅은 국세가 둥그렇게 감싸면서 멧부리들이 수려하며, 시냇물이 맑고 아름답다. 흙의 성질이 견고하고 치밀해서 진기(眞氣)가 융취(融聚)하였으니, 이런 곳은 거주할 만하고 무덤을 쓸 만하니, 용맥의 기가 줄처럼 이어져서 혈에 이른 것이 아니다.[50]

위백규는 결혈 원리를 풍수가 교회작용하고 국세가 환포하여 생긴 결과라고 자연현상의 생성원리로 설명한다. 이렇게 산수 수려하고 흙이 단단하여 진기가 융취한 곳이 결혈지이고 양택지나 음택지가 된다고 하였다. 이러한 택지법은 전형적인 형세파 택지법에 바탕을 둔 것이다. 한편 이기파가 주장하는 이른바 귀천의 맥기가 혈을 만든 것이 아니라는 것이다. 즉 위백규는 여기에서 풍수유파 중 이른바 형세론의 택지법을 분명히 취하고 있다. 그러므로 풍수론 전체를 부정하는 '반풍수론'은 아님이 명백하다. 그러나 용맥의 귀천과 길흉을 따지는 이기론은 철저하게 부정함으로써 풍수이론 중에서 형세파 이론은 취하고 이기파 풍수설은 버림으로써 분명하게 취사선택하는 실사구시적 태도를 견지하였다.

나아가 위백규는 자신의 독창적인 점혈법을 제시하였다. 음택, 양택을 막론하고 바람직한 점혈법占穴法은 '영법影法'이다. 따라서 상생상극과 길흉을 논하는 이기파나 술가들의 택지법은 옳지 않다고 한 것이다.

---

49) 『존재전서』 상, 권10, 「원풍수」, 303쪽.
50) 『존재전서』 상, 권10, 「원풍수」, 303쪽.

　　대체로 산가(山家)의 점혈(占穴)에서, 음택과 양택을 막론하고 터를 잡는
이론적 근거는 다만 영법(影法)이다. 밝고 아름다운 산수가 빙 둘러싸 손 모아
읍하는 듯해서 신령스러운 기운이 응결되어 모이고, 팔풍이 순하게 그치면 명
혈이 된다. … 그러므로 어느 방향의 어떤 산 모양이 상생하고 상극을 해서
길하고 흉하다는 그들의 말과는 같지 않으니, 그 말에 얽매여서 보는 것은 무
리가 있다.51)

　　위백규는 종래 풍수설의 논변을 기초로 여기에서 '영법影法'이라는 자
신만의 독특한 간산법 혹은 택지법이라 할 점혈법을 제시하였다. 음택,
양택을 막론하고 형세상 경치가 밝고 아름다운 곳, 좋은 기운이 어린 곳,
바람을 잘 막아주는 곳을 명혈이라고 설명한다. 위백규의 '영법'은 주자나
정자가 제시하는 형세론을 위주로 하는 택지법과 기본적으로 유사하다.
정자의『장설』에서 "택지를 하는 것은 그 땅의 아름다움과 추함을 보는
것이지, 음양가들이 말하는 길흉화복을 점치는 것이 아니다."는 논지에
충실하다.

　　반면에 '영법'과 대비하여, 산 모양과 방위의 오행 길흉을 따지는 이기
론은 무리가 있다고 하여 명백히 배척하였다. 여기에서 위백규의 풍수인
식은 기본적으로 주자와 정자의 논지와 유사한 형세론을 받아들인 다음
에, 자신의 독특한 점혈법인 '영법'을 제시하는 독창성을 보인다. 이렇게
논증을 통하여 합리적인 이론은 취하고, 무리한 이론은 버리는 취사선택
을 분명히 한다는 방법론 면에서 실사구시의 학문태도가 돋보인다.

　　한편, 산수의 경치로 형세를 본다는 의미에서 본디 '경景'과 '영影'은 글
자의 뜻이 상통하므로 독창적인 '영법'이란 용어를 쓴 것 같다. 또한 한시
작법 중 마치 그림을 그리듯 이미지로 그려내는 기법인 '영묘법影描法'에
서 영감을 받아 '영법'이라고 한 듯하다. 이러한 추론은 동시대 신경준이
지은 시창작법인「시칙詩則」을 보면 "한시의 묘사법에는 영묘影描와 포진

---

51)『존재전서』상, 권10,「원풍수」, 305쪽.

鋪陳이 있는데, 당나라 사람은 광경을 즐겨 그려내므로 당시唐詩에는 영묘가 많다. 송나라 사람은 의론을 세우기를 즐기므로 송시宋詩에는 포진이 많다."고 설명하면서, 여러 시격詩格들을 풍수형국과 풍수격언을 인용하여 설명하였다.

여기에서 이미지와 경치를 중시하는 형세파를 영묘에, 오행이론을 따지는 이기파를 포진에 비유할 수 있다고 생각된다. 산수 형세의 광경을 그림 그리듯이 보아서 파악하는 풍수의 형세파 간산법은 시작에서의 '영묘법'과 관점이 상당히 유사한 점을 아울러 새겨보면 이러한 추론이 가능하다.52)

위백규는 그의 심오한 국가개혁론 저서의 제명을 『정현신보政絃新譜』라고 악보이름으로 표현하였다. 상징성과 예술성이 빛나는 이름으로 존재의 지적 격조를 드러내는 걸작 작명이다. 당시 시폐의 심각성이 거문고 줄을 조이는 경장更張 정도로는 고치기 어려우므로, 새로운 악보를 쓰듯이 근본적으로 국가기틀을 새로 바루어야 한다는 뜻이다. 풍수 점혈법의 명칭을 시에서 영감 받아 독창적으로 창안하고, 국가개혁론을 새로운 악곡으로 표현할 수 있는 위백규 내면의 빛나는 예술세계를 엿볼 수 있다. 이러한 시각에서 보면, 위백규를 포함한 당시 지식인들의 사연인식 속에는 풍수적 관점이 상존하였다. 이러한 풍수적 자연관이 지식인들의 교양이었던 시서화詩書畵와 음악 등 예술세계에도 두루 관통하고 있음을 알 수 있기 때문이다.

또한 위백규는 혈의 갯수와 혈장穴場의 크기에 따라 묘지 터를 1인용, 2인용, 3인용으로 제한하는 것은 옳지 않다고 한다. 역사적으로도 배장陪葬, 순장殉葬, 가족장家族葬과 같은 집단매장 제도가 있었음을 근거로 들었다.

---

52) 신경준, 『여암유고』 권8, 잡저2, 「詩則」 ; 『여암전서』, 93쪽.

묘택도 어찌 이와 다르겠는가. 술가가 어디는 단혈(單穴)이고, 어디는 (雙穴)이며, 어디는 삼혈(三穴)이니, 함부로 장례를 치를 수 없다고 말하면서 더욱 무게가 실리는 걸 더욱 꺼린다. 그러나 삼대(三代)의 제도에는 왕의 묘가 가운데 자리를 잡으면, 여러 신하들을 배장하는데, 좌우로 모두 세세대대 묻히면서 도랑을 파서 구별하였다. 이 어찌 유독 수십 혈, 백여 혈의 땅을 얻어 그랬겠는가. 또 순장(殉葬)하는 자는 혹 3, 4백 명에 이르렀으니, 어찌 용맥의 기가 남달라서 무겁게 실리는 걸 두려워하지 않아서였겠는가.[53]

혈의 갯수에 따라 단혈, 쌍혈, 삼혈로 나누어 한 묘역에 쓸 수 있는 묘지를 제한하는 것은 타당하지 않다고 보았다. 그 근거로서 고대 장사제도에서의 배장, 순장, 주구묘周溝墓 같은 가족장 제도 등을 사례로 들고 있다. 위백규의 이러한 생각은 '묘제개혁론'에서 산송과 지나친 금장의 시폐를 개혁하기 위한 바람직한 묘지형태로 가족묘제도를 제시하였고, 자신도 신후지지를 가족묘역에 잡은 사례에서 보듯이 합리적인 산지이용법과도 관련된 풍수인식이었다.

다. 사·수론

위백규는 물과 기의 관계에 대해, 물을 만나면 기는 멈춘다고 하는 말은 의문이다고 한다.

가령 '물을 만나면 그친다.'고 하는데, 물 아래쪽의 땅은 기가 없는 빈 흙덩이인가. 평지의 촌락과 평평한 언덕의 매장지는 어디에서 용맥의 기를 알아낼 수 있는가?[54]

『장서』 등 풍수고전에서 흔히 '용진혈적 계수즉지龍盡穴的 界水卽止'[55]

---

53) 『존재전서』 상, 권10, 「원풍수」, 306쪽.

54) 『존재전서』 상, 권10, 「원풍수」, 303쪽.

55) 도간, 범월봉(김두규 역주), 2015, 『捉脈賦, 洞林照膽』, 비봉출판사, 40쪽 ; 김두규는 "착맥부의 '물을 만나면 진혈이 되고 바람을 타면 흩어진다(遇水爲眞 乘風卽散)'

라고 하여 용맥이 다하는 곳에서 물을 만나면 기가 멈추어 혈을 맺는다고
한다. 이에 대해 위백규는 그렇다면 물 아래쪽 땅은 빈 흙덩이인가? 또한
성곽 주위에 해자垓字를 두른 곳에는 기가 통하지 못하는가? 하고 의문을
제시하였다. 이 점에 관해서 풍수학에서는 원칙적으로 기는 물을 만나면
그치지만, 예외적으로 물밑으로도 암반 석맥줄기인 붕홍崩洪을 통하여 맥
이 이어지기도 한다고 설명한다.

한편 사격과 수세의 길흉화복론은 징험할 수 없으므로 얽매이지 말아
야 한다고 하였다.

> 또한 산수의 이치에는 진실로 아름다움과 추함이 있고, 사람의 화복에도 일
> 정한 운수가 없다. 장안(長安)이 어찌 좋은 풍수가 아니겠는가만, 한(漢)·당
> (唐)이 자리를 잡고는 3백여 년을 지냈는데, 그 나머지 나라들은 수십 년이나
> 4, 5십 년에 불과하였다. 금릉(金陵)이 어찌 좋은 산수가 아니겠는가만, 손호
> (孫皓)는 사로잡혀 죽었고, 창명(昌明)은 시해를 당했고, 소연(蕭衍)은 굶어 죽
> 었고, 숙보(叔寶)는 우물에 빠졌다. 이는 필시 붙잡히고 시해당하고 굶주리고
> 물에 빠져 죽는 등의 사격과 수세가 있겠지만, 만일 일제히 점을 쳐서 징험해
> 보면, 어찌 저곳에는 있는데 이곳에는 없으며, 이곳은 힘들어 어려운데 저곳은
> 느긋하단 말인가. 사격과 수세에 얽매여서 보지 말아야함이 대개 이와 같다.56)

산수의 이치에는 아름다움과 추함이 있고, 사람의 화복에는 일정한 운
수가 없는 법이다. 중국의 역사적 사실로 보아도 징험할 수 없으므로, 사
격과 수세로 길흉을 논할 수 없다. 따라서 사격과 수세의 길흉론에 얽매
이지 말아야 한다. 용맥이 먼지 가까운지, 과협過峽이 어떤 글자 모양인지,
오행상 어디에 속하는 모양인지 하는 설은 참으로 한 번의 웃음거리에 지
나지 않는다고 강조하였다.

는 말은, 『人子須知』의 '論支龍'편과 장서의 '氣乘風卽散 界水卽止'에서 따온 것'으
로 설명한다.
56) 『존재전서』 상, 권10, 「원풍수」, 306쪽.

(3) 형세파 이론의 수용

앞에서 보았듯이 위백규는 주자의 「산릉의장」의 형세론 풍수설을 지지
하고, 술가들의 이기파 풍수를 배척한다.

> 대체로 천지에는 정기가 모이는, 그런 땅이 저절로 있기 마련이다. 대개 「산
> 릉봉사」에서 말하는 '다섯 요체가 온전히 갖추어졌다.'는 말은 술가의 어느 산,
> 어느 물이라는 설과 다르다.57)

위백규는 주자의 「산릉의장(산릉봉사)」에 제시한 좋은 땅의 5요소 같은
형세론은 지지하는 반면, 어느 산 어느 물이라는 술가들의 이기파 풍수는
부정한다. 주자는 택지의 기준으로서 그 주세主勢의 강약, 바람과 기의 취
합과 분산, 물과 흙의 심천, 혈장의 편정偏正, 전체적 역량의 정부 등 5항
목을 제시하였다. 이러한 입장은, 정자가 「장설」에서 말한, "터를 잡는 다
는 것은 그 땅의 좋고 나쁨을 정하는 것이지, 음양가들이 말하는 화복을
추정하는 것이 아니다."는 논지와도 같다.

(4) 이기파(풍수화복론)의 부정

위백규는 이기파의 제설을 모두 부정한다. 우선 산 모양의 형상을 5성,
9성 등으로 오행을 붙여 상생 상극을 논하는 것은 옳지 않다고 한다.

> 술가는 또 5성의 만두(巒頭)로 상생과 상극을 논한다. 가령 가로로 보면 토
> 성이고, 옆으로 보면 금성이고, 비껴 보면 수성이거나, 한쪽에서 목성이 되고
> 한쪽에서 화성이 된다면 이미 오행중 주된 기운이 없는 것이니, 어디를 따라
> 상생과 상극이 있겠는가. 그들이 9성의 형상을 논하는 것도 이와 같다.58)

---

57) 『존재전서』 상, 권10, 「원풍수」, 307쪽.
58) 『존재전서』 상, 권10, 「원풍수」, 305쪽.

한국풍수사에서 고려시대까지는 형세론이 주류를 이루다가, 조선초기 호순신胡舜臣의『지리신법』이론이 도입되고 나경이 본격 사용되면서, 풍수론과 명리학이 습합된 이기파가 성하게 되었다. 이기파의 주된 이론이 음양오행의 상생상극관계로 길흉화복과 발복풍수를 논하는 것들이고 술수풍수에서 주로 이용되었다. 위백규는 산을 오행으로 논할 경우 보는 방향에 따라 각기 오행의 모습이 다르거나 두 가지 이상의 오행에 속하기도 하는 등 오행적용은 무리이므로 5성, 9성론 같은 이기파의 주장은 옳지 않다고 다시 한번 부정하였다.

> 그러나 큰 요점은 이 몇 조목에서 벗어나지 않는다. 그 술수가 정밀할수록 더욱 어리석고, 높은 체할수록 더욱 망녕스럽다. 단지 화복 두 글자가 사람의 마음을 압박하고 사람의 눈을 어둡게 해서, 온 세상이 이에 빠져 있으면서도 깨닫지 못하는가.[59]

그는 사람들이 술사들의 술수에 넘어가 미혹되는 근본원인은 추길피흉 하려는 인간의 욕망, 즉 화복이 눈을 멀게 하기 때문이라고 갈파하고 풍수술사 맹신을 통탄하였다.

위백규는 풍수발복론은 주자와 채시산蔡西山의 사례 등 역사적 사실로 징험해 봐도 부합하지 않는다고 부정하였다.

> 주부자의 총명하고 정밀한 연구가 반드시 서선술이나 양진인(楊眞人)과 같은 부류보다 못하지 않았다. 더구나 채계통(蔡季通)과 상의하여 위재 주송(韋齋 朱松 : 즉 주자의 아버지)을 장례 지냈는데, 어찌하여 큰아들을 먼저 죽게 하였는가. ⋯ 채서산 역시 어찌하여 할아버지와 아버지의 산소를 스스로 잘 고르지 못해, 머리가 희어져 머나먼 만리 밖으로 유배를 가는 지경에까지 이르렀단 말인가?[60]

---

59)『존재전서』상, 권10,「원풍수」, 306쪽.
60)『존재전서』상, 권10,「원풍수」, 306쪽.

위백규는 풍수발복론의 징험을 위해 문왕과 주공의 고사, 주자와 채서산蔡元定의 사례를 들어 발복론을 부정한다. 주자나 채서산이 길지에 조상을 모셨는데도 자식이 요절하거나, 유배형을 받는 화를 당하기도 했다. 소위 발복풍수는『장경』에서 말하는 '신의 조화권능을 빌려다가 천명을 바꾼다'는 '탈신공奪神功 개천명改天命'의 발복론을 주장하였으나, 위백규는 풍수설의 발복론이 근거가 없음을 역사적 사례로 징험하여 밝히고 있다.

> 술가의 여러 설들은 틀리고 황당해서 사리에 맞지 않음이 모두 이와 같으니, 거기에 집착하여 미혹할 게 아님이 분명하다.[61]

위백규는 이기파와 화복론 풍수설을 논증한 후에, 결론적으로 술가들의 여러 설은 황당하고 사리에 맞지 않으니 미혹되지 말라는 경계로써 결론을 맺는다.

(5) 물형론

위백규는 물형론(형국론) 화복설은 말이 되지 않는다고 부정한다.

> 또한 물상으로써 형체를 갈파한다고 하니, 더욱 말이 되지 않는다. 가령 백성들이 둥지 모양의 띠풀을 엮어 살기 이전의 원시 시대에 용루보전(龍樓寶殿)[62]이 과연 무슨 모양인 줄 알았단 말인가. 구덩이에서 손으로 물을 떠서 마시던 때에 금반옥배(金盤玉盃)가 과연 어떤 물건이었더란 말인가. … 사격이 관복이나 기물의 형상을 취하는 것 같은 경우에 이르러서는, 역대의 변천이 일정하지 않는데 모두 당송 이후의 형상으로 빗대어 논하였으니, 나는 당송 이전에는 이러한 것들이 과연 어떤 사격이었는지 모르겠다. 더구나 중국과 그 밖의 나라들의 산형은 다르지 않지만 기물의 제도가 다르니, 누가 그 일정한 형상을 알 수 있겠는가.[63]

---

61) 『존재전서』 상, 권10, 「원풍수」, 307쪽.
62) 채성우(김두규 역해), 앞 책, 145~146쪽.
63) 『존재전서』 상, 권10, 「원풍수」, 305쪽.

이른바 물형론, 형국론에 대한 위백규의 비판적 견해이다. 물상으로 형체를 갈파한다는 물형론은 기물제도가 나라마다 각기 다른 점, 물형론 이전에도 그런 형국의 산천은 존재한 사실을 들어 주관성이 강하고 일관된 법칙성이 없다는 논리로 물형론을 부정하였다. 물형론에 따른 화복론은 당연히 부정되어야 한다.

그러나 오늘날의 시각에서 물형론의 본질적 함의含意를 잘 새겨보자면 유용한 시사점을 주는 풍수이론이다. 물형론은 자연을 인격화, 의인화, 의물화 함으로써 인간과 자연과의 상관성과 공생의 생태적 개념을 깔고 있다. 또한 물형론은 풍수학이 문화콘텐츠, 스토리텔링의 풍부한 자산이 될 수 있다는 측면에서 많은 영감을 줄 수 있다. 특히 땅을 볼 때 거시적 관점에서 지형을 파악하는 하나의 간산법, 접근법으로서는 유용한 사고틀이라고 볼 수 있다.

(6) 이상적인 장법

위백규는 바람직한 장사법葬事法에 대하여 자신의 견해를 밝혔다.

> 술자가 말하기를, "하늘이 사람 하나를 낳으면, 땅은 혈 하나를 낳는다."라고 하니, 어찌 지극히 어리석고 망녕스럽지 않는가. … 자연스럽게 우연히 얻으면 좋은 일이지만, 요행을 바래서는 안 되는 법이다. 협곡이나 구릉에 사는 사람은 산이 도탑고 실한가 만을 취하고, 들판에 사는 사람은 들판의 마른 땅을 취해서, 매장을 공경히 행하면 선 중에 선이 될 것이다.[64]

위백규가 제안하는 바람직한 장법이다. 화복론에 빠지지 말고, 자신의 분수에 맞는 적당한 땅을 골라서 공경한 마음으로 행하는 것이 최선의 장법이라고 바람직한 장법의 기준을 제시하였다. 천명에 순응하는 태도를 가지면서도 실사구시적이고 합리적인 매장법이다. 이러한 장사에 대한 실

---

64)『존재전서』상, 권10,「원풍수」, 307쪽.

사구시적 생각을 바탕으로 '묘제개혁론'을 제안할 수 있었을 것이다.

이상에서 논한 위백규의 풍수인식을 종합해 보자면, 주자와 정자의 풍수지침을 따르면서 음양택의 동기감응을 인정하는 점에서 풍수설을 수용하고 있다. 풍수고전이나 술가의 제설을 역사적 근거나 자연형성 원리를 들어 조목조목 논증한 후에 형세론 같은 합리성이 있는 부분은 취하고, 합리성이 입증되지 않는 불합리한 이론이나 화복론 같은 이기론은 배격하였다. 논증을 확실히 하기 위해 형세파는 취하고 이기파 이론은 버리는 식으로 양자 대비법을 써서 취사선택할 사항을 거듭 명백히 밝히고 있다.

〈표 Ⅴ-1〉에서 종합해보자면, 위백규는 형세파 이론 중에서 계수즉지界水卽止나 평지룡 이론 등에 일부 의문을 표하기도 하지만 대부분의 형세파 이론을 수용하고 있다. 반면에 이기파의 주장들은 철저하게 부정하고 있음이 명백히 드러난다. 또한 자신의 독창적인 점혈법을 '영법'이라고 명명하여 형세론적인 택지의 기준을 제시하였다. 술가들의 풍수화복론에 빠지는 원인은 인간의 탐욕에서 비롯됨을 갈파한 다음에 현혹되지 말 것을 당부하였다. 또한 바람직한 장사법을 제시하기도 하였으니, 연구방법론이나 내용면에서 실사구시적인 그의 풍수인식을 잘 보여주고 있다. 위백규의 「원풍수」에 나타난 풍수지리 인식을 풍수학에서 자주 쓰이는 개념으로 유형화하여 종래의 풍수설과 대비하여 요약해 보면 다음 〈표 Ⅴ-1〉과 같다.

〈표 Ⅴ-1〉 종래의 풍수설과 위백규의 「원풍수」 비교

항목	풍수설(풍수고전 또는 술가설)	존재의 「원풍수」에 나타난 풍수관
동기감응	동기감응(『장경』, 주.정자)	양택, 음택의 동기감응 인정
소주길흉	지인상관, 적덕자명당취득	천지인상응, 소주길흉 인정
형세파	-'산이 분수령이다' -산천형성 -평지는 한치 높아도 산 -주자「산릉의장」, 형세론풍수 *정자의 택지법; 땅의 미추	-낮은 데로 가는 물의 성질에 기인 -풍과 수의 작용으로 산천 형성 -평지의 용맥결정은 의문? -「산릉의장」의 형세론 풍수 수용 *존재의 점혈법 ; 형세 중시의 '영법'

이기파	-귀천의 맥기가 이어져 결혈	-부정
	-어느 산 어느 물이라는 설	-부정
	-상생상극, 길흉론 택지법	-부정
	-산형의 5성, 9성 등 오행론	-부정
	-천성 24위 음양 길흉론	-부정
	-입수룡마디 귀천의 24기	-부정
	-풍수발복론	-부정
	-황당한 술가제설	-사리에 불부합, 미혹되지 말자
용론	-용맥이 맥통따라 순차형성	-용맥은 동시에 형성
	-용맥의 24위 길흉 귀천론	-부정
	-용맥은 맥통에 따라 이어짐	-용맥은 동시에 생성됨
	-평지룡,평양룡의 용맥분간	-분별이 어려움
혈론	-결혈의 원리	-풍수교회, 국세환포로 결혈
	-혈의 갯수와 혈장의 크기에 따라 집단묘 제한	-역사적으로도 배장, 순장, 가족장과 같은 집단매장 제도 시행
	-묘소 근접시 설기, 맥눌림	-통론이 아님
사수론	-물을 만나면 기가 머문다	-계수즉지 원리는 의문?
	-사격, 수세에 따른 화복론	-징험불가, 얽매이지 말아야
물형론	-물상으로 형체를 갈파	-법칙성이 없으므로 부정
장법	-명혈길지 구산, 풍수발복	-화복욕망 초월, 분수껏 적지선정, 공경한 마음으로 모시면 최선의 장법

3) 위백규의 「원풍수」와 정약용의 「풍수론」

「원풍수」에 나타난 위백규의 풍수인식의 기본적 인식을 간추려 보면, 주자의 「산릉봉사」를 직접 인용한 데서 알 수 있듯이, 기본적으로는 정자와 주자의 형세론 풍수, 동기감응설 논지를 수용하고 있다. "좋은 땅에서 태어나면 뛰어난 인물이나 진장이 된다"거나, "길한 혈에 매장하면 상응하기가 이와 같다."고 하여 음택과 양택을 막론하고 동기감응론을 폭넓게 인정하고 있다. 따라서 그는 이른바 '반풍수론자'는 아님이 명백하다.

나아가 "오직 큰 복덕이 있는 사람만이 길지를 차지할 수 있다"는 언급에서 '적덕자 명당취득론', '소주길흉론'을 인정하는 태도를 취한다. 다음

으로 땅과 사람과 하늘은 상관한다는 '천지인상관설'에 대해서는 "천지인
은 모두 한 몸이고 이치가 둘이 아니라는 사실을 증명할 수 있다."고 하였
다.[65] 또한 "길지명혈을 자연스럽게 우연히 얻으면 좋은 일이지만, 요행
을 바라서는 안 되는 법이다." "명혈을 사람의 힘으로 도모하고자 하나 명
운은 하늘에 달려있다."[66]고도 하여, 길지를 만나는 것은 사람의 운수와
하늘의 뜻이라는 '천명설'을 내비치고 있다.

'소주길흉론'과 '천지인상관설'을 수용하면서, 나아가 명당길지를 얻는
것은 '하늘의 뜻, 곧 천명'이라고 보는 것은 성리학의 천명설과 상통한다.
이러한 풍수인식은 "길지를 만나는 것은 하늘의 뜻이고 가운에 달린 일이
지 사람이 구한다고 억지로 되는 일은 아니다."는 황윤석의 풍수관과도
유사한 인식이라 할 수 있다.[67]

> 유독 명혈의 경우에는 사람의 힘으로써 도모한다. 생사는 한 가지 이치이고
> 명운은 하늘에 달려 있는데, 다만 죽은 자는 속이기 쉽고 썩은 뼈는 공허하고
> 하찮다고 보아 이리저리 희롱하고 꾀를 부린다.[68]

위백규는 바람직한 점혈법으로 형세론을 기초로 한 터잡기 방법인 '영
법'이란 독창적인 택지법을 제시하고 있다. 반면에, "신령스런 나경으로
부귀영화와 장수를 보장할 수는 없다."고 하여, 이기파 풍수를 철저히 부
정한다. 나아가 풍수술사들의 화복론, 길흉론, 이기파들의 5행, 9성, 24위
등으로 화복을 점치는 술사들의 논리는 철저히 비판하고 미혹되지 말아야
한다고 경계하였다.

「원풍수」와 위백규의 저술에 나타난 풍수인식의 특징은 한 마디로 실

---

65) 『존재전서』 상, 권10, 「원풍수」, 307쪽.
66) 『존재집』 권17, 잡저 「五荒解」.
67) 유기상, 앞 논문, 416쪽.
68) 위백규(서종태 역), 2013, 『존재집5』, 흐름출판사, 83쪽, ;『존재집』 권17, 잡저 「五
荒解」.

사구시적 풍수지리 인식이라 하겠다. 그간 이른바 '반풍수론'으로서 자주
소개되었던 이익, 홍대용, 정약용 같은 실학자들의 비판은 풍수학 제설 중
음택의 '동기감응론' 일부를 부정하는 저술의 한 구절을 가지고, 마치 풍
수학 전체를 부정한 것으로 결론지었던 방법론상의 오류가 있었다.

유학자나 실학자 중 별도의 풍수논설을 남긴 것으로는 정약용의「풍수
론」이 대표적이다.[69] 위백규의「원풍수」와 정약용의「풍수론」을 비교해
보면, 위백규는 풍수고전이나 술가들이 말하는 풍수설의 용, 혈, 사, 수,
물형론 같은 조목들을 낱낱이 논증한 후에 자신의 견해를 밝힌 다음에 논
지의 취사선택을 분명히 하였다. 이러한 점에서 본격적인 풍수학 전문논
설이라고 평가할 만하다.

반면에 정약용의「풍수론」은 구체적인 풍수설에 대한 비판이나 논증은
거의 없고, 풍수화복설 관련 사회병리현상에 대한 비판이 주가 되어 있으
므로 엄밀한 의미에서 말하자면 풍수학 논설이라 하기 어렵다. 정약용의
「풍수론」 논지를 살펴보면 아무래도 풍수학과 도참설 내지는 술수풍수를
구분하지 않고 술수나 점복, 도참설 등이 습합한 술수풍수나 도참설을 아
울러 논박하지 않았을까 생각된다.[70]

정약용은 윤리적, 도덕적, 역사적인 논거만으로 풍수설을 통째로 부정
하는 '반풍수설'을 전개하였다. 이는 풍수이론 자체에 대한 논리적 비판이
아니라, 풍수설과 관련된 산송남발, 묘지쟁탈전과 발복풍수 맹신 현상 같
은 시폐에 대한 사회개혁론 차원의 제도적 비판이었다고 보여 진다. 이익

---

69) 정약용,『다산시문집』권11, 논「풍수론」; 정약용(박종천 역) 2015,「俟菴風水論」
    『다산 정약용의 風水集議』, 사람의 무늬, 173~184쪽.
70) 정약용의「풍수론」 5편 중「풍수론」 3편 일부분만 이기과 풍수를 비판한 것으로
    볼 수 있다. 나머지는 어버이 장사지내는 데 복을 구하는 것은 효심이 아니다.(풍수
    론1), 지사가 명당을 찾았으면 제 부모를 쓸 일이지 왜 고관대작에게 바치느냐?(풍
    수론 2), 풍수술은 마술같은 속임수다.(풍수론4), 조선과 중국의 유명한 지사치고
    후손이 잘된 사람이 없으니 풍수발복론은 허황하다.(풍수론5)는 식의 논지여서, 풍
    수이론에 대한 논설로 보기는 어렵다.

과 홍대용의 '동기감응' 부정도 구체적 풍수이론에 대한 변론은 아니라는 점에서 유사한 논지라 할 수 있다.

그러나 위백규는 풍수고전이나 술가들의 풍수설을 조목조목 들추어내면서, 다양한 실증적 검증방법을 통해 자신의 주장을 전개하였는 바, 방법론 측면에서도 실사구시적인 접근법을 보여 준다. 나아가, 그 내용에 있어서도 풍수학 이론 중 취할 점과 버릴 부분을 명확히 구분하여 자신의 확고한 풍수인식을 제시하였다. 또한 현재 풍수학의 눈높이로 보더라도 선구적인 견해인 '영법'이란 독창적인 점혈법과 바람직한 장사법을 제시한 것은 주목할 만하다.

이러한 점에서 지금까지 알려진 유학자의 풍수논저 가운데 가장 정밀하고 체계적인 풍수논설로 평가할 수 있다고 본다. 그의 실용적이고 합리적인 풍수사상은 '물형론' 비판 같은 일부를 제외하고는, 오늘날의 잣대로 보더라도 그대로 받아들일 수 있는, 매우 합리적인 풍수사상이라고 여겨진다.

3. 산송의 폐해와 '묘지제도개혁론'

조선후기에 사회적 갈등과 모순이 심화되었는데, 실학자의 사회개혁사상들은 대부분 이러한 시폐를 지적하면서 개혁방안을 제시한 것이라 할 수 있다. 위백규는 땅끝 벽지에서 궁경독서하면서 현실을 목도하고 개탄하면서 시폐를 지적하고 구체적인 정책대안을 제시하였다. 그 중의 하나가 산송과 묘지의 시폐를 고발하면서 제안한 산송예방책과 '묘제개혁안'이다. 이 점은 다른 실학자들이 주로 정치, 경제적 시폐에만 치중한 것과는 다른 점으로, 농촌의 현실을 몸으로 체험한데서 나온 사회개혁론이다.

위백규는 "묘지의 폐해로 산과 언덕이 만신창이가 되었다."[71]고 통탄하면서, 묘지의 시폐를 조목조목 밝히고 있다. 그의 사회개혁사상이 잘 나타난 「봉사封事」에서 시폐 29가지를 지적하였는데 마지막으로 묘지의 시폐를 실감나게 지적하였다.

> 스물아홉 번째는 묘지의 폐단입니다. 사람이 죽은 뒤 산에 장사 지내는 일은 귀한 사람이나 천한 사람에게 두루 속합니다. 근세에 풍수설이 성행하자 부귀한 집안에서 먼저 이러한 망녕된 말에 미혹되어 묘소를 수호하는 여러 절목이 앞 시대보다 백배나 많아졌습니다. … 모두 주산·안산·좌청룡·우백호에 타인의 묘를 금지시켜 무덤 하나가 몇 사람을 장사 지낼 땅을 점거한 경우이겠습니까. 『경국대전』의 보수를 정한 법이 마침내 쓸모없어졌습니다. 장사 지내면서 송사가 벌어지지 않는 경우는 백에 한둘도 없습니다. 그러나 도처의 관장(官長) 또한 공정하고 명백하지 못해, 금해서는 안 되는 곳에 쓴 무덤을 파내게 하기도 하고, 반드시 금해야 할 곳에 장사 지내도록 허락하기도 합니다. 이 때문에 점차 서로 맹렬히 본받아 온갖 폐단이 거듭 일어나니, 일은 죽은 부모와 관련이 있으나 마음은 화복에 미혹되기도 하고, 양쪽이 말로 다투다 모두 칼과 창을 휘두르게 하고, 양쪽이 욕심을 부리다 모두 물과 불의 재앙에 빠지기도 합니다.
> 관아에 낸 소장의 반이 장사 지내는 데 관한 것이고, 사형이나 도형(徒刑)이나 유배형에 처해지는 사람들의 반이 묘에 관한 소송사건의 당사자들입니다.[72]

그는 산송이 벌어지지 않고 장사지내기가 백에 한둘에 불과할 만큼 당시 만연하던 산송과 금장의 폐해를 생생하게 비판하였다. 첫째, 세력가들의 금장, 금표의 확대가 『경국대전』의 보수규정을 쓸모없게 할 정도로 심각하였고, 둘째 관아에 낸 소장의 반이 장사지내는 데 관한 것이고, 셋째, 사형이나 도형徒刑이나 유배형에 처해지는 사람들의 반이 산송사건의 당사자들이라고 하여, 당시 산송과 묘지쟁탈전이 얼마나 심했는지를 밝혔다. 또한 산송을 처결하는 수령들의 판결과 법집행도 불공정하거나 명백

---

71) 위백규(오항녕 역), 앞의 책, 351쪽.
72) 『존재집』 권3, 疏, 「封事」.

치 못하여 송사가 끊임이 없고 재앙에 이르고 있음을 개탄하였다.

위백규의 생생한 지적에서 알 수 있듯이 심각한 묘지쟁탈전과 산송문제는 조선후기 중앙과 지방정부를 막론하고 실질적인 국정현안 문제의 대부분을 차지하였다. 산송의 배경으로 풍수지리설과 유교의식을 들기도 하고, 고려시대에 비해 조선시대에 산송이 급격히 증가한 요인의 하나로 매장방식이 고려는 불교의 영향으로 화장선호에서, 조선은 유교의식에 따라 상례와 제례를 중시하여 명당을 택지하여 안장하는 관례가 원인이 되기도 하였다.73) 조선후기 조정의 국정현안의 대부분이 묘지풍수와 관련한 산송이었음은 "요사이 상언한 것을 보자니 산송이 10의 8, 9나 되었다."는 영조의 발언74)에서 알 수 있다. 또한 규장각 소장문서를 분석하면 산송관련 소지류所志類가 1,167건이나 되고, 그 가운데 투장, 금장 등 분산 수호권 소송이 819건으로 전체의 7할을 차지75)할 만큼 심각한 현안이었다. 조선후기 지방수령의 업무 중에도 사송이 가장 큰 비중을 차지하였으며, 사송의 대부분은 산송문제였다.76)

산송은 외견상 풍수설에 기인한 것처럼 보이고 쟁송과정에서도 풍수설이 주로 인용되었으나, 실제로는 경제적 다툼이었다. "조선후기 빈번하게 발생했던 산송은 기본적으로 묘지를 둘러싸고 벌어지는 분쟁이었지만 그것을 자세히 살펴보면 오히려 산지점유권이나 이용권을 둘러싸고 벌어지는 경제적 이익분쟁의 성격이 강하였다. 여기에는 사회 각 세력 간의 이해와 갈등이 내재되어 있었기 때문에 다른 소송에 비해 매우 치열하게 전개되었으며, 그래서 곧 커다란 사회문제로 대두되었다"고 지적한 전경목의 연구는 타당하다고 판단된다.77)

---

73) 전경목, 1996, 「조선후기 산송연구」, 전북대학교 박사학위논문, 180쪽.
74) 『영조실록』 권11, 3년(1727) 3월 20일(정미).
75) 김경숙, 「18~19세기 사족층의 분산대립과 산송」, 『한국학보』 28권4호, 2002, 60쪽,
76) 노혜경, 2006, 『18세기 수령행정의 실제: 황윤석의 『이재난고』를 중심으로』, 연세국학총서 83, 299쪽.

그렇지만 겉으로는 풍수설을 명분으로 심각한 산송이 만연하였으므로, 산송의 주요원인으로 풍수설을 지목하고 있었고 술수풍수와 산송은 심각한 사회문제였던 것이다. 위백규는 이처럼 심각한 시폐를 해결할 대안으로 산송의 예방책과 묘지제도 개혁방안을 제시하였다. 그는 묘지제도를 지금 개혁하지 못하면 앞으로는 수장이나 화장 하는 수밖에 방도가 없으니 시급히 해결해야 한다고 주장하였다.

그러한 정책대안으로서 한 묘역을 마련하여 집안 대대로 순차적으로 장사하자는 일종의 가족묘지 제도를 제안하였다. 그는 가족묘지 제도는 역사적으로 주나라 관제에도 있어서 역사적 타당성도 있고, 합리적인 현실적 대안이라고 하였다. 금장의 논거로 들고 있는 결인처結咽處와 내룡에 묘를 쓰면 맥을 눌러 혈을 상한다는 풍수설은 근거가 없다고 하여 풍수상으로도 가족묘제가 문제가 없다고 논변하였다. 품계에 따라 금장의 범위를 점차 축소해나가면 좋을 것이라는 점진적, 합리적인 묘제개혁론을 제시한 것이다.

> 묘지제도 개선대책(冢地)[78]
> 풍수설의 성행이 오늘에 와서 극에 이르고, 무덤의 금단이 오늘에 와서 극에 이르고, 인물의 못나고 어리석음이 오늘에 와서 극에 이르렀으니, 조금이라도 식견이 있는 자라면 거의 스스로 깨달을 수 있으리라. 묘지의 쟁탈과 금단이 이처럼 그치지 않는다면, 훗날 죽는 사람은 수장하거나 화장하는 수밖에 다른 방도가 없을 것이니, 어찌 어진 사람이 대수롭지 않게 바라볼 수 있겠는가. … 주나라 관제에 가족장 제도가 있었다. …지금 장사 지내는 자로 하여금 묘역 안에 혈도의 넓고 좁음과 크고 작음에 따라 대대로 장사 지내는 것을 법으로 삼게 한다면, 어리석은 지관의 해로운 풍수설에 미혹되지 않을 것이다. 이미 한 묘역을 마련하여, 혹 3, 4대를 장사 지내고 8, 9대에 이르도록 광(壙)을 팔 수 있다면, 이를 가족장이라 하는 것이 옳다. …『주례(周禮)』에 "도랑으로

77) 전경목, 「조선후기 산송의 한 사례 : 전라도 입석리 세거 '독배기신씨' 송송(松訟)을 중심으로」『고문서연구』 14, 1998, 69쪽,
78) 『존재집』 권19, 「政絃新譜」.

구별한다.79)"라는 글이 있으니, 여러 사람을 한 묘역에 묻었음을 알 수 있다. 한 묘역에 남은 터가 없게 된 뒤에야 다시 다른 묘역을 차지한다면, 장사 지낼 땅이 절로 넉넉해져서 다투어 송사하는 일이 점점 그칠 것이다. 압맥(壓脉)의 설은 더욱 이치에 맞지 않으니, 곁인 윗부분에는 압장(壓葬)하더라도 전혀 해가 없다. 하물며 청룡과 백호나 묘혈의 아래쪽이겠는가. 1, 2품의 묘는 내청룡 내백호로 한정해서 차례로 감소시키다가, 유음(有蔭)에 이르러서는 시신을 묻을 묘혈만으로 한정하고 나무나 풀을 함부로 베지 못하도록 하여 가꾼다. 그리한다면 바야흐로 천리에 합치되고 집안의 복을 누리는 힘이 길고 멀리 미쳐, 성스럽고 지혜로운 사람과 영특하고 준수한 사람, 경상(卿相)과 부귀 또한 그 가운데서 저절로 나올 것이다.

실제로는 가장 시급한 민생의 시폐이면서도 정치, 경제적인 거시적 제도개혁 명분에 함몰되어, 실제적이며 현실적 문제인 산송예방과 묘지제도 개혁 같은 데는 착안하지 못한 근기지역의 실학자들과는 달리, 토박이 실학자 위백규의 개혁사상이 돋보이는 부분이다.

위백규는 또한 무수한 백성들을 범법자로 만드는 산송의 근원적 방지를 위해서 현실적인 정책대안을 제시하였다.

> 벼슬아치와 일반 백성은 장례 날짜를 이미 정하면 해당 면의 도정(都正) 이하 여러 면임(面任)에게 그 사실을 알린다. 이때 벼슬아치의 경우에는 도정이 묘역에 관한 일을 가서 돕고 장례 지내는 날에 호상(護喪)한다. 일반 백성의 경우에는 풍헌(風憲)이 묘역에 관한 일을 가서 돕고, 약정(約正)이 장례 지내는 날에 호상한다. 큰 장례는 풍헌과 약정이 감독하고, 보잘것없는 어린 사람의 장례라 하더라도 풍헌과 약정에게 알려 장부에 모두 기록한다. 그리하여 다투어 소송하는 일이 있을 때, 이를 증빙 자료로 삼아 위반 사항이 있는 면임에게 죄를 준다. 만일 면임의 장부에 기록되어 있지 않으면 모두 투장으로 논죄하여, 거리가 멀고 가까움을 막론하고 관아에서 날을 기다리지 않고 즉시 파서 옮긴다. 만일 부모나 아내를 투장한 자라면 인정과 천리를 모두 잃었으니, 그

---

79) 우리나라에도 마한시대에 묘역 주변을 둥글게 도랑을 둘러 묘역을 구분한 일종의 가족묘제인 주구묘제(周溝墓) 묘제가 있었다. 전주, 익산, 천안 등 옛 마한지역에서 주구묘 유적이 많이 발굴되었다.

와 더불어 같은 나라에서 함께 살 수 없으므로, 한결 같이 모두 먼 변방의 군대
에 넣어 일생을 마치게 한다.[80]

상가에서는 장례시에 도정과 면임에게 알리면, 관아에서는 현장에 책
임관리를 파견하여 장례절차도 도와주고 장사절차를 현지 지도하여 산송
소지를 근원적으로 예방하게 한다. 나아가 장사관련 절차와 자료를 장부
에 기록하여 혹시라도 후에 산송이 발생하면 이를 증빙자료로 삼아 공정
하게 재판을 처결하도록 한다. 특히 산송이 오래 끄는 이유 중 하나는 불
법투장이라 하여 굴총을 하도록 판결하는 경우에도 굴총 기한을 어기고
처벌을 감수하며 버티는 사례가 빈번했기 때문이었다.

이러한 점에 착안하여, 위백규는 법 집행력 강화를 위해 판결과 동시에
묘지의 원근을 가리지 말고 즉시 강제집행 하도록 하였다. 특히 부모나
아내를 투장한 자는 보다 엄벌하도록 하여 먼 변방의 군대에 평생 보내는
등 산송의 근절방안과 산송예방을 위한 법의 실행력 강화방안까지도 제시
하였다. 현장의 문제를 정확하게 간파한 구체적인 방안으로서, 현실성과
실행가능성, 적실성適實性을 두루 갖춘 빼어난 정책대안으로 평가된다.

4. 위백규 풍수관의 특징

이 장에서는 위백규의 「원풍수」를 분석하고 그의 풍수지리 인식과 '묘
제개혁론'을 살펴보았다. 풍수설에 대한 입장에서 조선유학자들 대부분은
"풍수의 이치는 꼭 있다고도 할 수가 없고 그렇다고 꼭 없다고도 할 수가
없다."는 이른바, '불가신不可信 불가폐不可廢'의 양가적兩可的 태도가 주류
였다. 정약용은 "쟁론을 이런 식으로 판결하는 사람이라면 그는 선비가

---

80) 『존재집』 권19, 「政絃新譜」

되기도 어렵다.81)"고 질타하면서, 이러한 이중적 태도를 혹독하게 비판하였다. 그는 음택의 '동기감응'을 부정한 이익, 홍대용 등의 실학자들과 함께 풍수설 전체를 부정하였다는 이른바 '반풍수론'을 대표한다.

이에 반해 위백규는 풍수이론 중 합리적인 부분은 취하고, 이기파 풍수, 길흉화복론, 술수풍수 같은 불합리한 것만을 철저하게 배격하였다. 이른바 믿을 만한 부분은 취하고, 믿을 수 없는 것은 버리자는 '가신 가신可信 可信 불가신 가폐不可信 可廢'의 실사구시적 입장을 견지하였다. 풍수설 전체를 통틀어 이분법으로 옳다, 그르다고 단정함은 방법론적 잘못이다. 위백규는 풍수학의 내용 가운데서 옥석을 가려내고 취사선택을 해야 한다는 입장에서, 합리적인 제3의 결론을 제시한 것이다. 이런 점에서 그의 풍수학에 대한 접근법과 풍수인식은, 내용과 방법론 양면에서 실사구시 사상이라 할 수 있다.

특히, 자신만의 독창적인 명칭을 사용한 점혈법인 '영법'이라고 하는 일종의 형세론 택지법 내지는 간산법을 독창적으로 제시한 것은 특기할 일이다. 그의 터잡기법인 '영법'은 자연과의 상생의 아름다움을 추구하는 바람직한 점혈법이라고 보인다. 한편 풍수가 미신으로 비하되고 술수로 인식되게 만드는 주요인이던 이기파 풍수나 풍수화복론과 같이 불합리한 풍수술사들의 논리는 체계적인 실증논리로 철저하게 논박하였다. 앞으로의 풍수학 재정립의 방향을 제시하는 합리적인 풍수지리 인식이라 할 수 있다.

위백규의 사회개혁론으로서의 '묘지제도개혁론'과 산송예방대책은 실효성과 적실성을 두루 갖춘 뛰어난 개혁방안이다. 정치, 경제, 교육 등 거시적 사회개혁론에 가려져 그간 햇볕을 못 보았지만, 250여년이 지난 오늘날에도 여전히 통용될 수 있을 만큼 현실적인 개혁론이다. 국토의 효율

81) 정약용,『다산시문집』권11, 論「風水論」; 정약용(박종천 역) 2015,「俟菴風水論」
『다산 정약용의 風水集議』, 사람의 무늬, 173~184쪽.

적 이용관리 측면에서 오늘날에도 현안 정책과제로서 장묘문화개혁 범국
민운동이 전개되고 있다.[82] 또한 학위논문만 200여 편이 넘는 '묘지제
도'[83]개혁의 선구적 정책대안이란 면에서 조명되어야 할 사회개혁론이다.

---

82) 박복순외, 2009, 『장묘문화개혁운동 10년』, 장묘문화개혁범국민협의회.
83) '묘지제도'관련 자료 검색결과, 현재 석박사 학위논문 207건, 기타논문 자료 1,604
    건으로 나타나 묘지제도 개혁과제는 여전히 현재진행형 정책의제임을 알 수 있다.
    (학술연구 정보서비스 RISS검색, 2015. 7. 20 현재)

제6장

희세의 통유, 여암 신경준의

삼교회통과 풍수사상

- 스스로 묏자리를 잡은 여암,

풍수이론으로 한시창작법을 짓다 -

이 장에서는 여암 신경준(1712~1781)의 풍수지리 인식과 신경준 집안의 풍수생활 전통을 살펴보려고 한다. 그는 이교구류[1])에 두루 달통하여 당대에 박학지재, 경제지재라는 평가를 받았고, 오늘날에도 국학정신의 온상, 또는 '국토와 도로의 개념을 발견한 실학자'라고 평가되고 있다.[2]) 신경준은 당대의 박학지재답게 여러 분야의 많은 저술을 남겼는데, 특히 국토와 지리관련 저술이 많았다. 그동안 신경준의 지리서와 지도관련 연구는 많았지만, 그의 풍수지리 인식을 조명한 연구는 아직 없다.

신경준 사례연구를 위해 문헌연구와 현지 풍수답사를 병행하였다. 수많은 지리관련 저술을 남긴 신경준도 별도의 풍수관련 저술이 아직 발견되지 않은 것으로 보이므로, 먼저『여암전서旅菴全書』,『여암유고旅菴遺稿』등 그의 저술들과 관련 사료를 풍수지리라는 창으로 살펴보았다. 아울러 그의 학문과 사상의 배경이 되었고, 그의 풍수생활 흔적들이 오롯이 남아있는 순창 남산대의 여암생가 터, 남산사 등 고령신씨 세거지, 귀래정, 순창과 곡성 인근에 산재한 고령신씨 귀래정공파 집안 묘소 등을 답사하였다.[3])

---

1) 본디 이교는 불교와 도교를, 구류는 춘추전국 시대의 제자백가 중 유가, 도가, 음양가, 법가, 名家, 墨家, 縱橫家, 잡가, 農家 등의 아홉 학파를 가리키나, 여기서는 유·불·선 제자백가를 통틀어 일컬었다.
2) 이종범, 2003,「신경준 - 국토와 도로의 개념을 발견한 실학자」『역사비평』62, 역사비평사.
3) 유기상, 2015,「여암 신경준의 풍수지리 인식」『전북사학』47, 전북사학회.

1. 신경준의 회통(會通)사상과 풍수

1) 회통사상의 배경

여암 신경준은 자가 순민舜民이고 호는 여암旅庵이며 전라도 순창 출신이다. 그는 박학하고 현명하며 기억력이 뛰어나 유교경전으로부터 '이교구류'까지 널리 해박하였다. 또한 천문, 지리, 성률聲律, 의복醫卜 등에 관한 학술, 역대의 해외 기벽奇癖의 서책에도 그 오묘한 것을 섭렵하지 않은 것이 없고, 더욱이 우리나라 산천의 길이와 높이에 정통하였다.4)

사환은 1754년(영조 30) 증광문과에 을과로 급제하여 43세에 시작하였다. 승문원을 거쳐 휘릉별검, 병조와 예조의 낭관, 장령을 지내고 1762년 서산 군수, 이어 장연 현감, 헌납, 사간, 종부시정宗簿寺正 등을 역임하였다. 1770년 『동국문헌비고』 편찬시 「여지고輿地考」를 맡아 완수한 공으로 동부승지, 병조참지가 되었고, 이어 「팔도지지」와 「동국여지도」를 완성하였다. 1771년 북청 부사, 1773년 좌승지, 강계 부사, 순천 부사, 이듬해 제주 목사를 끝으로 1779년 고향 순창에 귀향하였다. 저서에는 『여암유고』, 『소사문답素砂問答』, 『문장준칙장자선文章準則 莊子選』, 『의표도儀表圖』, 『시칙詩則』, 『훈민정음운해』 등이 있다. 지리관련 저술로는 『강계고疆界考』, 『산수고』, 『도로고』, 『사연고』, 『가람고』, 『산경표』 등이 있다.

신경준이 거의 유일하게 평생 교유하였고, 신경준을 누구보다도 잘 알았던 지음知音인 이계 홍양호耳溪 洪良浩는 『여암유고』 서문에서 신경준을 진실로 드문 굉재宏才이며, 희세의 통유通儒라고 평하였다.5)

---

4) 현상윤(이형성 교주), 2010, 『현상윤의 조선유학사』, 심산, 482~483쪽. 기타 신경준의 생애와 저술에 관해서는 행장과 묘갈명 등을 참고 발췌하였다.

5) 홍양호는 신경준의 발탁부터 관직생애 평생을 후원하며 교유하였다. 서로 知音인 두 사람은 박학이라는 공통점 외에, 풍수지리를 중시한 집안내력 측면에서도 공통

말로 드러낼 때는 왕왕히 궁색하지 않고, 드러냄이 있는 곳에서는 모두 꼭
들어맞으며, 글을 이룰 때면 앞 사람의 입에서 나온 말을 답습하지 않고, 스스
로의 가슴 속에 있는 바를 드러내었다. 구차하게 일정한 규칙에 얽매이지 않
고, 탁연히 일가를 이루었으니 진실로 드문 굉재(宏才)이며, 희세의 통유(通
儒)라 할 수 있다.[6]

신경준의 학문경향에 대해 홍양호는 묘갈명에서 "그의 학문은 통하지
않은 바가 없어서 성인의 책을 기본서로 출발하여 '이교구류'에 두루 능통
했다"고 평가하였다. 신경준은 천관·직방·성률·의복의 학문과 기벽하다
여기는 책 곧, 정통 유학자들이 경계의 대상으로 삼았던 것까지 통섭하는
태도를 견지하였다.[7] 또한 우리나라의 산천지리에 많은 관심을 두어 지
리의 중요성을 강조하였다.

신경준의 학문과 사상에 대해 고동환은 국학의 토대 확립, 실용주의 학
문추구, 이교구류의 회통사상을 꼽았다. 그리고 사승관계가 없는 자득의
학문이라는 점에서 뿐만 아니라, 이단에 관용적이며 기술과 실용을 중시
한다는 점에서 그의 학문은 18세기 사상사에서 매우 독특한 위치를 점한
다고 평가하였다.[8]

신경준의 삼교회통사상과 통섭의 학문을 낳은 수학배경과 특징을 요약
해보면 첫째, 가학과 소북계小北系의 영향 둘째, 사승관계가 없는 자득의

점이 있었던 것 같다. 홍양호는 조상묘소에 각별하여 시조묘를 정리하며 異蹟을 기
록하기도 했고 선조 묘소를 길지에 구산하였다. 그의 손자 洪敬謨는 풍수학을 드러
내놓고 옹호하면서 천안 일봉산의 선조묘가 羅海天 소점이라고 밝힌 바 있다. 劉永
鳳, 2003, 「한국의 역사와 풍수지리」『韓國思想과 文化』 19, 한국사상문화학회,
271쪽 ; 이군선, 2014, 「豊山洪氏 문중의 가문의식 : 洪良浩와 洪敬謨를 중심으로」
『한문교육연구』 43, 한문교육학회, 467~502쪽 ; 洪敬謨, 「豊山洪氏世葬地」(『冠巖
山房耘石外史』 후편 권22)

6) 『여암유고』서.
7) 박명희, 2012, 「여암 신경준의 務實정신과 시적 실천」『국어국문학』 162, 209쪽.
8) 고동환, 2003, 「여암 신경준의 학문과 사상」『지방사와 지방문화』 6-2, 역사문화학
   회, 180쪽.

학문 셋째, 박학 지향과 실사구시의 학문 넷째, 삼교회통사상의 포용적 학문태도를 들 수 있겠다.

먼저, 가학과 소북계 영향을 대략 살펴보자면, 그는 세조대의 좌명원훈佐命元勳 신숙주申叔舟(1417~1475)의 동생인 귀래공 신말주申末舟(1439~1503)의 10대손이다. 신말주는 세조가 단종을 아내고 왕위를 찬탈하자, 형 신숙주와 달리 정통성 없는 세조정권에 협조하지 않고 처가동네인 순창 남산대로 내려와 은거하였다. 이후로 고령신씨 신말주 후손들이 순창에 세거하게 되었다. 8대조는 이조판서를 역임한 순창세거파 신공제申公濟이고, 고조는 참봉을 지낸 신극순申克淳이며, 증조는 사헌부 집의에 추증된 신운申澐으로, 부제학 신유申濡의 아우이다. 부친은 학생 신뢰申洳이다.

그런데 신경준의 증조인 신운은 본래 신공제의 아우이며 서울세거파 신공섭 계열인 신기한申起漢의 아들로, 형제인 신유와 신혼申混과 함께 소북계의 뛰어난 인물로 명성이 높았다. 그가 신공제 계열인 신극순의 아들로 입적되고, 신운이 일찍 죽은 후 그의 아들이자 신경준의 조부인 신선영申善泳마저 신기한의 손에서 길러지면서 신유와 신혼에게 수학하게 되어, 신공섭 계열의 소북계 학풍이 신경준에게 전수되었던 것으로 보인다.

묘하게도 신경준은 수학과 벼슬을 위해 순창과 서울을 오르내리면서, 집안 내력에서도 양자로 출계出系가 오갔던 큰집과 작은 집, 서울세거파와 순창세거파를 연결하여 통합하고 아우르는 위치에 있었다. 이러한 체험이 그의 회통과 통섭의 학문을 낳는 하나의 밑거름이 되었을 것으로 여겨진다.

소북계의 가학 전통은 특히 신경준의 생조부인 신선부申善溥(1667~1744)에게서 두드러지게 나타난다. 신선부의 자는 천여天如로, 시·서·화에 명성이 높았고 도가 취향의 인물로 천시음양의 법에 통하였고 풍수에도 조예가 있었던 것으로 보인다. 1696년 식년시 진사에 합격하였지만 이후 과거를 그만두고 순창으로 낙향하여 귀래정 남쪽에 집을 짓고 살면서 생을 마감하였다.9) 신경준은 부친 신뢰보다 8년이나 더 오래까지 살았고 자신을 가르친 생조부 신선부의 영향을 많이 받았는데, 생조부의 학문경향을 그의 저술에서 다음과 같이 밝히고 있다.

> 일찍이 속세를 떠나 멀리 갈 뜻이 있었고, 청하자(靑霞子 權克仲, 1585~ 1659)의 단결(丹訣)을 즐겨 보았다. 청하자는 남도 사람으로, 그 전서를 얻어 더욱 깊은 뜻을 구하였다. 일찍이 행화(行火)를 시험하면서 말하기를, "천하에 이 이치가 없다고 말할 수는 없을 것이다."라고 하였다. 또 병법서를 좋아해서 공수영진(攻守營陣), 기정합산(奇正合散), 천시음양의 법에 대하여 두루 통하였으나 평소에는 전혀 언급하지 않았다. 모든 기형의품(機衡儀品), 보시종(報時鐘), 전진기계(戰陣機械), 주거수차(舟車水車) 등과 그 외에 여러 물건들과 도구들의 난해한 옛 법제를 모두 이해하였고, 때로는 새로운 방법을 찾아내어 완성한 것도 많았다. 그것들은 모두 스스로 시험하고 다른 사람에게는 보여주지 않았으니 그 명성을 경계해서이다.[10]

둘째, 신경준은 특별한 사승관계가 확인되지 않고 스스로 공부하여 일가를 이룬 학자였다. 신경준은 생조부 신선부에게 가학을 내려 받은 이외에 특별한 사승관계가 없이 자득으로 이교구류를 넘나드는 거대한 학문을 쌓았다. 그는 도를 깨닫는 방법론으로 생각하고 또 생각하는 사색을 자득의 방법으로 제시하였다. 학문은 도를 깨닫는 것이 그 궁극적 지향점이어야 하고, 도는 스승에게 배워서 얻을 수 있는 것이 아니라 스스로 자득해야 함을 강조하였다.

대표적 호남파 실학자 중에서도 위백규가 호론계의 윤봉구尹鳳九를, 황윤석이 낙론계의 김원행金元行을 각각 스승으로 하여 호론계와 낙론계의 학맥을 이었던 사례나, 대부분의 조선시대 유학자들이 사승관계로 이어지는 경향에 비해 신경준은 매우 독특한 경우이다. 결과적으로 특정한 학맥에 속하는 사승관계가 없었던 점이 특정한 학파의 학문경향에 얽매이지

---

9) 『여암유고』 권12, 「본생조고진사공묘지명(本生祖考進士公墓誌銘)」.
10) 『여암유고』 권12, 「본생조고진사공묘지명」.

않고, 자유롭게 이교구류를 넘나들며 삼교회통의 포용적 사상을 키워내는
데 도움이 되었을 것이다.

　　　성현이 되는 것은 깊이 생각하고 힘써 실천하는 데에 달려있을 뿐이다. 학
　　문은 도를 깨닫는 것을 귀하게 여기고, 도는 자득하는 데에 달려 있다. 맹자가
　　말하기를, "마음을 주관하는 것은 생각이다. 생각을 하면 얻고, 생각을 하지 않
　　으면 얻을 수 없다"라고 하였고, 관자(管子)가 말하기를, "생각하고 또 생각하
　　면 귀신의 일에도 통할 것이다"라고 하였으니, 이것이 자득하는 방법이다.11)

　셋째, 그는 박학을 추구하는 것을 대장부의 본분으로 알았다. 일찍이
신경준은 다음과 같이 말하였다.

　　　대장부가 이 세상에 태어났으면 천하의 일이 모두 나의 일이다. 한 물건이
　　라도 알지 못하면 부끄러운 일이고, 한 가지 기예라도 능하지 못하면 이는 병
　　통이다.12)

　그는 학문의 기본은 격물에 있다고 생각하였다. 그의 작품 중 미물이나
곤충, 화초 등에 관한 세밀한 관찰을 보면, 개개의 사물들을 대하면서 그
이치를 궁구하는 태도가 잘 나타나 있다. 그의 끊임없는 지적 호기심은
이러한 입장에서 "일예—藝라도 능하지 못하면 병통이다"라고까지 생각하
였던 것이다. 그런 이유로 그가 수행한 사물에 대한 지식 탐구의 범위는
기예의 차원까지도 포괄하는 것이었다. 그는 이러한 격물 작업들을 통해
세계와 사물에 대한 치지의 경지에 도달하고자 노력한 학자였다.
　넷째, 신경준은 삼교회통의 사상과 통섭의 학문을 지향하였다. 요즈음
각광받는 융복합 학문, 학제간 연구, 통섭적 접근방법을 취한 선구자라 할
수 있다. 이 점은 다른 실학자에게서 찾아보기 힘든 두드러진 특징이다.

---

11)『여암유고』권13,「행장」.
12)『여암유고』권13,「행장」.

신경준은 대부분의 유학자들이 이단 혹은 좌도라고 하여 금기시했던 도교나 불교에 대하여도 대단히 포용적인 시각을 지니고 있었던 것으로 판단된다.13) 이러한 그의 태도는 "성인이 남긴 책부터 마음을 가라앉히고 깊이 탐구하여 그 큰 뜻을 알았고, 제자백가와 도교와 불교에 두루 통하였다"는 홍양호의 글을 통해서도 확인된다. 또한 그의 저술 가운데 장자에 관한 저술이나, 불교와 선사禪師관련 기록, 사찰의 사적기, 『가람고伽藍考』와 같은 여러 불교관련 저서를 보면 거듭 확인된다.

그의 다음 글을 보면 유·불·선을 관통하는 수준 높은 안목을 엿볼 수 있다. 신경준은 자기를 속박에서 벗어나게 하는 요결인 장자의 '망忘'을 설명하면서, 장자에서의 '망'을 유가의 '경敬', 불가의 '공空', 도가의 '존상存想'과 같은 개념이라고 3교를 넘나들며 해석하는 점은 대단한 경지라 할 수 있겠다. 유·불·선 삼교를 두루 통하지 않고는 꿰뚫을 수 없는 차원이다. 그의 사상적 포용성과 유·불·선 삼교 원융회통의 정신을 실감케 하는 대목이다.

> '망(忘)'은 자기 공부에 있어서 한 글자로 된 부적같은 것이니, 유가의 경('敬')과 불가의 '공(空)'과 선가의 '존상(存想)' 같은 것이다. 그러므로 장자는 여러 편에서 자주 '망(忘)'을 말하였다.14)

노중석은 신경준이 『문장준칙장자선』이라는 책을 쓴 배경으로, 우선 당시 사상사적 상황에서 지식인들이 양명학과 노장사상에 관심을 가지기 시작하던 탈주자학적 시대 분위기를 들고 있다. 또한 신경준의 사상 형성에는 정치적으로 소외된 지역이었고 학문적으로도 주류적 학풍의 영향권에서 벗어나 있었기 때문에 노장사상 등 다양한 사상을 포용하던 학자가

---

13) 노중석, 2014, 「여암 신경준의 『文章準則 莊子選』 研究」, 계명대 박사학위논문, 16쪽.
14) 노중석, 앞 논문, 50쪽.

많았던 호남지역의 학풍, 신경준의 가문이 정계 핵심에서 밀려난 소북계에 속했다는 점, 특히 신경준의 생조부인 신선부는 일생을 초야에서 보내며 박학다식을 추구하고 도가사상에 깊이 침잠했던 인물이었다는 사실들을 꼽고 있다.15)

신경준의 학문과 사상의 포용성은 그가 불교 승려의 시문집 서문을 쓰거나, 승려들과 주고받은 서간이 문집에 다수 실려 있다는 점으로도 확인할 수 있다. 조선시대 유학자, 그것도 주요관직을 거친 사대부가 전국의 사찰조사 기록인『가람고』를 저술하고, 선사들의 문집에 서문을 쓰는 것은 드문 일이다.『여암유고』에 따르면 34세 때인 1745년에 상월선사霜月禪師의 시집 서문을 짓기도 하였고, 간선사侃禪師, 모암선사慕菴禪師 등 많은 승려들과도 교유하였다.16) 지리산 천은사, 변산 내소사 등 여러 사찰의 중수기 등을 짓기도 하였다. 신경준 집안은 순창 강천사를 세우는데 앞장선 친불교 전통의 집안내력이 있었다.17) 그렇지만 주자학 일존의 '벽이단闢異端'을 외치던 유학자들의 틈바귀에서 이 정도의 불교활동을 한 것은 담대한 삼교회통사상의 포용성이 없이는 상상하기도 어려운 일이었을 것이다.

또 하나는 신경준 사상의 포용성의 배경으로 지역적 한계를 초월한 점을 들 수 있다. 그는 사주에 역마살이 많았던 듯 그 당시 고향과 서울만을 오가던 대부분의 유학자들과는 달리 유독 이사를 자주하였다.18) 그의 아

---

15)『文章準則 莊子選』36장.

16)『여암유고』권3, 霜月禪師詩集序 ; 贈侃禪師序 ;『여암유고』권5,「慕菴禪師畫像贊」.

17) 고령신씨 순창 입향조인 신말주 부인 설씨가 순창 剛泉寺 창건 등 佛事施主를 권하는 권선문을 지어 불사를 주도하였고, 이 '薛氏夫人勸善文'은 전라북도문화재로 지정되어 있다.

18) 신경준의 회고에 의하면 그의 잦은 이사는 주로 집안형편에 의한 것이었다. "정사년 아버님이 돌아가시고 어머니를 모시고 소사로 이사하였으나 이웃집 화재로 집이 소실하여, 신유년 직산으로 옮겼으나 상처하였고, 막내누이와 모친봉양을 위해 외가에 의탁하였는데, 외숙내외와 외조모가 모두 돌아가셔서 갑자년에 다시 고향에

호 여암旅庵은 주역의 화산려火山旅괘에서 따온 것으로 보이는데, 그는 자
신의 호처럼 평생 나그네 길이 많았다. 그는 전라도 출신으로 순창에서
낳고 살다가 순창에 뼈를 묻었지만, 지리산과 전국 산천을 주유하기도 했
고, 특히 이사를 자주하여 전라도 이외에 서울, 경기, 충청도에 거주하면
서 전국의 다양한 풍수와 지역 인심을 체험하였다. 서울에서 수학하고 관
직생활하면서 비교적 오래 살았으나, 강화, 소사, 직산, 온양 등으로 이사
를 자주하면서 그 지역의 정서도 두루 포용할 수 있었을 것이다. 학습을
위해 강화에 살면서는 당시 강화도에 성행하던 양명학의 영향도 받았을
것이다.[19] 또한 그는 각 지역에 살면서 그 지역의 특성을 소재로 하여 격
물한 「소사문답」, 「직주기稷州記」 등의 다양한 저술을 남기기도 했다.

2) 순창제일명당에 터잡은 신경준가의 풍수전통

풍수지리는 조선 건국초기에는 도읍지 선정과 왕궁의 조영, 왕릉입지
등 국역풍수로서 중요한 역할을 하였다. 그러다가 조선 중후기에 들어서
면서는 재지사족에 의한 종족마을형성과 세력화 과정에 많은 영향을 주었
다. 이에 따라 사족촌과 특히 명문 종가들은 대부분 풍수상 길지에 자리
잡았고, 생기가 좋은 곳에 집을 지어 가문의 기를 살리려는 노력을 하였
다.[20] 이에 따라 집성촌이 발달하였으며, 후손들의 번영과 영달을 꾀하기
위한 묘지풍수도 성행하게 되었다. 순창 남산대에 터를 잡고 세거하게 된
신경준 집안도 당시 재지사족들의 풍수생활과 유사한 풍수전통이 이어졌
을 터이고, 이러한 가문의 전통이 그의 풍수사상형성에도 자연스레 영향

돌아왔다. 사방을 헤매고 나니 편치 않고 질병과 상사와 혼사 등 길흉이 엉키어 끝
내 집안은 빈궁하게 되었다." 『여암유고』, 「南山舊廬記」.

19) 박명희, 2013, 『호남한시의 전통과 정체성』, 경인문화사, 182쪽.

20) 박성대·양삼열·김병우, 2013, 「경주 최부자 가문의 양택을 통해 본 풍수인식에 관
한 연구」 『한국민족문화』 47, 535쪽.

을 끼쳤을 것이다.

특히 신말주와 신숙주의 조부인 호촌壺村 신포시申包翅(고령신씨 6세조)는 풍수에 상당한 식견을 가졌던 것 같다.[21] 여말선초 두문동杜門洞을 거쳐서 두문동과 같은 지명인 남원 두곡杜谷에 은거했던 신포시가 부친 신덕린申德隣(고령신씨 5세조)의 음택 길지를 구하려고 전국을 순행하였다. 마침 가문과 인연이 있던 한 스님의 도움으로 곡성 가실마을에 있던 천하명당의 절을 불태우고 그곳에 부친 신덕린을 모셨다는 풍수설화가 전해진다.[22] 현재 고령신씨 5~6세조 묘역 안에 국가지정 보물인 가곡리 오층석탑이 남아있고, 문중재실인 '치일재致一齋'가 폐사지의 법당자리를 차지하게 된 내력이다. 이러한 연고로 신경준의 부친 뢰, 장자 신재권在權의 묘소도 이 가실선영 옆 사두혈巳頭穴 명당에 모셔져 있다.

신경준의 생조부인 신선부의 임종 예언에 관한 풍수설화도 전해진다. 신경준에게 가장 많은 영향을 준 신선부는 풍수에도 일가견을 가졌음을 알 수 있고, 이런 전통이 자연스레 신경준에게도 내리물림 되었을 것이다. 신경준은 「본생조고진사공묘지명本生祖考進士公墓誌銘」에 이 풍수설화를 기록해 두었다.

    (조부 신선부가) 임종시에 자손들에게 유언하기를, 요즈음 (풍수)화복설로 다른 사람 무덤 가까이에 핍장(逼葬)하여 서로 송사로 다툼은 고인을 욕되게 하는 일이다. 너희들은 나를 다른 이들 묘소가 없는 높은 산 전망 좋은데 장사

---

21) 호촌(壺村)과 포시(包翅)라는 호와 이름의 작명도 마을의 풍수물형을 따서 지은 풍수작명으로 신포시의 풍수인식 수준을 짐작케 한다. 고려말 두문동 72현이며 육은(六隱)중 하나인 순은 신덕린(醇隱 申德隣)이 남원 호촌에 내려와 은거하였는데, 이 마을(현재 남원시 송동면 杜新里 杜谷마을)의 풍수물형이 호리병모양, 또는 금계포란형이라고 전해진다. 호리병(壺)모양 마을에서 壺村이란 호를, 닭이 날개(翅)를 펴서 알을 품는(包) 형국을 包翅라는 이름으로 담아낸 절묘한 풍수작명법이다.『여암유고』권5, 跋,「壺村金判書實錄敍」.
22) 고령신씨 5~6세조 묘역안내문 ; 고령신씨대종회 누리집.

하거라. 머지않아 나를 추명(推命)하는 사람이 나타나 돌 위에 연꽃이 난다고·
말할 것이니라 하고 말씀하셨다. 내가 일찍이 이를 괴이하게 여겨왔는데, 훗날
어떤 이가 백련산(白蓮山)이 좋으니 천장(遷葬)하자고 하여, 마침내 이장하여
부인 이씨 묘와 합장하게 되었다.[23]

신경준 자신도 만년에 자신의 수장지壽藏地(身後之地)를 직접 소점한 사
실만 보더라도 풍수지리에 관심이 많았고, 손수 정혈을 할 정도로 풍수에
능했음을 알 수 있다.[24] 후손들도 풍수생활 실천을 계속하여 신경준 유택
은 묘법선영을 거쳐 현재의 화산묘소까지 길지를 찾아 두 번이나 천장한
것을 보면 신경준가에서도 풍수생활을 계승해왔음을 알 수 있다. 후손인
예조판서 신헌구가 쓴 행장에는 신경준의 풍수예언과 신후지지, 천장과정
에 관한 풍수설화가 다음과 같이 기록되어 있다.

　　선생이 만년에 마을뒤 반룡형(盤龍形) 언덕에 수장지(壽藏地)를 소점하였
다. 어느 날 지팡이 짚고 걸어서 그곳에 올라가 임하고서 마을사람들에게 일러
말하기를, 여기에 장사지내면 저 은행나무가 마땅히 마를 것이나, 가지를 치거
나 베지 말라고 하셨다. (신축년) 7월 이곳에 장사지내자 과연 은행나무가 말
라버렸다. 몇 년이 지나서 묘법선영(妙法先塋) 아래로 이장하자 은행나무가
다시 새 움이 났다. 기이한 일이로다! 다시 60년 후 임신년 8월 어느 날에 순창
화산서원 옆 유좌(묘향) 언덕에 온전히 모셨다.[25]

신경준가의 풍수생활 전통을 확인하기 위해, 고령신씨 신말주 후손들
의 세거지인 순창 남산대 마을, 여암생가터, 남산사, 화산서원 터, 귀래정
등의 양택지와 신경준 묘소와 순창과 곡성지역에 산재한 신경준가 선영을
현지답사하고 풍수적 관점에서의 시사점을 요약해본다.[26]

23) 『여암유고』 권12, 묘지명, 「본생조고진사공묘지명」.
24) 『여암유고』 권13, 부록, 행장, "先生晚年, 占壽藏于村後盤龍崗."
25) 『여암유고』 권13, 부록, 행장.
26) 현지답사에서 구전부분은 『여암유고』, 고령신씨 귀래공파 족보, 고령신씨대종회 누
　　리집 등 기록과 후손 신형호(전주, 87세, 전종친회장), 신장호(광주, 69세 여암 8대

신경준가의 세거지 순창은 풍수지리의 교과서라 할 정도로 명당이 많아서, '생거남원 사거순창', '생거부안 사거순창' 등으로 불리듯이 명당의 보고로 알려진 고을이다.[27] 신경준가의 세거지 순창 남산대는 순창에서도 제일의 양택 길지라고 해서 '일남산—南山'이라 불려온 명당마을이다.[28] 남산대 마을의 풍수물형이 '오성구발형五姓俱發形'이라고 구전되어 여러 성씨가 함께 발전할 터라는 뜻인데,[29] 신경준의 삼교회통 사상도 여러 사상이 함께 피어나라는 이러한 염원과 터의 기운을 받았으리라 생각한다. 순창군의 진산인 추산의 남쪽에 있는 산이라 하여, 남산이라 하였으나 주위보다 약간 높은 지형이고 산마루에 귀래정이 자리하여 주로 남산대라고 불려왔다. 사방이 나지막한 하나의 산줄기로 둘러싸인 '회룡고조형'으로 특히 장풍이 잘 되어 포근하고 양지바른 마을 터이다.

후손), 신현주(전주, 8대 후손), 순창문화원장 김기곤 등의 구술을 토대로 하여 구성하였다.

27) 풍수학자 최창조 전 서울대 교수는 2002년 2월 '순창의 지리적 특성과 관광 발전방향'이란 특강에서, 한글 학회에서 펴낸 『한국 지명 총람』을 인용하여, 풍수지리학적으로 명당을 가장 많이 지닌 곳이 순창이라는 내용을 확인하고, 전국에서 풍수명당 자산을 가장 많이 가진 순창군이 '풍수 기행 코스' 같은 특성화 관광 마케팅을 시도할 것을 제안한 바 있다.

28) 순창지역 구전이나 「옥룡자유세비록」 등에, 순창 3대 길지로는 제1은 남산이고, 제2는 귀미(龜尾), 제3은 고례(古禮)라고 전해진다. 3대 길지 선정과 지명도 풍수지리와 관련되며, 一南山은 五姓俱發形, 二龜尾는 金龜沒泥形, 三古禮는 古僧禮佛形에서 각각 따온 것이다. 순창의 3대 성씨는 申, 薛, 梁이라고 하여 고령신씨, 순창설씨, 남원양씨를 꼽는데 이 3대 길지를 각각 차지하여 남산대는 고령신씨, 귀미리는 남원양씨, 고례리는 순창설씨의 세거지이다. 이 순창의 사례로 보아도 유력한 재지사족들이 풍수상 길지를 찾아 세거지로 삼고 가문번영을 기원했음을 알 수 있다.

29) '옥룡자유산록' 등 비록이나 비기류에는 명당을 설명하며, 어느 성씨의 차지가 되리라는 명당 임자의 구체적인 성씨 혹은 오행분류 성씨로 명시된 사례가 많다. 특이하게도 남산대는 오성구발형(五姓俱發形)이라 다섯(여러) 성씨가 함께 발전해야할 땅, 곧 상생의 다문화를 키우는 땅이라는 기운을 갖고 있어서, 이러한 교훈이 신경준의 삼교회통사상, 이교구류사상을 포태하는 데 하나의 밑거름이 되었을 것이다.

(1) 여암 생가 터와 세거지

신경준 생가터는 남산마을 어귀 들머리에 위치한다. 귀래정 돌혈突穴을 만들고 끝맺은 바위맥줄이 기암절벽으로 이어진 벼랑끝 언저리다. 현재 고택은 없어졌고, 고령신씨 입향조인 귀래공 신말주의 유허비가 서 있다. 후손들의 구전에 의하면 귀래정이 있는 산줄기가 '갈마음수형渴馬飮水形' 명당이라고 전해져서, 말에게 먹일 물을 담은 말구유를 마련하고자 신경준 생가 바로 앞에 인공 연못을 파서 세 개의 섬을 조성하였는데, 이 인공 연못과 삼신도三神島는 지금도 남아있다.

인공연못을 파고 조경을 한 사실은 신경준의 「순원화훼잡설淳園花卉雜說」에도 천연의 부족함을 비보했다는 기록으로 남아 있다. 비보풍수의 관점으로 보면, 인공연못을 판 것은 마을 앞 명당이 좁고 경사가 있어서 물의 비축이 부족한 장풍국藏風局인 남산대 마을에 부족한 수자원을 갈무리하기 위한 마을 자연환경 비보의 지혜로 보인다.[30]

> 순창군 남3리에 산이 있고 산마루에 귀래정 터가 있다. 남쪽언덕 끝은 그윽하고 기이하여 사랑할만하여 여지승람에 실려 있다. 조부 진사공이 늘그막에 이곳에서 지내며 정자를 동쪽산마루에 지었으며, 정자아래에 연못을 파고, 연못 가운데에 세 섬(三神島 ; 필자주)을 설치하였다. 또 여러 못괴석들을 모아서 천연의 부족함을 보완하니(비보풍수 ; 필자주) 상하좌우에 화훼가 무성하게 벌리어나니 이아(爾雅)와 초경(草經), 수서(樹書)에서 일컸지 않은 것도 많았다.[31]

여암 생가터부터 귀래정 아래 양지바른 산기슭에 남산사 등 신말주, 신

---

30) 풍수비보로 인공연못에 삼신산(三神仙嶋)를 조성한 사례로, 누정은 남원 광한루가 대표적이며, 음택으로는 충남 예산의 이산해(李山海)묘소가 있다. 토정 이지함의 조카이며 영의정을 지낸 이산해의 묘소를 사위인 한음 이덕형(漢陰 李德馨)이 조성하면서 파구(破口)의 설기(泄氣)를 막기 위해 인공연못과 삼신선도를 조성하였다 한다(김두규, 2008, 『풍수여행』, 동아일보사, 227쪽).

31) 『여암유고』 권10, 잡저4, 「순원화훼잡설(淳園花卉雜說)」.

경준 관련 유적들이 모여 있는 세거지가 있다. 후손 신장호 구술에 따르면 이곳은 '봉황포란형' 명당이라고 집안에 전해왔다 하는데, 봉황 알에 해당하는 둥그런 바윗돌 세 개가 남산사 주위에 놓여있다.

(2) 귀래정

신경준 집안의 대표적 가유지可遊地이며 남산대의 상징적 건축물인 귀래정은 귀래공 신말주가 지었고, 여러 차례 수축하여 현재도 전해지는 정자이다. 서거정이 지은 「귀래정기」를 중심으로 귀래정 입지를 풍수적으로 분석한 김두규에 의하면, 서거정의 귀래정기에 나타난 주산과 내룡, 정자의 입지, 정자를 둘러싼 산의 형상, 물의 순으로 기록한 것은 풍수적 관점의 기록이다. 그리고 내룡은 비룡입수飛龍入首이자 회룡입수回龍入首라는 땅의 성격에서 지식인 고급관료로서 임금의 총애를 받아 자신의 포부를 펼쳐보이고자 하는 야망과 함께 동시에 전원생활에 대한 동경, 이 두 가지가 공존하는 이중성이 드러나고 있다고 평하였다.[32] 귀래정 터는 사상四象으로는 솟아오른 돌혈突穴이라서 사방의 조망이 좋은 전형적인 정자 터로서 적격인 길지이다.

(3) 화산서원 터

신경준의 10대조이며 순창 입향조인 신말주와 함께 김인후金麟厚, 고경명高敬命, 김천일金千鎰 등 호남명유들을 배향한 화산서원은 신경준이 공부하거나 강학하기도 하였고, 사후에는 배향된 곳이다. 화산서원은 풍수물형이 모란반개형牡丹半開形이라 하여 꽃 지명을 붙인 화산花山을 주산으로 하여 신경준 묘소 근처에 섬진강변 화탄花灘(꽃여울)을 바라보고 자리잡

---

32) 김두규·김용기·김현욱, 2001, 「풍수지리 관점으로 해석한 귀래정 입지에 관한 연구 : 귀래정기를 중심으로」『한국정원학회지』19-38, 한국정원학회, 39~46쪽.

았다.33) 뒤에는 화산, 앞에는 섬진강이 휘감는 전형적인 배산임수의 가유지로서 탁 트인 전망이 아주 좋은 곳이다. 신경준은 생전에 노닐던 이 화산서원터를 영원한 안식처로 삼은 셈이다. 1871년 서원철폐 때 훼철되고 복원하지 못하여 현재는 대밭이 된 서원터에 주춧돌만 남았다.

(4) 여암 묘소

묘갈명, 행장, 족보기록, 현지답사를 종합해 보면 신경준은 1781년 5월 21일 졸하였고, 7월에 자신이 손수 잡아둔 마을뒤 반룡형盤龍形 언덕의 신후지지에 장사하였다. 수년 후에 문중선영인 무수동의 묘법선영으로 천장하였고, 다시 1872년 8월에 현재의 화산기슭으로 재천장한 것으로 나타난다.34) 가문의 대표적 인물인 신경준을 보다 좋은 길지에 모시고 가문의 번영을 꾀하고자 하는 후손들의 풍수인식과 풍수생활 실천이 엿보인다. 이재 황윤석이 두 번이나 천장한 것과도 비교되는 후손들의 지극한 풍수 효도인 셈이다. 화산을 주산으로 하여 내려온 생룡이 결혈한 곳으로, 앞에는 섬진강이 흐르고 멀리 보이는 토형의 안산, 조산朝山이 아주 아름다운 곳이다.

(5) 신경준가의 주요 음택지

신경준가의 주요 선영은 순창과 인근 곡성지역에 있는데, 족보의 선영지명에도 선인무수형仙人舞袖形, 괘등혈掛燈穴, 반룡형盤龍形 등의 풍수물형 이름이 들어가 있듯이 대대로 길지를 택지하고 활용한 흔적들이 확인된다.

---

33) 화산서원터와 신경준 묘소는 같은 화산을 주산으로 서원경역내 50미터 정도 떨어진 곳에 위치한다. 전형적인 배산임수의 입지로 섬진강을 바라보는 전망이 아주 좋다. 화산서원에 배향되었던 신경준을 1871년 서원철폐 이듬해에 이곳으로 천장한 것을 보면, 당시 집안에서는 이곳 화산서원과 가문의 대표인물 신경준간의 각별한 의미를 부여했던 것으로 생각된다.

34) 『여암유고』 권13, 부록, 墓碣銘.

〈표 VI-1〉 여암 신경준가의 주요 선영

선영	풍수물형(좌향, 묘상)	안장자	소 재 지
옥과 광암	(酉坐 雙塋)	귀래공 末舟 (여암 10대조)외	곡성군 옥과면 광암리
무수동	仙人舞袖形 (亥坐 雙塋)	여암 9대조 판서공 洪 여암 고조 克淳	순창군 순창읍 舞袖동
곡성 가실	蛇頭穴 (巳座 合塋) (巳坐 上下塋)	여암 부친 洙 여암 장자 在權	곡성군오산면 阿谷 (5세, 6세조 선영)
쌍치 계룡산	(乾坐 雙塋) (壬坐 雙塋)	여암 증조부 濚 여암 조부 善泳	순창군 쌍치면 금성리
유등면 화산	모란반개형, 盤龍形 (酉坐 三配合塋)	여암 신경준	순창군 유등면 오교리
풍산 옥출산	掛燈穴 (未坐 合塋)	여암 손자 夏祿	현재 南山祠 후록이장 (증손 稷模 옆)
남산대	(子坐 雙塋)	여암 증손 稷模	순창 남산사 후록

자료: 『고령신씨세보 귀래정공파』 ; 『귀래정실기』

신경준가의 풍수답사 결과 집안의 풍수생활 내력을 보면, 세거지 마을 선정도 가거지可居地로서 순창지역 최고의 양택지를 선택하였고, 귀래정, 화산서원 터는 가유지로서 적합한 길지를 활용하였다. 주요 선영도 풍수 길지를 찾아서 활용하려는 노력이 대대로 계승되었음을 알 수 있었다. 이러한 풍수실천 흔적들과 6세조 신포시의 사찰명당 획득 설화, 조부 신선부와 신경준의 풍수설화, 비보풍수의 활용사례 등을 종합해 보면, 신경준가에는 상당한 수준의 풍수교양이 전승되었고, 풍수인식이 공유되었음을 알 수 있다. 또한 보다 안온한 삶터와 용도에 맞는 터를 찾아 활용하려는 풍수적 전통과 풍수인식의 생활 속 실천노력이 집안에 대대로 계승되어 왔음을 확인할 수 있었다.

〈사진 VI-1〉 고령신씨 5·6세조 묘역내
보물 가곡리5층석탑과 제각

〈사진 VI-2〉 고령신씨 6세조 신포시
묘역(입수)

〈사진 VI-3〉 신포시 묘역(안산, 조산)

〈사진 VI-4〉 남산대 신경준가
세거지(남산사와 봉황알 바위)

〈사진 VI-5〉 신경준 생가 터

〈사진 VI-6〉 신경준가 비보연못과 삼신도

〈사진 VI-7〉 신경준 묘 입수

〈사진 VI-8〉 신경준 묘 前景(양수장 건물 뒤 중출맥)

〈사진 VI-9〉 귀래정과 금성체의 남산

〈사진 VI-10〉 신홍 묘소(선인무수혈)

〈사진 VI-11〉 신말주 묘역

2. 신경준의 풍수지리 인식

신경준의 여러 저술, 특히 지리관련 저술을 중심으로 그의 풍수인식을
살펴보고자 한다. 조선후기에 들어와 자연지리의 중요성을 학문적으로 정
리하고 체계화하고자 하는 노력이 본격적으로 진행되었다. 그중에서도 신
경준처럼 방대한 지리학 저술을 남기고 자신의 지리학 지식을 인정받아
국가편찬 사업에도 참여한 경우는 매우 드물다.[35] 신경준의 지리학 관련
저술로는 『강계고』와 『산수고』, 『도로고』, 『사연고』 등이 있다. 그밖에
지리와 관련된 저술로는 정상기鄭尚驥(1678~1752)의 동국여지도에 붙인 발
문인 「동국여지도발」과 같은 글이 있다.

1) 풍수지리의 바탕사상 인식

풍수지리 사상은 그 바탕에 기와 음양, 오행, 음양오행 조화론을 깔고
있다. 이러한 관점에서 보면 신경준의 저술 속에서 실용적 지식에 대한
상세하고 구체적인 탐구와 더불어 태극과 음양오행, 주역, 도서, 상수학
등 전통적 자연철학의 내용들이 함께 공존하고 있다는 사실은 이미 신경
준이 풍수지리의 기본지식을 충분히 갖췄다고 할 것이다.[36]

신경준은 기에 대하여 무릇 형체가 있는 만물에는 기가 있으며, 기는
또한 호흡하는 것처럼 운행하는 것임을 밝히고 있다. 풍수고전인 『금낭경』
에서도 "오기가 지중에 운행한다"고 하여 기의 운행이 풍수원리의 바탕임
을 분명히 하였다.[37]

---

35) 양보경, 1999, 「여암 신경준의 지리사상」 『국토』 211, 36쪽.
36) 박권수, 2015, 「여암 신경준의 과학사상」 『한국실학연구』 29, 한국실학학회,
    274쪽.
37) 『錦囊經』, 第一, 氣感編, "葬者乘生氣也 五氣行乎地中."

　　무릇 형체가 있는 것은 기가 있고 기가 있으면 그 기가 나가고 들어가는
것이 또한 날숨과 들숨을 쉬는 것과 같다.[38]

신경준은 음양에 대해서 다음과 같이 설명하였다.

　　대개 하늘은 높이 있어서 그 바라봄이 통하지만 땅은 낮아서 그 바라봄이
막히기 때문이다. 하늘의 형체는 평탄하고 곧지만 땅의 형태는 요철이 있고 굽
어져 있는데, 하늘은 양이기에 드러나고 땅은 음이기에 숨기 때문이다. 그러므
로 땅을 그리는 것은 하늘을 그리는 것보다 어렵다.[39]

　　즉, 그는 「동국여지도발」에서 지도, 즉 땅을 그리는 것이 하늘 즉, 천문
도를 그리는 것 보다 훨씬 어렵다는 이유로서 천지를 음양관계로 파악하
여 설명하였다. 신경준은 탁 트여 있는 하늘과 막혀 있는 땅의 속성이 근
본적으로 양으로서의 하늘과 음으로서의 땅의 본질에서 비롯하는 것으로
인식한 것이다. 이는 신경준의 인식이 하늘과 땅을 음양의 관계로 파악하
는 전통적 자연철학을 토대로 하고 있음을 의미한다.[40] 그는『산수고』의
글머리에서도 한반도의 지리적 체계를 전통적인 음양의 이론과 12산과
12수에 대한 수리적인 대칭성의 관념을 토대로 이해하고자 한 것과도 같
은 맥락이다.[41]
　　신경준은 흔히 오행의 상생론을 말할 때 목화토금수의 상생순환관계로
'토는 금을 낳는다'는 식의 단순한 상생상극을 이해하는 관점을 뛰어 넘어
독특한 견해를 제시하였다. 그는 때로는 토가 수를 낳기도 하는 것처럼,
각각의 오행 기운이 각각 수를 낳기도 하고, 때로는 화를 낳기도 한다는
설명으로 각각의 오행이 다른 각각의 오행기운과 상생상통한다는 독특한

---

38)『文章準則 莊子選』1, 2장.
39)『여암유고』권5,「東國輿地圖跋」.
40) 박권수, 앞 논문, 245쪽.
41) 박권수, 앞 논문, 247쪽.

복합적 오행관을 갖고 있음을 알 수 있다.

> 토의 물도 수를 낳고, 수의 물도 수를 낳고, 화의 물도 수를 낳고, 목의 물
> 도 수를 낳고, 금의 물도 수를 낳는다. 토의 물도 화도 낳고, 수의 물도 화를
> 낳고, 화의 물도 화를 낳고, 목의 물도 화를 낳으며, 금의 물도 화를 낳는다.[42]

 이러한 신경준의 기와 음양오행관을 포괄적으로 살필 수 있는 철학적
사유의 글이 「소사문답素沙問答」이다. 이교구류의 회통사상을 잘 나타낸
걸작으로 평가받는 「소사문답」은 만물의 형태와 색의 차이를 음양의 조
화와 오행의 원리로 설명한 글이다.[43]

> 형과 색이 다른 것이 많음을 가지고서 바람과 구름, 소나무와 말의 무리들
> 을 서술한다. 형과 색이 비롯되는 바의 근원을 가지고서 음과 양의 조화의 묘
> 를 탐구한다. 형과 색이 드러나는 차이를 가지고서 우리 유교의 종지를 천명한
> 다.[44]

 「소사문답」에서 신경준은 소와 사는 형과 색의 문제를 가지고서 사물
의 실상에 대해 토론을 행하는데, 그 과정에서 기와 음양, 오행의 개념을
위주로 논변을 전개한다. 그리고 여기에서부터 시작해서 팔괘와 오음五音,
상수의 개념들을 풀어내고 있으며, 나아가 음양과 오행의 조화를 통해서
천지의 발생, 동물과 식물의 생성 등에 대한 논의를 전개하고 있다. 즉
「소사문답」의 이론과 개념들은 기본적으로 전통적인 성리학적 자연철학
의 그것이었다.[45] 예컨대 그의 대표적인 국어학 저술인 「훈민정음운해」
는 상수학 교과서인 소옹邵雍의 「황극경세서皇極經世書」의 이론을 토대로

---

42) 『여암유고』 권7, 「소사문답」, "土之物生水, 水之物生水, 火之物生水, 木之物生水,
 金之物生水, 土之物生火, 水之物生火, 火之物生火, 木之物生火, 金之物生火."
43) 고동환, 앞 논문, 206쪽.
44) 『여암유고』 권7, 「소사문답」.
45) 박권수, 앞 논문, 264쪽.

하여 음운학적 논리를 전개한 것이다.

신경준의 여러 저술의 행간을 보면, 그는 대체로 풍수학의 바탕인식인 '동기감응론', '인걸지령론人傑地靈論', '대지유기체론大地有機體論', '지인상 관론' 등을 받아들이고 있다. 신경준의 사상 형성에는 그와 조상들이 터잡 고 살았던 호남이라는 지역적 풍토나 호남 학풍의 영향이 컸을 것이다. 그가 「상월선사시집서霜月禪師詩集序」에서 중국 초나라의 빼어난 풍수와 노장과 불교까지를 포용하던 인물들과의 관계를 조선의 호남지역과 비유 한 다음 글에서도 엿볼 수 있다.

> 초나라의 산은 기이하고 빼어나서 아름답고 기이한 돌이 많다. 그 땅 사람
> 도 왕왕 맑고 고상하니 노담(老聃), 노래자(老萊子), 장저(長沮), 걸익(桀溺),
> 접여(接輿), 장주(莊周) 같은 자가 있다. 작위함이 없고 현묘함을 지키며 세상
> 을 벗어나서 세상일을 잊었다. 세상 밖의 이야기를 전하는데 아득하여 그 끝을
> 볼 수 없다. 그 도는 대개 불교와 가깝고 그 마음을 논하는 것을 불교와 비교
> 할 때 불교가 비교적 정미하다. 이 사람들이 불교가 중국에 전래된 후에 태어
> 났다면 어찌 불교에 돌아가지 않았겠는가! 이들은 모두 지나치게 고상한 자들
> 이다. 뒤에 와서도 도사와 선종 승려들이 남쪽에 많이 있었으니 기운이 모인
> 것이 그래서인가? 우리나라의 호남은 중국의 초나라 땅에 해당된다. 지리산,
> 무등산, 내장산, 추월산, 조계산, 백양산, 월출산, 달마산, 천관산, 팔영산 등 여
> 러 산들이 모두 돌로 되어 있다. 매우 맑고 빼어나며 그윽하고 기괴하여 기뻐
> 하고 놀랄 만하다. 초나라 산 또한 이와 같은지 알지 못하겠다.[46]

그는 중국 남방인 초나라의 산세가 빼어나고 아름다워서 사람들도 맑 고 고상한 사람이 많이 나며, 노장사상이 성행하여 장저, 걸익, 접여, 장주 등과 같은 방외지사가 많다고 하였다. 조선의 남방인 호남지역도 지리산, 무등산, 내장산 등의 맑고 빼어난 산세를 갖추고 있어서, 노장이나 불교, 이교구류 같은 사상적 포용성을 갖고 있다고 본 것이다. 이러한 인식은

---

46) 『여암유고』 권3, 「霜月禪師詩集序」.

초나라 땅의 풍수적 여건이 인물들의 사상형성과 긴밀한 관련이 있다는 '인걸지령론', 일종의 동기감응이라 할 수 있다. 특정한 땅의 지기가 특정한 인체의 기를 만나 땅과 사람과의 상생조화를 이룬다[47]는 '인걸지령론'은 사람과 땅이 서로 밀접한 관련을 맺고 있다는 '지인상관론'이기도 하다.

풍수학자 김두규는 영호남의 풍수와 사상의 차이를 비교하면서, 영남은 물이 낙동강 하나로 모아지므로 언어, 여론, 인심 등이 하나로 통일되어 유교중심으로 획일성이 강한 문화가 생겼다. 반면에 호남은 금강, 만경강, 동진강, 섬진강, 영산강 등으로 물길이 산발하므로 각 유역별로 다양한 사상과 문화예술이 꽃피게 되었다. 경상도처럼 물이 라인강 하나로 모이는 독일은 단결을 잘하고 직선적이고 우직한 반면에, 전라도처럼 여러 강이 산발하는 프랑스는 다양한 문화예술이 발전하였다고 한다.[48]

이런 측면에서 일찍이 중국의 남방 초나라와 조선의 남방 호남의 풍수적 특징과 그 땅에서 낳은 인물들의 사상적 포용성의 상호관계에 착안한 '인걸지령론'을 이야기한 신경준의 비유는 매우 흥미롭다. 호남지역의 개방적 학풍에 관한 신경준의 인식은 「효우당권공행적서孝友堂權公行蹟序」에서도 다시 확인할 수 있다.

> 남쪽 지역에는 예로부터 뛰어난 인재와 훌륭한 인물들이 많았는데 지리적으로 멀고 궁벽하여 쉽사리 드러나지 않았다.… 어떤 이들은 만물의 조화에 마음을 쏟고 음양의 변화에 침잠하여 태허(太虛)의 어둡고 고요한 오묘함을 완상(玩賞)하고 인물 변화의 까닭을 궁구하며, 한없이 퍼져나가 멀어져도 되돌릴 줄 몰랐다.[49]

이렇듯 남쪽지역 호남의 풍수여건과 이교구류나 풍수잡학 같은 다양한

---

47) 김두규, 2008, 앞 책, 236쪽.
48) 김두규, 2003, 『우리 풍수 이야기』, 북하우스, 173쪽.
49) 『여암유고』권3, 「孝友堂權公行蹟序」.

학문과 사상을 포용하는 인물들이 많았음을 상관시키는 지인상관론인 '인
걸지령론'에 대해서는, 음택의 동기감응을 부정하는 언급을 하여 이른바
'반풍수론'으로 알려진 홍대용도 긍정하는 태도를 보였다. 그는 "중국의
인재는 남방에서 많이 나고, 남방의 인재는 강절江浙에서 나왔으니, 이는
산천이 명랑하고 수려하기 때문이다. 지리는 속일 수 없는 것이다."고 말
하였다.50) 풍수고전인 『의룡경』에서도 "영웅호걸 같은 인물의 출생은 산
천의 빼어난 기운 덕"이라고 인걸지령론을 밝힌다.51)

또한 앞에서 보았듯이 신경준은 당시로서는 이례적으로 이사를 자주하
며 여러 곳에서 살았다. 이렇게 다양한 지역의 풍수와 인심을 접한 체험
이 그가 다양한 소재로 저술을 하고 폭넓은 사상을 키우는데 도움이 되었
을 것이며, 이것도 일종의 '지인상관'이라고 본다. 그는 「순원화훼잡설」
끝의 부기附記에서, "나는 천성이 고문古文을 즐기고 여러 곳에 이사하며
살았는데, 순창의 어린 시절과 강화에 살 때는 글짓기를 못했으나, 온양에
살면서 『시칙』 1권을 지었고, 양성의 소사에서 『소사문답』 6,400여 자를,
직산에 살면서 『직주기』와 시 30편을, 순창에 귀향하여 화훼 50여 편을
지었다"고 회고하였다.

> 이는 모두 그 사는 곳에 뜻을 두었다. 이를 보면 내가 이사를 많이 하고 글
> 짓기를 즐겼음을 알 수 있다.52)

그의 삶과 사상의 표현인 작품을 회고하면서 '그 사는 곳에 뜻을 두었
다'는 그의 언급을 보면, 이사한 여러 곳의 장소적 특성, 즉 풍수가 저술의
소재선정이나 작문에도 영향을 끼쳤음을 알 수 있다. 땅과 사람과의 지인
상관 관계를 알 수 있고, 그의 삼교회통의 사상을 키운 데는, 전국 여러

---

50) 『湛軒書』 外集 3권 杭傳尺牘, 乾淨錄後語.
51) 楊筠松, 『疑龍經』, "人家生出英豪子 便是山川鍾秀氣."
52) 『여암전서』 2, 「여암잡저」, 345쪽.

곳의 다양한 풍수와 인심의 영향을 받은 것도 일조했으리라고 생각하는
까닭이다.

2) 『산수고』와 『산경표』에 나타난 풍수사상

　『산수고』에 대해 양보경은 우리나라의 산과 하천을 각각 12개의 분分·
합合 체계로 파악한 한국적 지형학을 정리한 책이며, 우리 국토의 지형적
인 환경과 그에 의해서 형성된 단위지역을 잘 정리하였다고 평가하였다.
나아가 신경준의 『산수고』는 조선후기의 실학자들이 우리나라 산천을 체
계적으로 정리하기 시작하는데 선구가 되었다고 보았다.

　신경준의 『산수고』에서는 조선의 산천을 산경과 산위山緯, 수경과 수위
水緯로 나누어 거시적 안목에서 조망하여 체계적으로 파악하였다. 신경준
의 이러한 인식은 전통적 지리학 또는 자연지리학의 체계화로 평가된
다.[53] 신경준의 이와 같은 전통적 자연지리관은 서명응이 『위사緯史』에
서 주역의 64괘를 이용한 상수학적 표상을 토대로 지표를 구획하는 방식
으로 세계 지리를 이해하고 있는 것과 유사하다.[54] 18세기 후반에 저술된
서명응의 『위사』는 조선의 전통적 지리관을 서양의 자연과학 지식과 융
합하여 만든 독창적인 세계지리의 저술로 평가된다.[55] 신익철은 신경준
이 『산수고』에서 산과 강을 분합의 원리로 파악하여 음양의 구조로 이해
하고 있으며, 산과 강을 상호 보완적인 존재로 이해하였는데, 이는 국토의
인식에 있어서 강과 바다의 의미를 상대적으로 강조하게 되는 것으로 나
타났다고 평가하였다.[56]

---

53) 양보경, 1999, 앞 논문, 41~42쪽.

54) 김문식, 2006, 「18세기 서명응(徐命膺)의 세계지리 인식」 『한국실학연구』 11, 한국
　　실학학회.

55) 오상학, 2013, 「조선후기 세계 지리지에 대한 시론적 고찰」 『규장각』 43,
　　245~275쪽.

신경준은 『산수고』에서 우리 나라의 모든 산은 근본이 되는 백두산으로부터 갈라져 나온 것으로 파악하고 있다.57) 모든 산들은 하나의 근본되는 산, 즉 백두산으로부터 마치 족보의 자손이 뻗어가듯이 맥통에 따라 퍼져나갔다는 '지인상관'적인 유기체로 보는 관점과 산과 물을 음양배합으로 경위經緯의 개념으로 파악하였다. 산은 하나에서 시작하여 만 갈래로 나누어지고, 물은 만 갈래 물이 하나로 모여진다고 하여 국토를 음양분합의 생명체로 인식한 것이다.58)

> 하나의 근본에서 만 갈래로 나누어지는 것이 산이요, 만 가지 다른 것이 하나로 합하는 것이 물이다. (우리나라) 역내의 산수는 12로 드러낼 수 있으니, (산은) 백두산으로부터 12산으로 나누어지며, 12산은 다시 나뉘어서 8로(路)가 된다. 팔로의 여러 물은 합하여 12수가 되고, 12수는 합하여 바다가 된다. 흐르고 솟는 형세와 나누어지고 합하는 묘한 이치를 여기에서 볼 수가 있다.59)

신경준이 『산수고』에서 조선의 강과 산의 줄기를 각각 12개로 파악한 것은 1년 열두 달, 12지지를 상징한다. 풍수고전인 『명산론明山論』에서 산룡의 구분을 12개로 나눈 것이나, 이기파의 12운성법(포태법; 胞胎法)의 12란 숫자도 같은 맥락이다.60) 8로의 8은 주역의 팔괘를 의미하는 것으로 산수를 음양운행의 우주론적 맥락으로 본 것이다. 이러한 자연관은 자신이 살고 있는 강토를 소우주로 파악하여 완전한 유기체로 보았던 당시 사람들의 전통적인 우주관과 자연관을 담고 있다고 할 수 있다.61)

---

56) 신익철, 2009, 「신경준의 국토지리관과 해로. 선박에 대한 인식」『한국한문학 연구』43, 한국한문학회, 116쪽.

57) 최창조, 1986, 「여암 신경준의 지리학 해석」『다산학보』8, 다산학연구원, 25쪽.

58) 양보경, 1992, 「신경준의 산수고와 산경표 ; 국토의 산천에 대한 체계적 이해」『토지연구』3, 138쪽.

59) 『여암전서』1, 「산수고」1, 315쪽.

60) 『명산론』제3편, 12명산.

61) 양보경, 1994, 「조선시대의 자연인식체계」『한국사시민강좌』, 일조각, 78~79쪽.

전통적인 지리의 관념에 따르면 산은 양이고 강은 음이다. 산은 양이기에 하나의 근본인 백두산에서 나누어져 12산이 되고, 이 12산이 다시 만가지의 것으로 발산한다. 이에 비해 강은 음이기에 만 가지로 나누어졌던하천들이 합하여 12수가 되고, 12수는 다시 하나의 바다로 수렴하는 것이다. 이러한 관점에서 산과 물을 파악하는 것은 전통적인 음양관과 자연철학을 토대로 하는 것이다.[62]

신경준이 모든 산은 하나의 근본이 되는 산으로부터 갈라져 나갔다고생각한 것은 우리나라 사람들이 고래로부터 가져온 산에 대한 사고관념으로 명백히 풍수사상에 맥을 대고 있다.[63] 인체의 경락 맥세가 끊임없이이어져야 사람이 생기를 골고루 공급받아 생명을 유지하고 건강을 지켜갈수 있는 것과 마찬가지로, 산도 조산으로부터 생기를 공급받기 위해서는산의 맥세가 연면히 이어져야 한다는 논리이다. '지인상관'적 관념으로 산을 유기체로 받아들이던 당시 사람들에겐 당연지사라 할 수 있는 논거이다.[64]

신경준은 『강계고』 백두산조에서 조선의 백두산이 한·중·일 삼국의중산조종인 점을 강조하였다. 이 백두산에서 서쪽으로 뻗어나간 지맥은중국 금주金州 연해지방沿海地方 여러 산으로 연속되며, 동북쪽은 반도 여러 산의 지맥을 이루고, 그중 동쪽으로 뻗어나간 하나의 지맥은 바다를건너 일본의 산맥을 이루고 있다고 보았으며, 동명東溟 김세렴金世濂의『해사록海槎錄』, 풍수지리가 남사고의 비결 등을 인용하여 백두산의 산맥이 일본과 연맥되었음을 고증하고 있다.[65]

풍수지리의 음양오행 원리를 국토에 적용하였을 때 국토는 하나의 맥

---

62) 양보경, 1999, 앞 논문, 41~42 쪽.

63) 최창조, 1990, 앞 논문, 483쪽.

64) 최창조, 앞 논문, 483쪽.

65) 이상태, 1984, 「신경준의 역사지리 인식 : 강계지를 중심으로」『사학연구』38, 한국사학회, 423쪽 ;『여암전서』1, 「강계고」4, 〈소대 백두산조〉 268쪽.

으로 이어진 유기체로 해석되었으며, 백두산은 국토의 조종이자 유기체의
혈맥이 시작되는 곳으로 간주되었다.66) 신경준의『산수고』의 산과 수의
경위 사상이 보다 체계화되고 구체화된『산경표』는 우리 나라의 산줄기
와 산의 갈래, 산의 위치를 맥통에 의거 일목요연하게 족보식으로 기술한
지리서이다.

『산경표』에는 백두산에서 시작하여 하나의 대간大幹, 하나의 정간正幹,
그리고 13개의 정맥正脈으로 조선의 산줄기가 분류되어 산줄기의 맥락과
명칭이 족보처럼 위계가 정립되어있다. 신경준의 기존의 지리서인『산수
고』나『동국문헌비고』의「여지고」에도 산수의 갈래와 흐름을 언급했으
나『산경표』에 이르러서는 계통을 세워 일목요연하게 산줄기를 15개로
나누고, 산줄기의 이름을 강줄기와 연관시켜 명시하게 된 것이다.

김두규는 조선의 풍수에서 산줄기와 물줄기에 관한 관념은 신경준의
『산경표』에서 비로소 체계적으로 정리되었다고 평가한다.67) "산과 강은
하나의 유기체적 흐름이다. 산은 물을 가르고 물은 산을 건너지 못한다.
하나의 산에서 물을 건너지 않고 다른 산으로 가는 능선은 반드시 있고,
그 능선은 하나 뿐이다. 또한 그 능선은 반드시 이어진다. 이러한 능선의
연결이 산경이 되며 산경의 역상관계가 되는 것이 수경이다." 이러한 국
토지리인식은 중국이나 일본에는 없는 조선의 독특한 풍수인식을 바탕으
로 한 자연지리관이다.68) 우리의 족보를 보면 시조, 중시조, 조부, 부, 나
로 이어지는 혈통을 알 수 있듯이『산경표』를 보면 태조산, 중조산, 소조

---

66) 양보경(1994), 앞 논문, 74쪽. 이익의 성호사설을 비롯한 여러 문헌에서 '우리나라
   는 백두산에서 시작하여 지리산에서 끝난다.'는 도선의 말을 인용하여 백두산을 국
   토의 조종으로 보고 있으며, 이러한 인식은 신경준의『산수고』에 확실히 드러나 정
   립되고 있다.

67) 김두규, 2010,『조선풍수, 일본을 논하다』, 드림넷미디어, 333쪽.

68) 풍수고전인『인자수지』에 이러한 산과 물의 관계를 나타내는 이론은 있지만, 백두
   산을 조종으로 하여 국토전체의 체계를 일목요연하게 족보화 한 점에서 한중일 삼
   국에서도 독특한 인식체계이며, 이 풍수적 관점이 지도제작에도 투영된 것이다.

산, 부모산, 혈의 흐름을 파악할 수 있고, 물의 발원지, 명당수, 객수의 흐름을 파악할 수 있다.

이것을 지도로 시각화 한 것이 김정호의 「대동여지도」이다. 신경준과 김정호가 조선의 지도법을 대표한다면, 1821년 막부에서 발행한 「대일본연해여지전도大日本沿海興地全圖」를 실지측량하여 작성한 일본의 이노 타다다카(伊能忠敬, 1745~1818)가 그와 비슷한 인물이다.[69] 동시대 한일 양국 대표지도의 특징을 비교한다면, 일본지도는 서양에서 도입한 측량기술을 기초로 하여 실측지도임을 강조한 것이 특징이다. 반면에 조선의 지도는 신경준의 『산수고』의 영향으로 산경과 수경을 족보식으로 정리한 풍수지리적 자연관이 반영되었다는 측면에서 일본의 지리관과는 근본적인 차이가 있는 것으로 보인다.

3) 고지도와 『시칙(詩則)』 등에 담겨진 풍수관

신경준은 지도의 제작을 위해 국토를 인식하면서도 땅의 형태를 전통적인 풍수지리적 자연관, 특히 음양과 우주적인 대칭성의 관념으로써 파악하고자 하였다. 그는 풍수사상이 담긴 전통지리관에 입각해서 여러 점의 고지도를 제작하였다. 우리나라의 고지도는 서양의 근대지도학이 수용되기 이전까지 지속적으로 유지해 온 초시대적인 특징이 발견되는데, 그것은 음양오행사상에 바탕을 둔 풍수지리 개념의 투영이다.[70]

---

69) 김두규, 2010, 앞의 책, 333~334쪽.

70) 한영우, 「고지도 제작의 역사적 배경」 『문화역사지리』 7, 문화역사지리학회, 39~40쪽. "우리나라의 산천형세가 산과 강이 불가분의 관계가 되어있어 풍수지리적으로 설명하기에 알맞게 되어 있다는 점을 고려한다면, 풍수지리는 땅을 살아있는 생명체로 보고자 했다는 점에서 자연환경에 대한 애정과 외경심(畏敬心)을 북돋아 준 것도 사실이다. 말하자면 풍수지리는 일종의 생명지리학인 동시에 환경지리학이라고 할 수 있다."

우리나라의 산천형세가 풍수지리적으로 설명하기에 알맞게 되어 있고, 그런 점에서 신경준의 『산수고』나 『산경표』에 나타난 풍수적 산계, 수계 개념들이 지도에도 반영된 것이다. 우리나라의 전통적인 산천 인식체계의 원형을 파악해 볼 때 풍수지리를 배제하고는 생각해 볼 수 없다. 풍수지리는 국토인식을 체계적으로 설명하는 중요한 논리로 자리 잡았으며,71) 신경준은 이러한 풍수개념을 지도제작에도 반영한 것이었다.

신경준이 그린 군사용 지도로 보이는 고지도인 「북방강역도北方疆域圖」, 「강화도 이북의 해역도海域圖」(전라북도 유형문화재 89호), 1770년 영조의 명을 받들어 신경준이 주도하여 제작한 「팔도도八道圖」(보물 제1598호) 등의 지도를 보면 『산수고』나 『산경표』에 잘 나타난 풍수지리적 국토관이 녹아들어 있다. 「북방강역도」 등에서 백두산을 크게 그려서 강조하였고, 백두산을 조종으로 한 조종산의 맥통개념, 주산과 산줄기의 흐름 중시, 산줄기와 물줄기의 배합 등이 잘 나타나 있다.

신경준의 이러한 지도제작 기법은 김정호에게로 이어졌다. 윤홍기는 김정호의 지도들이 풍수사상의 영향이 짙게 투영되었다고 보았다. 그 근거로써 취락이나 주산을 강조한 점, 산줄기나 내룡을 강조한 점, 백두산을 조종으로 한 산줄기 표시, 범례의 지형관찰법, 삼태기나 말발굽모양의 지형 표시, 풍수고전인 『인자수지』의 산도山圖와 유사한 산줄기 묘사 등을 들었다.72) 윤홍기의 이러한 주장은 지도제작기법에서 김정호에게 영향을 준 신경준의 지도에도 그대로 부합되는 설명이라고 생각한다.

신경준은 온양에 살 적에 한시창작을 위한 지침서인 『시칙』을 지었는데, 시칙의 일부 '시격詩格'들은 풍수이론과 매우 흡사하여, 당시대 지식인들의 시상으로 삼는 자연관에도 풍수인식이 융합된 것을 알 수 있다. 예를 들어 『시칙』의 '시격' 중 '유룡도천격游龍跳天格'은 풍수물형중 '비룡승

71) 배우성, 1998, 『조선후기 국토관과 천하관의 변화』, 일지사, 29~32쪽.
72) 윤홍기, 2011, 『땅의 마음』, 사이언스북스, 281~287쪽.

천형飛龍昇天形'에 시칙의 '구룡일주격九龍一珠格'은 풍수물형의 '구룡쟁주형
九龍爭珠形'에 각각 대비된다. '연주격連珠格'은 '12연주형連珠形'과 같고, '봉
요격蜂腰格'은 풍수에서 혈을 맺기 직전에 기를 축적, 응축하기 위한 결인
처의 행룡 모습이 개미허리 모양의 '봉요형蜂腰形'과 학의 무릎형태인 학
슬형鶴膝形으로 묘사되어 '개미허리처럼 조여지고 학의 무릎처럼 뭉툭한
곳蜂腰鶴膝之處'이라고 쓰이는 사례들처럼 시작용어와 풍수용어가 유사하
거나 같은 사례가 많이 나타난다.

> '천리편지격(千里片地格)'
> 마치 산룡이 종횡으로 마구 달리며 좌우로 치고 받는데, 임금을 시위하는
> 부대가 용호(龍虎)로 나뉘는 것과 같아서 천리나 백리의 먼거리도 끝에 가서는
> 단지 한자리에 맺을 따름이다.73)"

특히 '천리편지격'의 해설을 보면, 풍수고전의 설명과 일치한다. 풍수에
서 용맥의 흐름과 혈을 맺는 이치를 말하는 고전적 원리인 '천리행룡千里
行龍 일석지지一席之地', 즉 수많은 변화를 거치며 천리를 달려온 용이 결
국 혈자리 하나를 만든다는 풍수격언을 인용하였다. 용어도 풍수용어인
산룡, 용호 등을 그대로 쓰고 일석지지까지도 겹친다. 여기에서도 신경준
이 풍수 고전들도 두루 섭렵했었고 풍수에 대해 일가를 이루었음이 분명
하게 드러난다. 나아가 이 책이 시 창작법 교재로서 집필된 점을 감안해
본다면, 어려운 시창작법 설명을 쉽게 이해하도록 풍수설을 비유로써 활
용한 점은 당시 지식인의 전반적인 풍수인식을 짐작케 한다. 즉 작자인
신경준과 독자인 당시 지식인들의 사고틀에 풍수사상과 풍수적 자연관이
공유되어 있었기 때문에, 풍수용어와 풍수개념으로 보다 잘 소통할 수 있
었기 때문이라고 여겨진다.

---

73)『여암유고』권8, 잡저2,『시칙(詩則)』, "千里片地格."

한편 신경준은『시칙』에서 시작의 기법을 '포진'과 '영묘'로 나누어 설명하였다. 포진은 직접 그 사실을 서술하는 법이고, 영묘는 그 풍경을 그림처럼 그리는 것이다. 같은 산악을 소재로 했지만 한퇴지韓退之의 남산시南山詩는 포진이고 이태백의 촉도난蜀道難은 영묘이다.[74] 이 포진과 영묘법의 함의를 보면 풍수유파와 비교할 수 있다고 본다. 이론서술 중심의 포진은 풍수에서 패철이론을 중심으로 하는 이기파에, 풍경과 이미지를 강조하는 영묘는 아름다운 경치를 중시하는 형세파에 비견할 수 있을 것 같다. 술수풍수와 이기파를 철저하게 부정하고 형세론 중심의 자신의 독특한 점혈법을 '영법'이라고 제시한 존재 위백규의 '영법'은 한시작법의 영묘법'에서 영감을 받은 간산법이라고 추정된다.[75] 마치 그림 그리듯이 이미지로 아름다운 경치를 그리는 시작법인 '영묘법'은 그림 같은 풍경으로 산수의 밝고 아름다운 국세를 취하는 형세파 풍수의 택지법 시각과 유사하기 때문이다.

한편 북송시대 곽희郭熙, 곽사郭思 부자가 쓴 대표적 화론서畫論書인『임천고치林泉高致』에는 풍수의 간산법에도 그대로 응용할만한 산수의 자연관찰법인 삼원법三遠法이 있다. 또한 터와 관련해서 땅의 성격을 평생 주거지인 가거지可居地, 별장처럼 잠시 머무르는 가유지可遊地, 관람지로 쓸 가망지可望地, 그냥 스쳐가는 터인 가행지可行地 등으로 구분하는 관점들은 풍수적 시각에서 터의 분류법과도 유사하다. 당시 지식인들의 교양이던 시서화의 바탕에도 풍수적 자연관이 녹아들었음을 엿볼 수 있는 사례이다.

이러한 관점에서 정희원丁羲元은『예술풍수』에서 "회화에 관해서는 기의 의미를 읽어내는데 중점을 두며, 시가에 관해서는 운韻에 편중하여 다

---

74) 『여암유고』권8, 잡저2 『詩則』.
75) 유기상, 2015, 「존재 위백규의 「원풍수」와 묘지제도개혁론」 『민족문화』 46, 한국
   고전번역원, 94쪽.

루므로 결국 동양미학은 기와 운이라는 두 글자로 집약되며, 시와 그림을
넘나드는 공간적 유동성이야말로 예술풍수의 진수라 할 수 있다"고 한
다.76) 신경준과 위백규의 사례를 보면 당시 지식인들의 풍수교양과 풍수
적 자연관은 시서화를 넘나들며 예술세계에도 투영되었음을 알 수 있다.

  신경준은 지리에 대한 관심도 지적 호기심보다 국방상의 필요와 같은
실용적 효용에서 가치를 찾고 있다.77) '무릇 장수가 된 자들은 모름지기
지리의 이점을 먼저 깨달아야 한다'78) 는 주장처럼 지리정보의 실용적 유
용성을 말하고 있다. 신경준의 역작인 『도로고』에서는 오늘날의 도로개
념만이 아니라 어로御路, 육대로六大路, 방통지로旁通之路, 사연로四沿路, 역
로驛路, 파발로擺撥路, 봉로烽路, 해로海路, 사행지로使行之路 등 당시에 이용
되던 통치 기능별 교통로에 대한 정보를 종합하면서 조석潮汐, 풍우風雨,
개시開市 등 교통로를 보완하는 실용적인 인문지식을 담고 있는 지리서라
고 할 수 있다.79) 이러한 실용적인 지리인식은 양기풍수에 기초한 지리인
식이라 할 것이다.

  신경준이 양기풍수와 병법에도 두루 능통했음을 「교용정중건기敎用亭
重建記」80)에서 엿볼 수 있다. 교용정이란 정자는 순창관아에서 군사 훈련
을 목적으로 세운 정자로서 명칭 변경과 중건 경위 등이 기록되어 있다.
신경준은 이 글에서 정자가 아름답지만 앞에 있는 땅이 좁아서 군사 조련
에 부합하지 않으니 좀 더 넓은 곳으로 옮겨야 한다는 사람들의 주장에

---

76) 丁義元(이화진 역), 2010, 『예술풍수』, 일빛, 9쪽 ; 87쪽.
77) 조선후기 들어 국방상 필요에서 풍수의 중요성이 부각된 데는, 임진전쟁시 진지 선
    정 등 군사작전 참모로 참여하여 활약을 한 두사충(杜思忠), 시문용(施文用), 섭정
    국(葉政國), 이문통(李文通) 등 명군(明軍) 종군 풍수사들의 많은 영향을 받았다고
    본다.
78) 『여암유고』권13, 부록, 「대제학 홍양호찬 묘갈명」.
79) 류명환, 2014, 「신경준의 『도로고』 필사본 연구」 『문화역사지리』 26-3, 한국문화역
    사지리학회, 206쪽.
80) 『여암유고』권4, 記, 「敎用亭重建記」.

대해서, 이는 진법陣法을 잘 모르기 때문이라고 평가하였다. 특히, 진법을 정전井田에 비유하면서 땅이 좁은 우리나라에서 정전을 행할 수 없다는 주장이 잘못이듯 지형에 맞추어 진 치는 법을 조련할 수 있는 것이라며 교용정을 옮기는 일은 오히려 백성의 부담만 늘릴 것이라고 반박하였다. 공공용지 터의 성격과 용도에 맞는 터의 쓰임새에 대한 안목, 즉 양기풍수에 아주 밝았고, 아울러 병가에도 밝았음을 알 수 있다.

3. 신경준 풍수관의 특징

여암 신경준은 유교국가 조선에서 보기 드문 삼교회통사상을 가진 경국제세의 인재였다. 그는 실학자답게 실용적 학문과 기기에 대한 관심을 가졌으며 이러한 태도는 17세기이후 북인계열이 주도해왔던 박학풍조, 삼교회통적인 사상의 맥을 계승한 것이라고 판단된다.[81]

신경준의 삼교회통사상과 이교구류를 통섭하는 학문을 낳은 수학 배경과 특징을 요약해보면 첫째, 가학과 소북계의 영향 둘째, 사승관계가 없는 자득의 학문 셋째, 박학의 추구와 실사구시의 학문 넷째, 삼교회통의 포용적 학문태도를 들 수 있겠다. 신경준은 특별한 사승관계도 없이 자득한 학문인데도 이교구류를 통달하였다. 유학자이며 주요 사환을 역임했음에도 도가와 불가를 포괄하는 사상의 대자유인이었음은 당시의 학자들에 비해서도 매우 이채롭고도 특이한 사례이다.

신경준가의 풍수생활 전통을 살펴보면 세거지 마을 선정도 가거지로서 순창지역 최고의 양택지를 선택하였고, 귀래정, 화산서원 터는 가유지로

---

81) 한영우, 1991, 「17세기후반 18세기초 홍만종의 회통사상과 역사의식」 『한국문화』 12.

서 적합한 길지를 택지하여 활용하였다. 주요선영도 풍수길지를 찾아서
음택을 마련하려는 노력들이 대대로 계승되었음을 알 수 있었다. 신경준
은 자신의 신후지지를 손수 소점할 만큼 풍수에 정통한 풍수학인이었다.
또한 시 창작법인『시칙』을 저술하면서 풍수물형과 풍수원리를 응용하여
한시의 작법을 설명할 정도로 높은 풍수식견을 갖추었다. 고령신씨 6세조
신포시, 생조부 신선부와 신경준의 풍수설화, 비보풍수의 활용사례 등에
서 집안의 풍수적 전통과 풍수인식의 생활 속 실천이 집안에 내리물림 되
어왔음을 확인하였다.

그의『소사문답』등 저술 속에는 풍수지리의 바탕인식인 음양오행, 주
역, 도서, 상수학 등 전통적 자연철학의 내용들이 함께 공존하고 있었다.
그는 대체로 풍수학의 기본적 인식인 '동기감응론', '인걸지령론', '지인상
관론' 등을 받아들이고 있었다. 이러한 동기감응 인식과 자신의 신후지지
선정, 비보풍수의 활용 등은 다른 유학자들의 풍수지리 인식과 유사한 인
식으로 보인다. 반면에 전통적인 풍수사상을 기초로 한 자연관을『산수고』
와『산경표』등을 통해 국토지리관으로 정립하고, 이를 기초로 지도까지
제작한 실용적 풍수지리 인식은 신경준의 독특한 사상이라 할 수 있다.

신경준은 국토와 도로의 개념을 발견한 실학자로 평가받고 있는데, 그
는『산수고』에서 우리나라의 모든 산은 근본이 되는 백두산으로부터 갈
라져 조종개념으로 모든 산줄기가 일체화 된 유기체라고 보았다. 산천의
흐름을 족보의 자손이 뻗어가듯이 파악하여 국토를 '산과 물과 사람과의
관계' 즉, 풍수사상의 '지인상관'적인 우주론적 유기체로 파악하고, 산과
물을 음양배합의 경과 위의 개념으로 체계화하였다.

신경준의 이러한 풍수적 국토지리인식은 18세기 실학자들의 국토인식
의 표준이 되었고, 우리나라의 독특한 지리관으로 자리매김하였다. 신경
준이 제작한 지도는 그의『산수고』와『산경표』의 영향으로 백두산을 조
종산으로 중시하였고, 산줄기와 물줄기를 족보식으로 정리한 음양분합의

체계인 풍수지리적 관점이 투영된 점이 특징이다. 훗날 김정호의 지도제
작에도 이러한 신경준의 국토와 지리인식이 이어졌다. 이러한 특징이 우
리의 독특한 풍수적 국토지리 인식으로 정립되어, 중국과 일본의 지리관
에 비해서도 근본적인 차별성을 갖게 한 것이다.

제7장

낮에는 유학 밤에는 풍수,

조선후기 실학자의 풍수사상

1. 호남파 실학자의 풍수사상

이상에서 고찰한 호남파 실학자들의 풍수인식과 풍수실천 사례들이 주는 시사점을 정리하기 위하여, 그들의 공통점과 상이점, 풍수학에서의 성과와 함의를 중심으로 종합해 본다. 황윤석, 위백규, 신경준의 풍수인식과 세 집안의 풍수전통 등의 특징을 요약정리하면 〈표 Ⅶ-1〉과 같다.

먼저 그들의 풍수학과 관련한 사상적 공통기반을 살펴본다. 첫째, 기본적으로 이 세 사람은 호남지역 출신으로서 성리학자이면서 실학자라는 공통점이 있다. 박학을 지향하는 학문태도와 함께 풍수학의 바탕사상인 주역, 상수학 등 자연철학에 관심이 많았고, 실용적 과학기술을 중시하였으며, 풍수와 잡학 등 2교9류에 두로 달통하였다. 각 가문에도 풍수나 잡학 같은 다양한 학문을 거리낌 없이 포용하는 개방적인 학풍을 갖고 있었다. 또한 성리학자로서 지인상관, 천지인합일, 천도, 천명을 중시하는 자연주의적 우주관을 공유하고 있었다.

둘째, 풍수학이 가학으로 전승되어 온 흔적들이 있었다. 황윤석의 경우 5대조 황이후가 당대 최고 풍수학인으로 평가되던 박상의와 교유하였다. 황이후는 박상의를 초빙하여 양택지를 잡기도 하였고, 황윤석은 박상의의 전기를 집필할 만큼 박상의가와 세교가 있었다. 황윤석의 부친 황전 또한 풍수 등 잡학에 관대한 학문태도를 가지고 있었다. 구수동 이재 생가 터와 용두선영 명당을 풍수동자가 소점했다는 풍수설화 등을 보면 풍수학이 가문의 전통으로 전승되었을 것으로 보인다. 황윤석 사후에도 가문의 풍수전통은 이어져 손자 황수경의 태인 용두선영 괴혈입장, 증손 황중섭의 구 만일사터 오선위기혈 입장, 황윤석의 순창 아미산 노서하전혈에서 능주 천운산 장군대좌혈로의 재천장, 이재 생가의 초가집 고수 등 치열한 풍수생활 실천을 지속해 온 점들을 아울러 보면, 황윤석가의 풍수인식과 풍수생활 전통을 확인할 수 있다.

위백규가는 고조 때 해남출신이며 조선의 국풍이라고도 불리던 이의신을 초빙하여 위백규의 생가 터와 집안 음양택지를 소점하였다. 또한 위백규는 숙조 위세옥에게서 가학으로 풍수 등 잡술을 배우고 관련 서적도 물려받았다는 기록이 있다. 위백규 생가의 봉황포란형 물형에 맞는 비보조경, 화산인 천관산의 화기예방을 위한 비보연못조경, 방촌리 마을 비보 사례 등에서도 비보풍수 실천사례가 나타난다.

신경준가는 신말주의 조부인 신포시가 부친 음택지를 곡성 가곡리 절을 폐사하고 입장하였고, 호와 이름을 마을의 풍수물형을 따서 지을 만큼 풍수에 조예가 있었다. 신경준은 풍수 등 도학에도 능했던 생조부 신선부에게서 가학으로 풍수를 배웠고, 생조부와 자신의 풍수설화를 남겼으며, 자신의 신후지지를 소점하기도 하였다. 그의 후손들도 길지를 찾아 신경준 음택을 두 번이나 면례緬禮를 하기도 하였다.

셋째, 집안에 풍수생활 실천을 알려주는 풍수설화가 세전되고 있었다. 황윤석가는 이재 생가와 용두선영 취득관련 풍수동자 보은담 설화, 황윤석의 천운산 재천장 설화, 황중섭의 구 만일사 이전후 오선위기혈 입장설화가 전해진다. 위백규가는 이의신의 소점설화가 전해진다. 신경준가는 생조부 신선부의 풍수예언 설화, 신경준의 풍수설화, 고령신씨 6세조 신포시의 가곡리 폐사찰 입장설화 등이 기록이나 구전으로 전승되고 있다. 비록 유학자들의 문집 등 문헌에는 남아있지 않지만, 풍수현장과 구전으로는 당시의 풍수인식과 풍수생활 실천의 증거들이 그대로 남아 있었다. 이런 점에서 풍수학연구에서는 문헌연구 못지않게 현장조사와 풍수답사가 중요하다는 것을 다시 한번 실감하였다.

넷째, 가문을 가리지 않고 양택·음택지를 풍수상 최고 길지를 택지하여 활용하려는 풍수인식의 실천, 풍수효도와 풍수를 통한 가문 중흥의 염원을 담은 풍수생활의 가풍이 확고히 전승되고 있었다. 이러한 측면에서 필자는 조선후기 유학자들에게도 풍수는 교양을 넘어서 신앙 내지는 기층 사상의 하나로 볼 수 있다고 생각한다.

다섯째, 동아시아의 사상적 기반의 하나인 풍수의 한중일 특성을 비교할 때, 한국풍수의 특성 중 하나로 꼽고 있는 비보풍수의 활용이 일상적으로 행해졌다는 사실이다. 이 점은 비보풍수가 풍수의 원형적 자연관인 천지인합일과 천지인 상보相補라는 원리가 내재되어 있으며, 우리민족의 생활 속의 철학이자 지혜로 자리 잡았음을 뒷받침하는 사례라고 생각한다. 황윤석의 경우 생가의 생기보존을 위한 풍수상의 이유로 초가집을 고수하고 있거나, 귀암서당 앞 마을 터가 허함을 솟대로 비보한 사례, 호작명의 문자비보사례가 있었다. 위백규의 경우 생가의 화기비보를 위한 인공연못, 봉황포란형 물형에 따른 비보물 조성, 방촌리 마을 전체의 장승 비보, 자호 작명의 문자비보 등 사례가 보인다. 신경준가의 경우 갈마음수형 풍수물형에 맞춘 인공연못과 삼신도 조성 사례 등이 나타나고 있었다.

여섯째, 호남의 3기재라 불리는 만큼, 세 사람이 모두 풍수학에 있어서도 교양을 뛰어넘는 최고수준의 풍수실력을 갖추었다. 황윤석은 수많은 명풍수들과 교유와 구산활동을 하였으며, 순창 아미산의 신후지지 선정, 모친 안장시 3인의 전문풍수사와 논쟁하여 좌향을 확정할 정도로 풍수 실력이 수준급이었다.

위백규는 『장경』 등 풍수고전을 섭렵하였음을 밝히고 있고「원풍수」에서는 풍수설 전체를 조목별로 체계적인 논증으로 비판하고 각각의 풍수설의 수용여부를 가릴 만큼 수준급의 풍수실력을 과시하였다. 나아가 독창적인 점혈법인 '영법', 산송과 묘제개혁론을 제시할 정도로 풍수관련 시폐인식을 정확히 하였다.

신경준은 자신의 신후지지를 직접 소점하였으며 풍수설화를 남겼고,

한시창작법인 『시칙』에서 시작법을 풍수물형이나 풍수이론을 들어 설명
할 정도로 풍수학에 정통하였다. 이들의 이러한 풍수인식은 문학작품이나
시가 속에도 반영되어 있어서, 당시 지식인의 풍수적 자연관이 시·서·화
와 같은 예술창작 속에도 일상적으로 원용되었던 것임을 알 수 있었다.

〈표 VII-1〉 호남 3기재의 풍수인식과 풍수생활 비교

구 분		황윤석	위백규	신경준
학문지향 특성		박학·어문·천문	박학·사회개혁	박학·어문·지리
사승관계와 당색		미호 김원행, 낙론	병계 윤봉구, 호론	자득, 소북계 가학
풍수지리인식	동기감응론	인정	인정	인정
	천명설	인정	인정	인정
	풍수관	양가적; 不可信不可廢	실사구시적 태도	-
	풍수논설	유사 「山說」	「원풍수」·「堪輿說」	유사 「詩則」
	산송문제	산송처결·산송피해사례	산송방지·묘제개혁론	-
	택지법(점혈법)	-	영법(影法)	
	양택·음택풍수	양기풍수 중시	-	양기풍수 중시
풍수지리실천	풍수학인 교유	박상의 (5대조 양택지 소점)	이의신 (생가·선조묘 소점)	홍양호 (풍수중시 집안)
	가내전승	부친 황전	숙조 위세옥	생조부 신선부
	생가 물형명	구수형·와혈	봉황포란형	(갈마음수형)
	생가 소점자	풍수동자	이의신	
	생가 현존여부	현존	현존	유실
	생가 특이사항	-	관아 터 재활용	-
	신후지지 소점자	방일(승려풍수)		신경준(본인)
	신후지지 장소	아미산	다산(가족묘역)	남산대
	신후지지 천장	2회	-	2회
	신후지지 현위치	화순 천운산	장흥 다산(가족묘역)	순창 화산
	선영 물형명	호승예불형, 야자형, 장군대좌형, 오선위기	가족묘 연화부수형	선인무수형, 괘등혈, 반룡혈
	선영 특이사항	구 만일사 폐찰입장	-	가곡리 폐찰입장
	풍수설화	풍수설화 가전 3개	이의신 소점 설화	풍수설화 가전 3개
	비보풍수	마을 솟대, 문자비보	화기비보 연못, 물형비보	연못과 삼신도

위와 같이 세 사람은 풍수의 바탕사상에 대한 인식과 가문의 풍수생활 실천에 많은 공통점이 있음에도 불구하고, 구체적으로 풍수를 인식하는 태도 면에서는 상당한 입장의 차이도 보이고 있다.

먼저 풍수설에 대한 인식에서 황윤석은 풍수설은 있는 듯 없는 듯 치부해야 한다고 하여, 대부분의 유학자들처럼 이중적 입장, 이른바 '불가신 불가폐'의 양가적 태도를 지니고 있다. 반면에 위백규는 기존의 유학자들이나 이른바 '반풍수론자'로 불리던 실학자들의 태도와는 확연히 다른 실사구시적 태도를 보였다. 즉 풍수설 중에서 합리성이 논증되는 부분, 곧, 믿을 수 있는 부분은 수용하되, 합리성이 입증되지 못한 풍수화복설이나 이기파 술수이론 등은 믿을 수 없으므로 버려야 한다는 분명한 입장을 취했다.

위백규의 이러한 관점은 기존의 유학자나 실학자들에게서는 찾아볼 수 없는 새로운 풍수관의 발견이다. 나아가 자신의 바람직한 점혈법인 '영법'이란 독창적인 택지법을 제시하기도 하였다. 또한 풍수설 관련 시폐개혁책으로 바람직한 장사법, 산송과 묘제개혁론을 밝히기도 하여, 현실비판과 함께 자신의 대안을 분명히 한 점에서 실학자다운 풍수론을 전개하였다. 실학자들의 풍수설 비판, 이른바 '반풍수론'은 많았지만, 실학자 가운데 풍수설과 산송의 폐해를 개혁하기 위한 구체적인 정책대안을 제시한 것은 위백규가 가장 분명하다.

신경준은 풍수적 관점에서 음양분합의 유기체적인 국토지리관을 확립하는데 탁월한 업적을 남겼다. 그의 풍수설 인식을 짐작하게 할 직접적인 언급은 못 찾았으나, 시창작법을 풍수이론으로 설명한 일, 신후지지를 직접 소점한 점이나, 조부의 전기에 풍수설화를 기록하였고, 자신의 풍수설화를 남긴 점, 풍수를 내놓고 중시한 집안인 홍양호와 평생 교유한 사실 등을 보면, 풍수설을 신봉했을 것으로 추정된다.

다음으로 호남파 실학자들이 비록 의도하지는 않았겠지만, 그들이 풍수학에 기여한 바가 지대하였음이 드러났다. 본고를 통해 밝혀진 3인의 행적이 풍수학에 주는 의미있는 업적은 다음과 같다.

먼저 황윤석의 풍수학계 최고의 이바지는 『이재난고』라는 방대한 조선후기 생활사 기록을 통하여, 조선후기 풍수사를 복원할 수 있는 사료를 남긴 점이다. 그는 조선후기에 활약하였던 80여 명의 풍수학인의 출신, 사승관계, 수준평가, 주특기 등에 관한 자료, 당시 쓰이던 풍수학서적, 풍수와 장묘의 습속, 풍수물형, 풍수설화 등에 관한 생생한 기록을 남겼는데, 이것들은 풍수학 연구에 아주 활용도가 큰 값진 자료들이다. 또한 조선의 명풍수 박상의 전기를 저술하기도 하였다. 그간의 조선시대 풍수연구가 관찬사료나 유학자들의 문집을 주 사료로 활용해 왔는데 비해, 황윤석의 일기에는 풍수학의 실체에 근접할 수 있는 실로 다양한 분야의 생생한 풍수생활사 자료들이 수록되어 있다.

위백규는 「원풍수」라는 탁월한 저술을 통해 풍수이론 전반에 대한 전문적인 평설과 비판을 하였다. 그의 풍수인식은 그간 소개된 다른 실학자들의 풍수논쟁이 묘지발복 즉, 음택의 동기감응을 부정하여 이른바 '반풍수론'이라고 일괄하여 분류했던 시각과는 달리, 실사구시적이며 합리적인 방법론으로 바람직한 대안을 제시하고 있다. 종래의 반풍수론자들이 구체적 논증없이 풍수설의 사회적 폐해와 병리현상만을 비판한 것과는 다른 관점에서, 구체적 논증을 통하여 풍수설 중에서 불합리한 술수풍수는 철저히 배격하는 한편, 형세파 위주의 합리적인 풍수설은 수용하는 분별을 하고 있다.

특히 자신의 독창적인 '영법'이란 점혈법을 제시한 것이나 바람직한 장사법을 제시한 점이 탁월하였다. 나아가 술수풍수 비판을 계기로 시폐개혁의 사회개혁론으로서 산송 방지와 묘지제도 개혁을 위한 구체적이고 적실성있는 정책대안을 제시한 것은 묘제개혁의 선구적 역할을 한 것으로서, 궁경독서하던 재지실학자의 진정성이 묻어나는 현실성있는 개혁사상으로 평가해야 한다고 본다. 특히 반풍수론을 넘어서 합리적인 풍수인식의 제3의 길을 제시한 점을 특히 주목해야 한다.

신경준은 이익과 이중환의 지리적 인식을 토대로 우리나라 고유의 전통적 국토지리 개념과 인식을 체계화하여 집대성하였다. 또한 문헌비고의 『여지도서』 등의 관찬지리서를 편찬하여 전통지리학의 발전에 크게 기여하였다. 신경준은 『산수고』와 『산경표』를 통해서 국토지리관을 확립하였고, 특히 백두산을 조종으로 한 산수의 음양분합적 인식과 함께 국토를 지인상관적 유기체 개념으로 파악하여, 풍수적 자연지리관을 수립하였다. 이것이 18세기 실학자들의 국토관 확립의 모태가 되었다 할 수 있다.

그의 이러한 인식이 지도제작에도 반영되어 동시대의 일본과 중국지도에 비교할 때 조선지도의 특징으로 나타나게 되었다. 신경준은 특히 풍수지리 원리를 시 창작법에 응용한 『시칙』을 저술하기도 하여, 당시 지식인의 풍수적 관점의 자연인식이 시·서·화 등 예술 속에도 일상적으로 녹아들었음을 알게 해주었다. 또한 신경준가의 조선 초기 가곡리 폐찰입장사례는 그간 사찰의 재정력이 취약하고 사세가 약해진 조선후기에 주로 많은 것으로 알려졌으나, 이러한 폐찰입장 사례가 조선초기부터 있었음을 시사해주는 의미있는 사례라고 할 수 있겠다.

이러한 연구결과를 종합해 보면, 호남파 실학자들의 풍수사상과 그들의 풍수생활에서 보이는 자료들이 풍수학에 의미있는 것들이 많음을 실감할 수 있다. 이러한 성과들이 역사학과 풍수학에 대하여 크게 기여할 것이라는 점도 확인하였다. 그럼에도 그간 호남파 실학자에 대한 선행연구가 전무하였던 것은, 호남파 실학자들의 행적이 볼만한 게 없어서가 아니라, 다만 호남파 실학자들에 대한 학문적 관심이 부족하였음이 명백하다.

2. 풍수는 죄가 없다 : 실학자들의 '反풍수론' 재검토

최창조(1990)의 선행연구에서는, 실학자의 풍수관을 양기·양택, 음택발음陰宅發蔭, 국토지리관, 택리사상 등으로 구분하여 살핀 바 있다. 최창조는 "실학자들은 예외 없이 곤륜산에서 발원하여 백두산에서 종을 일으킨 산맥체계의 가시적 정리에는 일치된 견해를 보이고 있으나, 산의 지중을 흐르는 지기를 논함에 있어서는 그 존재자체에 대한 가부가 엇갈리고 있다. 조선후기 실학자들의 예외 없는 공통적인 견해는 음택발음에 있어서는 하나같이 부정적이다."라고 평가한 바 있다.[1]

그간 실학자들의 풍수사상에 대한 선행연구의 대종은 양기풍수와 묘지풍수에 관한 상반된 입장으로 정리되어 왔다. 전자는 주로 이중환의 『택리지』나 홍만선洪萬選의 『산림경제山林經濟』 등의 양기풍수와 양택에 관한 이른바 택리 중심 연구와 함께, 신경준의 『산수고』나 『산경표』와 같은 국토지리관을 중심으로 하여 실학적 풍수지리관으로 해석한 흐름이었다.

우선 백두산의 국토조종설이 이 시기 실학자들에 의해 확립되었다. 조종이 되는 산룡의 맥세에 대하여 이중환은 "곤륜산 한 가닥이 대사막의 남쪽으로 뻗어서 동쪽으로 의무려산醫巫閭山이 되었고, 여기서 내달려서 요동의 들판이 되었다. 그 들을 지나서 다시 일어나니 이것이 백두산인데 산해경의 불함산이 바로 이곳이다. 산 정기가 북쪽으로 천리를 달려가며 두 강을 끼었고, 뒤쪽으로 뻗은 한 가닥이 조선 산맥의 수령首嶺이 되었다"[2]고 하였다. 이러한 백두산의 용맥 인식은 신경준의 『산수고』나 『산경표』를 통하여 백두산을 조종으로 한 국토의 산수 경위체계로 확립되었다. 이러한 국토지리관과 양기풍수 분야에는 대부분의 실학자들이 공통적

---

1) 최창조, 1990, 「조선후기 실학자들의 풍수사상」 『한국문화』 11, 494쪽.
2) 이중환, 『동국산수록』 「팔도총론」.

으로 인식하고 있었다. 따라서 풍수학상으로도 별다른 쟁점이 없는 것 같다. 풍수설의 해독을 가장 극심하게 비판하였던 정약용도 화성 건립에 직접 참여하여 양기풍수의 건축을 직접 실험하기도 하였다.

반면에 음택풍수의 동기감응, 즉 묘지풍수 발복과 관련하여 이익, 홍대용, 박제가, 정약용 등의 음택 동기감응을 부정하는 단편적인 언급을 소개하면서 실학자들은 풍수설을 부정하였다는, 이른바 '반풍수론'이라고 불러왔고 이것은 오랫동안 뜨거운 풍수논쟁의 쟁점이 되어왔다. 오늘날 풍수지리는 많은 사람들로부터 상당한 오해를 받고 있다. 그 오해는 대부분 풍수의 사상성이 제대로 전달되지 못하고 변질되어 전해진데 기인한다.[3] 현대에도 일부에서 풍수가 술수 내지는 미신이라고 잘못 인식되는 주요인이 바로 이러한 반풍수론을 낳은 것과 같은 그릇된 풍수인식에 기인한다고 본다.

본고의 검토를 기초로 하여 필자는 실학자들이 풍수설을 인정하지 않았다는 이른바 실학자의 '반풍수론'은 당시의 풍수사상의 실상을 왜곡할 우려가 크므로, 용어사용을 포함하여 전면적으로 재검토되어야 한다고 생각한다.

먼저 반풍수론의 논거 중 이익의 경우를 보면, 전주부윤의 공동묘지 이장시 묘지터와 발복이 상관관계가 없다는 사례를 인용하여 음택에 의한 친자감응은 근거가 없다고 주장하여 대표적인 반풍수론 사례로 소개되었다.[4] 그러나 그가 이중환의 묘갈명에서 이중환 처의 시신에서 무지개같은 기가 뻗혔다는 언급에서는 기의 존재를 암시하고 있다.[5] 나아가 동기감응을 손자 이후는 몰라도 적어도 아들까지는 인정하는 태도를 보이고 있다.[6] 이러한 인식들을 아울러 새겨보면 이익을 동기감응을 부정한 반

---

3) 최창조, 1990, 앞 논문, 469쪽.
4) 『성호사설』 권9, 인사문, 「감여조」.
5) 『성호전집』 3, 「이중환묘갈명」, 민족문화추진회, 1997, 62쪽.

풍수론자라고 단정하기 어렵다고 본다.

홍대용은 감옥에 갇힌 죄인과 아들과의 감응관계를 비유하여 음택의 동기감응을 부정하는 언급이 대표적인 반풍수론 사례로 자주 소개되었다. 또한 그는 풍수설의 해독이 노불이나 양주楊朱학설보다 더 심하다고 하면서, 풍수설이 주자의 「산릉의장」에서 비롯되었기에 유교의 종지라 하여 감히 의론하지 못했다고도 하였다.[7] 그러나 홍대용도, 부모의 유해를 공경하고 삼가서 잘 갈무리해야 한다는 견해는 주자의 논리를 따르는 모순을 보이고 있다.[8] 나아가 "비록 기술이란 허망하여 본래는 그런 이치가 없는데도 그런 줄로 믿어 온지 오래고, 마음을 모으고 영靈을 합하면 무를 상상하여 유를 이루나니 중인의 기교를 하늘이 따라준다."[9]는 언급을 아울러 보면 음택의 동기감응을 부정한 것으로만 볼 수는 없고, 오히려 하늘의 뜻, 즉 천명을 강조하는데 방점이 있다.

한편 그는, "물과 산이 영기를 모으매 선량한 사람을 탄생시켰다."[10]고 하여 양기, 양택의 동기감응 이론인 인걸지령론을 인정하고 있다. 홍대용은 또 요동지역 의무려산의 산신을 모신 사당인 북신묘를 평하면서, "앞의 명당과 주위 산세가 호응하는 형세가 명산다운 모습를 보여 준다."고 묘사하여 풍수의 형세론적 시각으로 말하기도 하였다. 그는 음양오행, 풍수설, 도교의 신비사상 및 지구중심설 등을 부정하거나 비판하는 가운데에도 긍정하는 견해가 혼재되는 다중적 사고의 혼란스런 견해가 풍수설에서도 보인다.[11] 따라서 홍대용의 풍수인식을 반풍수론으로 보는 것은 역시 무리가 있다.

---

6) 『성호사설』 권12, 「인사문」 229쪽.
7) 홍대용, 『국역 담헌서』, 「의산문답」, 484쪽.
8) 홍대용, 앞 책, 481~482쪽.
9) 홍대용, 『담헌서』 내집, 권1, 「보유(補遺)」.
10) 홍대용, 『담헌서』 내집, 권3, 「보유」.
11) 배상열, 2008, 「조선후기 실학적 풍수지리 사상의 흐름」 『종교연구』 52, 293쪽.

박제가朴齊家도 풍수의 해독이 불교나 노장 학설보다 심하다며 풍수를 좌도라고까지 혹평하였지만, 정자의 「장설」 '5불가장' 같은 것을 인용하며 수용하기도 하였다. 그는 "그러나 잊지 말아야 할 것은 정자의 오불장이다. 어떤 이는 천문에 대한 말을 견강부회하여 지리에 맞추기도 하나, 옛날에 말한 지리는 모두 경치와 지세가 좋은 것을 말한 것이고 화복을 말한 것이 아님을 알지 못한다."12)고 정자를 인용하였다. 또한 "오래 살고 일찍 죽음과 빈궁하고 좋음과 집안의 흥망과 살림의 가난하고 부함은 천도의 자연이고 인인의 마음에 관계되는 것이지, 장지의 길흉과 관련시켜 논할 바가 아니다"13) 고 언급하였다. 이것은 음택의 길흉화복설과 이기파를 부정하였지만, 정자와 형세파 풍수를 수용한 것은 분명하다. 다만 그가 비중을 둔 것은 '천도의 자연' 법칙과 사람의 마음가짐인 천명설을 강조하였음을 알 수 있다.

정약용은 대표적인 반풍수론자로 알려져 있듯이, 「갑을론」과 「풍수론」에서 풍수술수의 근거 없음과 허망함을 신랄하게 비판한 것은 잘 알려진 사실이다. 그러한 정약용도 경우에 따라서는 풍수론을 긍정하는 입장을 취하는 사례도 있었다. 예컨대 윤선도의 후손인 윤규범尹奎範(1752~1821)에게 보낸 현륭원顯隆園(현재의 수원 융릉) 천장을 소재로 한 시구에서는, "듣자니 지금 화성부 왕릉에 상서로운 기운이 서려있어라, 탁월한 어른 윤고산은 풍수설로 인하여 천고의 충신이 되었다네"라고 읊었다. 다산은 이 시구에서 수원의 왕릉인 현륭원이 상서로운 기운을 지닌 음택길지임과 그 터를 소점한 윤선도와 그의 풍수학 실력을 극찬하는 태도를 보여준다.

또한 그의 회갑일에 작성한 『자찬묘지명自撰墓誌銘』에서는 "내가 죽거든 집 동산에 매장하라는 유언과 집 동산의 북쪽 언덕에 자좌오향으로 자

---

12) 『北學議』 外篇, 「葬論」. 五不葬은 장사해서 안되는 5가지 땅으로, 즉 도로, 성곽, 도랑과 못(溝池), 권세에 의해 빼앗길 땅, 전답이 될 곳을 말한다.
13) 『北學議』 外篇, 「葬論」.

리 잡으니, 평소에 바라던 대로 하였다.”는 언급을 보면 자신의 신후지지에 대한 평소의 소신이 엿보인다.[14] 그러나 자신이 죽기 직전에 자신이 묻힐 신후지지를 보면서 남긴 시「내 묻힐 곳을 바라보며觀己葬地」를 새겨 보면 인간 정약용의 풍수설을 의지하고픈 본능적 욕구와 명분사이에서의 심리적 갈등과 복잡한 심사가 잘 드러난다.

> 풍파도 많았어라 이내 몸의 한 평생
> 장지를 먼저 조성하고 돌아갈 날 기다렸다네
> 몸둥이 살아 온 이승에서도 나를 잊어야 하거늘
> 장사(葬事)하는 뒷일이야 어찌 남에게 맡길 것이랴
> 이미 찬 숲엔 매미가 허물을 벗었구나
> 어느 산 묵은 풀엔 도깨비불 일어나는가
> 가난한 집안에 눈 감고 누우니 죽은것만 같아라
> 지사(靑鳥)를 찾아서 소원을 펴는 일 부끄러워라
> 육십 평생 허수아비처럼 살아온 이내 신세
> 알 수 없어라! 어느 것이 이내 진심인 줄을[15]

배상열은 다산의 이 방황에 대해 “죽음을 앞두고 지사에게 자신의 매장을 맡기기를 평소의 소신처럼 거부하면서도, 마음 한 켠에는 음택풍수를 좇아 소원을 펴고 싶은 풍수본능에 대해 부끄러워하는 고뇌에 찬 자신의 참모습에 대한 애틋한 심정을 드러내고 있다”고 보았다.[16] 한편 임덕순은 정약용이 극렬한 반풍수론을 주장한 배경으로 천주교인으로서 『천주실의』의 영향과 『주례周禮』의 영향으로 보면서 정약용의 이러한 비판이 확장 해석되어 양기풍수설 등 풍수설 전반을 부정한 것처럼 되었다고 하였다.[17]

---

14) 정약용, 1971, 『증보 여유당전서』 권16, 「自撰墓誌銘壙中本」, 경인문화사, 329쪽.
15) 정약용, 앞 책, 권7, 「又細和詩集」 13, 觀己葬地.
16) 배상열, 앞 논문, 295쪽.
17) 임덕순, 1999, 「정약용 지리사상의 탐색」『국토』 3월호, 82~88쪽.

이렇듯이 정약용의 반풍수론에 대해서도 풍수학계에서는 "부정론의 대부분이 풍수이론체계 자체에 대한 비판이 아니고, 그로 인한 관습과 제도라는 사회적 문제에 집중하고 있다"고 지적하였다.18) 이와 같이 풍수담론으로 보더라도 정약용은 풍수이론 자체를 비판한 것이 아니었고, 풍수화복설이나 도참술수 맹신의 결과 빚어진 사회병리현상을 비판한 것이므로, 엄격히 말하자면 반풍수론이 아니다. 비판의 내용으로 보자면, 반도참론, 반술수론, 반풍수화복론 등으로 불러야 마땅할 것이었다.

정약용은 수원화성의 설계와 조영에 직접 참여하기도 하였고, 국도풍수나 양기풍수 등은 수용했으므로 그를 풍수학 전체를 부정한 반풍수론자로 보는 것은 마땅하지 않다는 것은 분명하다. 나아가 음택발복에 있어서도 때로는 긍정하는 태도를 가지고 있었다. 한편, 그의 생가나 신후지지인 음택지도 풍수원리에 따라 잡은 길지에 있는 데서 알 수 있듯이, 그의 집안의 풍수실천 사례까지 아울러 판단해 보면 반풍수론을 실천했다고 보기는 더욱 어렵다.

이러한 오해를 불러 온 근본적인 원인은 풍수학의 여러 갈래 중, 양기나 양택, 비보풍수 등을 제외해 버리고 음택풍수, 그중에서도 그들이 비난대상으로 삼은 것은 타락한 술수풍수였던 것인데 그것이 풍수의 전체인양 잘못 인식한 데 기인한 것이다. 이에 관하여 최창조는 "실학자들은 풍수를 잘 알고 있었다. 그러나 그들이 알던 풍수는 타락한 곁가지 풍수라는 인식은 없었던 듯하다. 그들이 지리라고 생각했던 것이 오히려 본래의 풍수지리에 근접한 것이었다. 그러나 그들은 거기서 기의 개념을 빼어버림으로써 오히려 풍수를 지리에서 제거하는 우를 범하였다. 그들이 정성을 들여 논박한 것은 풍수라고 할 수 없는 타락하고 천박한 이기적인 풍수였기 때문에 그들의 주장은 역설적으로 오히려 풍수지리 본질로 돌아가자는

---

18) 최창조, 1991, 「한국의 전통지리사상」 『한국풍수사상의 이해를 위하여』, 민음사, 69쪽.

운동처럼도 여겨졌다"[19]고 지적하였다.

박정해는 "조선의 서원, 향교 같은 유교 건축물도 철저하게 풍수원리에 의해 건축되어 풍수로부터 자유로운 유교건축물은 없다. 그런데도 유학자들 일부가 반풍수론을 제기하는 것은 풍수의 문제가 아닌 풍수술사들, 잘못된 풍수학인의 행태의 문제이다"[20]라고 하여 유학자들의 반풍수론이 풍수학 자체에 대한 것이 아니라, 사람의 비윤리적인 행태의 문제임을 밝히고 있다.

이상의 검토를 종합해 보면, 실학자는 반풍수론자라는 종래의 명제는 수정되어야 한다고 생각한다. 설령 일부 실학자가 음택발복의 동기감응을 일부분 부정했다고 하더라도 그 용어는 풍수설 전체를 부정한다는 오해를 불러일으킬 '반풍수론'이라고 해서는 부적합하다. 예컨대 '반도참론', '반술수론', '반풍수화복론', '반이기풍수론' 등으로 경우에 알맞게 바꾸어 불러야만 그 본래의 뜻에 부합할 것이며, 풍수학 전체를 부정한다는 오해에서 벗어날 수 있다고 생각하기 때문이다.

3. 성리학과 풍수학의 연결고리는 천지인합일과 천명사상

실학자의 풍수인식을 검토하는 과정에서 유교국가인 조선에서 통치 이념인 유교와 심지어는 좌도라고까지 불리던 풍수학이 공존할 수 있었던 공통분모 사상은 무엇일까? 하는 문제를 추적하는 가운데 그 가능성의 하나로 '천지인합일', '천명사상'이라는 잠정적 결론을 얻었다. 종래에는 주자와 정자의 풍수관이 조선 유학자들의 풍수지침이 되었다고 알려졌고, 김기덕은 "조선후기 매장문화에는 성리학의 동기同氣논리와 풍수사상의

---

19) 최창조, 1990, 앞 논문, 504쪽.
20) 박정해, 앞 논문, 319쪽.

동기감응론이 절묘하게 결합되어 있다"고 하여 성리학과 풍수와의 연결고리의 하나로 동기감응론을 들기도 하였다.[21]

앞에서 고찰하였듯이 황윤석, 위백규, 신경준 등이 풍수와 관련하여 예외 없이 천지인합일의 우주론적 자연관에 입각한 천명사상을 강조하고 있었다. 위에서 살펴 본 여러 학자들, 특히 반풍수론자로 불린 실학자들의 풍수관련 언급의 상당부분을 되새겨보면, 한결같이 자연의 도, 천도와 인도, 하늘의 명인 천명 등을 강조하고 있다. 천지인은 우주그물망으로 엉켜있고, 서로 상응하며, 사람이 수양을 쌓아야 천명을 받을 자격이 있다는 유가의 '천명사상'은 풍수학의 동기감응론의 천지인상응, 윤리적 수양을 한 적선·적덕한 사람이 길지를 만난다는 소주길흉론과 그대로 아울러질 수 있다고 본다.

바로 이 지점에서 풍수학과 성리학의 '천명관'이 가진 보편적이며 미래적 가치를 찾아야 한다고 생각한다.[22] 천지인합일의 동양적 우주관은 서양의 개발주의나 정복주의 자연관을 극복하고 공존공생의 지속가능한 생태학적 공동체를 지향하는 사고틀이다. 이런 측면에서 보면, 천지인합일은 풍수학의 지구촌 수준에서의 보편적인 가치와 함께 현대를 건너 미래까지도 지속가능할 풍수학의 미래가치와도 연결될 수 있다고 보인다.

1) 우주론적 자연관으로서의 풍수와 천명사상

성리학의 천명사상은 우주질서로서의 심오한 우주론적인 자연관과 함

---

21) 김기덕, 2011, 「조선의 매장문화와 풍수사상」『역사학연구』44 참조.
22) 이병수는 열암 박종홍의 '천명사상'을 유학에 고유한 사상이 아니며, 현대문명의 위기극복과 동서철학의 융합을 가능케 하는 세계관적 의의를 지녔다고 한다. 이러한 시각은 풍수학의 보편적, 미래적 가치와 궤를 같이한다고 본다.(이병수, 2003,「유학의 천명사상에 대한 새로운 해석 ; 열암 박종홍의 천명사상」『시대와 철학』14-2, 한국철학사상연구회, 353~375쪽.)

께, 엄정한 윤리적 인간주의를 동시에 내포하고 있다. 성리학자에게 천명은 우주의 본질이면서 도덕의 근원이고, 윤리실현의 방법론이기도 했다. 윤사순은 '천명사상'에 대해, "요컨대 성리학자들의 천명관의 기저에는 이기理氣로 이루어진 '생명의 시원'과 더불어 '상제上帝'에 대한 경건의 마음가짐이 자리하고 있다고 하겠다. 이러한 마음가짐을 기저로 하고서 천명의 내용을 본성인 이로 보아, 그것에 대한 자각과 실현을 통해 선한 윤리행위는 물론 자연과의 조화로운 삶天人合一을 영위하려는 것이 '천명사상'임에 틀림없다."23)고 한다.

우선 인간과 자연간의 조화로운 삶을 영위하려는 천명사상의 우주론적 자연관을 살펴보자면, 천지인합일의 우주관에 대해서는 일찍부터 유학과 풍수학 양쪽에서도 주목해 왔다.24) 김지하 시인의 풍수화두인 현대문명의 병폐를 극복할 대안으로서 "인간과 인간, 인간과 지구와 우주와의 신기神氣의 통신"으로서의 풍수, 즉 천지인 소통의 매듭고리로서의 풍수사상은 성리학의 천지인 합일, 천명사상과도 상통한다고 본다.

본디 풍수사상의 바탕인 음양오행도 각각 따로 존재할 수는 없으며, "음양의 이원이나 오행의 다원은 각기 배타적으로 독립된 실체가 아니라 상보적 입장에서 하나의 통일체를 위한 불가분리의 계기적 존재들이다."25)라는 관점이나,『주역』에서의 자연관을 "주역에서의 자연은 곧 천지는 서로 감응하여 교합하면서 끊임없이 만물을 낳고 기르는 존재이며 개체 생명의 유기적인 관계망이며 마음을 지닌 합목적적인 존재"26)라는 인식은

---

23) 윤사순, 1992,「한국성리학과 천명사상」『유교사상연구』4·5집, 한국유교학회, 40쪽.
24) 예를 들면, 박헌영, 2007,「도선국사의 풍수지리사상 연구」, 원광대학교 박사학위논문 ; 송인창, 2011,『천명과 유교적 인간학』, 심산 ; 황의동, 1999,「윤선도의 철학사상 연구」『도산학보』, 도산학회 ; 황의동, 1999,『율곡학의 선구와 후예』, 예문서원. 참조.
25) 이몽일, 앞 책, 14쪽.
26) 최영진, 1993,「주역의 생명적 자연관」『역과 철학』, 227~238쪽.

바로 이러한 맥락의 인식이다.

최원석은 비보풍수를 논하면서 "자연과 인간의 상보적 상호관계를 지인상보라는 용어로 표현하고자 한다. 여기서 지는 천지 혹은 천과 등가적 개념으로 자연에 대한 지리적인 견지의 표현이다 지인상보 개념은 유가적인 천인합일, 천인상감相感, 천인교여交與 등의 기존개념보다 지리적인 구체성을 지녔을 뿐 아니라 호혜적이고 능동적인 개념이다. 유학사상은 인성차원에서 천인합일의 이상을 추구하지만 비보풍수사상은 환경상에서 지인상보를 구현하고자 한다. 여기서 사람은 자연과 상호부조하는 능동적인 존재로 자리매김된다."고 하여, 유학과 풍수와의 연결 고리를 천인합일의 우주관에서 찾고 있다.27)

한편 장지연은 대표적 이기파 풍수서인『호순신』을 평하면서 "인사와 천리의 관련성을 중시하고 궁극적으로는 사람의 수덕을 중시하고 있어서 성리학자들의 취향에 적극 부합할 수 있었으며 성리학적 자연관을 도입하려는 노력과 맞물려 있었고, 이러한 점에서 조선의 풍수가 중국 풍수와 다른 특징을 갖게 되었다"28)고 보았다.

이화는 불교국가인 고려에서는 불교와 풍수가 분립적인 통치이념으로 병렬적으로 존재하였으나, 유교국가 조선에서는 유교이념이 풍수를 포괄하는 것으로 파악하였다. 또한 조선시대 유교와 풍수와의 관계에 대하여는, 유교국가 조선에서 좌도라고까지 여겨진 풍수가 유교이념과 공존할 수 있었던 인식론적 바탕은, "바로 유교의 '상도常道'에 대한, '권도權道'의 문화로서의 풍수를 용인한 유교의 논리 때문이었다. '국용國用'의 차원에서 풍수를 권도의 문화로 인정하고 상도로서의 유교를 보좌해줄 영역으로서 풍수를 인정하겠다는 것이다. 이렇게 권도로서의 풍수를 적용하는 논리에는 제한적인 기준이 전제되어 있었다. 그것은 하늘의 이치에 따르면

---

27) 최원석, 2004,『한국의 풍수와 비보』, 민속원, 72~73쪽.
28) 장지연, 2015, 앞 책, 303~304쪽.

서도 인심에 위배되지 않아야 한다는 '응천순인應天順人'이라는 기준이었
다."29)

여기서 유교사상과 풍수가 융합할 수 있는 기본전제가 바로 성리학적
가치인 순천응인, 즉 천명에 순하고, 인도를 응하는 일이었다.30) 지인상
관보다도 천인상관을 보다 중시하여 '하늘 중심' 사고를 기본으로 하였던
조선의 성리학자들이 좌도인 풍수사상을 받아들일 수 있었던 사상적 기저
는 바로 '순천응인'의 천명사상이었다.

<표 VII-2> 고려와 조선조 풍수의 위상

고 려	조 선
불교 : 풍수	유교 ⊒ 풍수
정신적 힘(근본적) : 정치적 정통성(이념적)	경국책
분리적인 존재근거	통일적인 존재근거

자료 : 이화, 2013, 앞 책, 45쪽에서 전재.

한편 동양의 법가사상 중에서 한비자韓非子의 대표적 법규범관이라고
알려진 "비리는 이치를 이길 수 없고, 이치는 법을 이길 수 없으며 법은
권도를 이길 수 없고, 권도는 천명(천도)을 이길 수 없다."는 이른바 '비리
법권천非理法權天론'이 있다. 조선시대 풍수가 경국책의 하나로 권도로서
유교국가에서 활용되었다면, 권도로서의 풍수 수용은 천명에 순응하는 범
위내의 것이어야 국가통치 법규범 질서에도 맞는 것임이 분명하였다.

---

29) 이화, 2013, 『조선시대 산송자료와 산도를 통해 본 풍수운용의 실제』, 민속원,
     23~24쪽.
30) 『易經』, 革卦, 象傳. "順乎天而應乎人, 革之時 大矣哉."

2) 수양과 적덕으로 윤리적 인간을 기르는 풍수와 천명사상

천명설의 또 하나의 축은 사람의 문제인데, 엄정한 윤리적 인간, 즉 천명을 받기위해 수양하고 덕을 쌓은 인간이 천지인 합일의 동인動因으로서 중시된다. 율곡 이이는 "하늘과 사람이 한 이치이므로 감응이 다르지 않다."는 '천인일리'의 명제를 제시하여, 천인이 상호 구분되지만 구조적으로 상동관계를 갖는다고 파악하였다. 나아가 천지인합일 관계에서 "천지가 감통感通하고 귀신이 감동하고 인심이 감동하는 것은 천에 달려 있지만, 하늘을 감통케 하고 귀신이 감응케 하고 인심으로 하여금 복응케 하는 것은 사람에게 달려 있다."고 하여, 천지인 선순환관계의 동인으로서의 인간을 강조하였다.[31] 천명은 중용에서 말하는 '천명지위성天命之謂性'이라 할 수 있고, 사람이 "성誠을 다하면 천지의 화육을 돕고, 천지와 병립하게 된다."고 하여, 사람의 수양과 덕성을 강조하였다.[32]

이러한 지점은 풍수의 적덕자 명당취득설이나, 소주길흉론에서 강조하는 길지취득과 발복의 자격요건인 적선, 인덕 등의 인간적인 수양과 하늘을 감동케 할 지성至誠의 실천과 맥이 닿고 있다. 풍수고전에서도 한결같이 길지택지의 요건으로서 사람의 덕을 필수요건으로 강조한다. 어백조廣伯詔는 쓰는 사람이 덕이 없거나 복이 없으면 길지를 쓸 수 없다고 하였다. 양공陽公도 사람이 덕이 없으면 길지를 쓸 수 없다고 하여, 한결같이 사람의 덕을 강조하고 있다.[33] 모두가 풍수의 윤리 도덕적인 기능을 강조한 것으로 성리학의 성을 다하는 것이 사람의 도라는 가르침과 같은 맥락이다.

---

31) 윤사순, 1992, 「율곡 이이의 자연관」『민족문화연구』 25, 75쪽.
32) 윤사순, 앞 논문, 32쪽 ; 40쪽.
33) 김동규역, 『인자수지』545쪽. 廣伯詔의 4不下葬, 無穴不下, 無德不下, 無福不下, 無期不下 ; 陽公의 3不葬, 有龍無穴不葬, 有穴無人(德)不葬, 有人無時不葬.

결국 천명설에 입각하여 천명을 받을 자격이 있는 사람, 도덕적이고 윤리적인 수양을 쌓은 사람이 길지를 쓸 자격이 있다는 풍수논리는 땅의 논리가 아니라 사람의 논리로 귀결된다. 천도에 순하고 인도에 응하여 천복을 지은 사람이 길지의 주인이 되어야 한다는 풍수의 윤리관이다. 이러한 가치관으로 보면, 풍수술수와 화복론은 천도의 이치를 거스르고 인도에도 반하므로 역천배인逆天背人의 비리무도非理無道인 것이다. 최창조는 이러한 사람중심의 풍수학을 '사람의 지리학'이라고 표현한다.34) 장자미張子微의 『옥수진경玉髓眞經』에서 "제왕의 흥성함은 덕에 있는 것이지 힘에 있는 것이 아니며, 그것을 지킴은 도에 있는 것이지 땅의 기운으로 말미암는 것이 아니다."35)는 가르침은 천지인 상관의 요체는 인덕과 인도에 달려 있고 이것이 천지인을 선순환시키는 동인이라는 것이다.

성리학의 영향을 받은 유교풍수서로 평가되는 송대 채원정蔡元定의 『발미론發微論』에서는 「순역편順逆編」을 두고 자연이치에 순하는가 역하는가를 기준으로 산수의 순역과 길흉을 감별하고 있다.36) 그러면서 채원정은 "하늘은 사람이 아니면 말미암지 않고, 사람은 하늘이 아니면 이루지 못한다. 산천의 융결은 하늘에 있지만, 산천을 마름질하여 이루는 것은 사람에 있다."고 하여 풍수의 요체는 땅이 아니라 사람에 달렸음을 통찰하고 있다.

조선후기에 만연한 시폐로서 실학자들을 분노케 했던 풍수화복설의 술수풍수의 폐해나 투장과 암장 같은 범죄행위는 화복에 눈이 멀어 예와 천도를 거스르고 인도를 저버린 천명에 배역한 행위였던 것이다. 이렇게 보면 실학자들이 질타한 죄는 잘못된 사람의 죄였지, 천지인 합일과 순천응인의 도인 풍수학의 죄가 아니었음이 명백하다.

---

34) 최창조, 2011, 『사람의 지리학』, 서해문집.
35) 최창조, 『풍수잡설』, 242쪽.
36) 蔡元定, 『發微論』, 「順逆編」.

여기에 대해서 윤휴尹鑴는 동기감응론은 인정하는 입장에서도 "그저 편안하면 그 뿐이었지 예제禮制를 무시하고 신도神道를 범하면서까지 화복을 따지고 이달利達을 추구하는 일 따위는 군자가 하지 말아야 하는 것"이라고 일갈하였다.37) 이러한 관점에서 보면 조선후기 풍수화복설과 산송의 폐해 등의 시폐의 근원적 문제는 애꿎은 풍수설의 죄가 아니었다. 시폐의 근원은 성리학적 이상국가의 체제가 균열되는 데서 기인한 윤리 도덕의 퇴폐와 성리학의 이상실천의 한계로 귀결됨을 알 수 있다.

위백규는 "온고溫故와 돈후敦厚는 천덕天德을 통달하는 소이이며, 진실로 총명하고 성지聖智하여 천덕을 통달해야만 알 수 있다"38)고 하여 천덕을 강조하였다. 이러한 맥락에서 그는 「감여설」에서 풍수길지에 장사 지냈는데도 반드시 발복하지 못하는 까닭은 꾀하는 사람이 천덕에 부합하는지 여부에 달려 있다"39)고 하여 천명에 따라 천덕을 갖추기 위해 사람의 수양과 적덕을 거듭 강조하였다. 황윤석은 사람이 억지로 길지를 구한다고 되는 일이 아니라, "길인이 길지를 만난다"고 하여 하늘의 뜻과 수덕을 강조하였다. 결국 땅에는 알맞은 주인이 있기 마련이며, 길지는 천명을 부여 받을 자격이 있는 적선, 적덕한 어진 사람만이 천덕에 부합하여 천복을 받게 된다는 것이다. 이것은 풍수의 소주길흉론에 다름 아니다. 황윤석과 위백규도 한결같이 길지명혈 취득과 관련하여 천지인 합일과 천명설을 강조한 것이다.

풍수는 땅과 생명체가 서로 조화를 이룰 수 있는 터를 구하고자 하는 경험이 오랜 세월을 거치며 지혜가 되어 풍수로 이루어졌다. 그러므로 터 잡기란 땅과 생명체가 기를 상통시킬 수 있는 자리를 잡는 것이다.40) 전

---

37) 尹鑴, 『白湖全書』, 권33, 한국고전번역원 ; 최창조, 앞 책, 241쪽.
38) 『존재집』 권10, 독서차의, 「중용」 32장.
39) 『존재전서』 상, 권7, 「감여설」, 186쪽.
40) 최창조, 2011, 앞 책, 38~39쪽.

통적 한국 풍수지리 사상의 기초는 자연과 인간과의 상통과 합일성에 있었다. 자연은 그 자체로서 조화된 질서이며, 인간은 그 자연의 일부라고 생각한 것이다. 그래서 이 인간사회는 자연의 이치를 연구하여 활용할 것을 창안하게 된 것이다. 이러한 우주론적 자연지리관은 오늘날의 입장에서 보면 생태적이고 환경친화적인 것으로 보편적인 가치를 담고 있어서, 진보된 것이며 또한 바람직한 것이다.[41] 그렇다면 성리학의 우주관인 천명관은 풍수의 보편적인 미래가치와도 궤를 같이하는 천지인상생의 자연순환 사상이라 할 수 있다. 현대 사회과학의 분석틀로 주로 쓰이는 체제모형에서의 생태론적 관점, 동태적 관점, 순환적 관점에서 상생과 조화를 추구하는 이상적인 우주관인 셈이다.

이러한 '공생공진共生共進의 우주관'인 천지인합일의 천명사상은 풍수학의 미래 발전방향과 관련하여, 하늘 그물망 사상과 생명사상으로 상통할 수 있다고 본다. 노자의 하늘 그물망은 천지인 상관상생의 우주법칙에 의해 운행되는 관계의 그물망일 것이니, 천덕과 천명에 따라 운행되어야 영원히 상생하는 우주그물망이 될 것이다. 불교의 우주관인 화엄경의 인드라망 같은 관계의 그물망도 결국 우주만물이 한 몸, 한 생명체임을 깨닫고 함께 살자는 깨우침이다.

이 위대한 천지인 상생의 생명공동체의 기본이념을 폿대삼아, 인간과 자연의 조화로운 삶이 유지되고 천지인이 우주그물망 속에서 상생하는, 지속가능한 지구공동체로 발전하는 것이 인류공영의 지름길이자 외길이다. 풍수사상이 이러한 우주그물망의 상생의 매듭고리(결절점)가 되고 천지인 소통의 신기통이 될 수 있는 가능성이 조금이라도 있다면, 거기에서 지속가능 하면서도 인류보편적인 가치로 되살아나는 풍수학의 미래를 찾을 수 있지 않을까 생각한다.

---

41) 김성우, 2014, 「한국 풍수에 대한 인식의 변화」 『민족사상』 8-3.

4. 예술세계를 관통하는 풍수사상

본 연구과정에서 풍수사상이 조선의 기층사상의 하나임을 확인한 증거 중의 하나가 시·서·화를 넘나드는 지식인의 예술세계 속에 풍수사상이 녹아 들어있다는 사실이다. 아름다움과 조화를 추구하는 예술 창작은 작가의 우주관과 인생관이 함축된 지적인 미학추구의 세계이다. 본고에서 조사한 세 사람의 문학작품 속에는 한결같이 풍수적 자연관과 풍수미학이 깔려있음을 확인하였다. 그들이 산수와 자연을 보고 감상하는 시각은 풍수적 안목이었고, 시·서·화와 같은 예술 장르 속에도 풍수적 자연미학이 녹아들어 있음을 확인하였다. 즉, 지식인들이 아름다움을 추구하는 시·서·화를 구상하고 감상하는 기본적 관점은 풍수적 시각인 것이다.

이러한 시각의 예술풍수에 관하여 정희원丁羲元은 "회화에 관해서는 기의 의미를 읽어내는데 중점을 두고, 시가에 관해서는 운에 편중하여 다루므로, 동양미학은 결국 기와 운韻이라는 두 글자로 집약될 수 있다."고 하였다. 그리고 동양미학에 관한 주요하고도 근본적인 과제는 "화가에 있어서 구성의 절묘함, 아름다움, 함축성, 상상력은 여전히 중요하지만, 시와 그림을 넘나드는 경지에 더욱 역점을 두었다. 시와 그림을 넘나드는 공간적 유동성이야말로 예술풍수의 진수라 할 수 있다."[42]고 하였다.

황윤석은 「목주잡가」 일부와 같은 전형적인 풍수시가와 함께 풍수를 소재로 한 여러 편의 작품을 남겼다. 특히 「목주잡가」 13을 사례로 보면, 그는 소요산 귀암서당의 별장 양택지의 풍수승경을 노래하면서 궤안几案, 금대襟帶 등의 풍수용어를 직접 시어로 사용하고 있고, 주변의 자연환경 묘사를 주산(소요산), 안산, 조산 순으로 풍수적 개념砂으로 그리고 있다. 위백규는 자신의 독창적인 풍수 점혈법을 시 창작법인 '영묘법影描法'에서

---

42) 정희원(이화진 역), 2010, 『예술풍수』, 일빛, 9쪽 ; 87쪽.

영감을 얻어 '영법'이라고 이름을 붙였다. 신경준은 시 창작법 교재인 『시칙』에서 시격과 시 묘사법을 풍수물형론과 풍수격언을 인용하여 설명하였다. 풍수에서의 결혈의 원리와 시의 구성원리가 신경준의 지식세계에서는 상호 융통하고 있었고, 『시칙』을 통해 시 창작을 배울 독자들과도 풍수원리가 사물을 이해하는 소통의 도구였던 것이다.

이러한 사례들을 아울러 보면 당시 지식인들의 우주관은 풍수적 자연관이 공유되고 있었고, 이러한 자연관이 예술 장르를 초월하여 자연스럽게 시·서·화에 투영되었음을 확인할 수 있었다. 조선후기 지식인의 풍수적 자연관이 시·서·화를 넘나들며 예술세계에도 관통하고 있음은 강산薑山 이서구李書九(1754~1825)의 예술세계에서 두드러지게 나타난다. 조선후기 유학자 풍수학인이며 이른바 사가시인四家詩人의 한 사람으로서 조선말 개화기의 혁명과 관련하여, 특히 호남지역에 숱한 풍수관련 예언과 풍수설화를 남김으로써 기인, 신인神人, 이인으로 불려온 이서구는 시·서·화에도 능하여 수많은 시와 여러 편의 화평畵評을 남겼다.

남재철은 "이서구를 비롯한 사가시인들은 모두 시의 회화성에 강한 관심을 기울였다.[43] 한시는 이미지를 중시하는 경향이 강한데, 특히 이서구는 시와 그림의 통합적 사고를 갖고 있다."고 평가하였다.[44] 이서구의 「조기간청이수早起看晴二首」라는 다음 시를 보면 시와 그림을 넘나드는 그의 풍수적 자연관이 잘 표현되어 있다. 그의 천지인합일과 천명관이 그림같이 아름다운 풍경으로 풍수적 시각에서 묘사되고 있다.

일찍 일어나 맑은 날을 보며

새벽 비 내린 강 물빛 더욱 맑은데
맑은 빛 저녁이면 사라지겠지

---

43) 남재철, 2005, 『강산 이서구의 삶과 문학세계』, 소명출판, 280쪽.
44) 남재철, 앞 책, 278~302쪽.

> 먼 산봉우리 줄지어 나란히 내려오네
> 물에 비친 푸른 하늘 반사하누나
> 부둣가에 뱃노래 아련히 들리네
> 물안개 속 물새울음 들려오누나
> 콩알만 한 나그네는 모래언덕에 서서
> 버들 그늘 나룻배를 부르는구나
> 쉬는 백구 멀리서도 세어볼만 하고
> 노는 물고기 고요하여 귀여웁구나
> 조각뱃머리에 낚싯대 드리웠으니
> 진퇴가 정해진지 이미 오랠세[45)]

　이 시를 분석해 보면 우선 그의 천지인합일의 우주관이 잘 드러난다. 시의 구성 순서도 천, 지, 인 순으로 묘사하였다. 1·2행에서 천의 요소인 새벽 비, 맑은 빛, 시간의 흐름을 묘사하였다. 다음으로 지의 요소로서 3행의 먼 산봉우리, 4행의 물, 항구, 모래 언덕, 버드나무, 바다 순으로 묘사하여, 풍수에서 내룡과 사격, 물, 안산, 조산 등을 살피는 간산법의 관점으로 순서대로 그려져 있다. 특히 산봉우리를 묘사한 대목은 주산까지 내려오는 내룡의 조화로운 흐름을 마치 기러기가 날듯이, 치아가 가지런하듯이 질서있게 줄지어 나란히 내려오는 생룡의 모습(遙岑列雁齒)으로 그려냈다.

　인의 요소로는 뱃노래, 뱃사공, 자연을 완상하는 낚싯대 주인, 그리고 콩알만 한 나그네를 그렸다. 여기서 콩알만 한 사람과 낚시꾼은 자연을 거스르지 않고 자연과 합일하는 천지인합일의 사람인 것이다. 낚싯대 주인인 이서구는 자연과 동화하며 이미 진퇴를 정한 천명을 순응하는 사람이다. 이서구는 '콩알만 한 나그네'라는 이 시어에 대해 "화법에서는 산수인의 축척 비율을 1장丈의 산, 1척尺의 수, 콩알만 한 크기의 인간, 한 치 크기의 말의 비율로 그린다."고 주석을 달았다.[46)]

---

45) 李書九, 『薑山初集』坤 28장, 早起看晴二首.

이것을 보면 이서구가 형호荊浩의 「화산수부畵山水賦」의 산수화를 보는 원근법을 시에 원용한 것이 틀림 없다.[47] 시와 그림을 넘나드는 그의 예술세계에는 풍수적 우주관과 자연관이 바탕에 깔려 있음을 알 수 있다. 또한 유학과 풍수학의 어울림 사상인 천지인합일과 천명관까지 그림처럼 담겨있는 시 한수이다.

5. 조선후기 실학자의 풍수사상

종래의 실학자의 풍수관 연구는 이른바 반풍수론에 초점이 있었다. 실학자들이 풍수술수의 사회적 병폐를 지적하고 비판한 점은 이해되지만, 그들의 풍수비판의 방법론이나 내용은 실사구시적이지 못했다. 이러한 측면에서 실사구시적인 풍수연구 방법론으로 풍수를 비판하고, 풍수화복설과 산송의 시폐를 개혁할 사회개혁론까지를 제시한 실사구시적인 풍수비평은 위백규가 대표적이다. 위백규의 「원풍수」와 그의 풍수사상, 풍수설 관련 산송예방과 묘제개혁 등 사회개혁론은 제Ⅴ장에서 상술하였다.

앞에서 살펴 본 실학자들의 풍수사상을 요약 정리해 보자면 첫째, 조선후기에도 여전히 풍수는 기층사상일 정도로 지역과 신분을 가리지 않고 성행하였다. 정약용과 같은 대표적인 풍수술수 비판론자도 실제로는 집안의 양택과 음택은 모두 풍수원리에 따라 활용하였다.

둘째, 종래에 실학자들의 이른바 '반풍수론'은 풍수와 지리를 이원적으로 오해하여, 풍수의 범위와 사회병폐를 혼동하여 생긴 개념이며, 사실에도 부합하지 않다.[48] 그러므로, 예컨대 '반도참론', '반술수론', '반풍수화

---

46) 남재철, 앞 논문, 294쪽.
47) 荊浩(唐末 五代 ; 10세기 전반) 중국의 화가로 자는 浩然이며, 雲林山水와 樹石圖에 능했으며, 산수화 등 그림과 화론서인 『山水訣』을 남겼다.

복론', '반이기풍수론' 등으로 비판대상의 경우에 알맞게 바꾸어 불러야한
다고 제안하였다. 그래야만 본래의 뜻에 부합할 것이며, 실학자들이 풍수
학 전체를 부정한다는 오해에서 벗어날 수 있다고 생각하기 때문이다.

　셋째, 조선시대 풍수는 지식인의 교양을 넘어 기층사상이나 풍수신앙
이라 할 만큼 민중생활에 영향력이 컸다. 본고의 사례연구 대상인 호남
3기재는 물론이고 계층을 가리지 않고 풍수를 인식하고 실천했던 흔적들
이 풍수설화나 풍수실천 사례로 도처에 산재하고 있었다.

　넷째, 앞에서 살폈듯이 조선시대 지식인의 우주관인 풍수적 자연관은
천지인합일 사상과 함께 시·서·화를 초월하여 예술세계 속에 녹아들어
있었다.

　다섯째, 실학자들은 풍수형국론에 대한 이해가 부족했고, 이 점은 현대
풍수의 관점에서 보면 아쉬운 인식수준이었다. 최창조는 이에 대하여 "이
들 실학자들이 풍수형국론에 대하여 가지고 있는 생각은 의외로 빈약한
편이다. 그 원인에 대해서는 분명치 않지만, 그것이 민속적 풍수이기 때
문에 사대부로서 그에 익숙치 못한 것이 아닌가 하고 추측하였다."[49] 『이
재난고』에는 여러 풍수물형의 사례가 있고, 『원풍수』에서 물형론을 비판
한 위백규의 집안에도 실제로는 풍수물형비보가 행해졌음을 보면 민중들
은 풍수물형을 이미 받아들이고 있었다. 다만 실학자들은 물형론의 상징
적 함의를 보지 못하고 물형에 따른 화복론에 주목하다 보니 화복론풍수
비판이 물형론 비판으로 연결된 것으로 추측된다. 물형론은 풍수설화에도
자주 등장하고 있고, 전문적 풍수지식이 부족한 민중들에게 아주 친근하
고 재미있는 풍수설명으로 다양한 이야기의 소재가 되었다. 현대 풍수적
관점에서는 국세의 거시적 판단이나 풍수적 교훈의 전달에도 유효한 간산
법이란 점에서 실학자들의 물형론 몰이해와 비판은 아쉬운 대목이다.

---

48) 최창조, 1991, 「한국 풍수사상의 역사와 지리학」 『정신문화연구』 14-1, 146쪽.
49) 최창조, 1990, 앞 논문, 480쪽.

여섯째, 호남파 실학자의 풍수사상 연구의 결과, 호남지역은 조선후기에도 여전히 다양한 학문과 함께 풍수학도 꽃피고 있었음을 알 수 있었다. 제2장에서 살폈듯이, 역사적으로 삼국 중 백제가 역박사(음양박사)를 두고 일본에도 이를 전해줄 정도로 음양오행의 철학적 사유가 발달하였고, 풍수설도 가장 먼저 도입되고 활발한 지역이었다. 한국풍수를 정립한 비조인 도선국사도 호남인으로 호남지역에서 주로 활동하였다. 이러한 역사적 전통과 다양한 사상을 포용하는 학문태도로 인해 풍수학 등 잡학에도 관용적이었다. 이러한 토양에서 박상의나 이의신 같은 조선을 대표하는 풍수학인도 배출되었다. 위 3인의 사례연구만 보더라도 한국풍수사를 새롭게 구성할 만큼 의미있는 풍수학 자료를 무수히 제공하고 있다. 이러한 토양이 있었기에, 족보 없이 맴돌던 한국풍수를 미신과 술수에서 학문의 반열로 되살리 데 크게 기여한 풍수학자 최창조가 호남지역에서 교수활동과 자료수집 활동을 하였음도 이러한 역사문화적 바탕과 연관되었으리라 본다.

일곱째, 풍수연구의 방법론과 관련하여 문헌연구의 한계와 풍수실천 현장 조사연구의 중요성을 실감하였다. 신경준의 『여암유고』에는 풍수라는 용어가 한 번도 쓰이지 않았다. 감여라는 단어만 1회 등장할 뿐이다. 그러나 현장에는 많은 풍수설화와 풍수담론의 소재들이 많았다. 역사사서의 기록과 고고학적 발굴성과의 관계와 마찬가지로, 유학자의 풍수담론인 문집 등의 기록과 풍수생활 실천의 흔적인 현장의 풍수답사는 병행되어야 한다. 주자학 일존의 조선사회에서는 어쩌면 후자 쪽이 진실한 마음 속의 인식에 더욱 근접할 수 있다는 판단 때문이다.

여덟째, 가설적 추론이긴 하지만, 조선시대 유학자들의 풍수관련 저술은 문집편집 과정에서 고의적 혹은 미필적 고의로 누락시켰거나 혹은 산실했을 가능성이 농후하다고 본다. 현장답사와 면담조사의 결과 그러한 가능성은 거의 확실하다고 본다. 예컨대 위백규의 「원풍수」는 『존재전서』

와 『존재집』에 수록되어 있지만, 「감여설」은 『존재집』에는 누락되었다.

신경준의 경우도 사는 곳마다 작문을 남기고, 조부의 전기에 풍수설화를 기록하였고, 자신도 스스로 풍수설화를 남기고 신후지지를 손수 잡을 만큼 풍수실력을 갖춘 데다가, 수많은 지리서와 지도를 제작하였고 키를 넘을 만큼의 저술을 쌓아 놓았다는데도 유독 풍수관련 잡저, 비망록 등이 하나도 없었을 것인가? 조선 국풍 박상의의 전기를 집필하였고 모친 장례 시 전문풍수학인들과 논쟁하면서 좌향을 손수 확정할 만큼 풍수에 정통했던 황윤석이 그렇게 호한한 저술을 남기면서도 유독 풍수에 관한 비망록 한 장이 어찌 없을 수 있겠는가? 전라도 관찰사를 두 번이나 역임하며 방방곡곡에 풍수예언 설화를 숱하게 남긴 도안급 풍수학인이라는 강산 이서구의 문집에는 정작 풍수라는 말이 한마디도 없다는 게 어찌된 일인가?

문집편집 과정에서 후손이나 후학들의 학풍경향에 따라 풍수 잡학류라 하여 없애버린 것이 분명하다. 필자가 연구를 진행하는 오늘날에도 현장에서는 풍수를 오해하는 시선들이 많은데, 명분과 체면을 중시하던 주자학의 나라 조선에서는 어느 정도였을 것인가 짐작이 간다. 극히 예외적으로 유성룡가나 홍양호가와 같이 유훈으로 후손에게 풍수학을 공부하게 하거나 내놓고 풍수학을 하는 가문은 드물었을 것이다. 바로 이 점이 유학자의 풍수사상 연구에서 현장답사와 현지조사가 더욱 중요한 또 하나의 이유이기도 하다.

아홉째, 지인상관의 하나로, 사람과 땅은 닮는다고 한다. 사람의 기질상 좋아하는 터가 있게 마련이다. 터의 성질도 쓰임새가 정해졌음을 알게 해준 사례를 여적으로 적어 두고자 한다. 황윤석의 생가마을은 소나 말의 구유형국이라 하여 구수동이라 하였고, 마을 앞 들판이름이 구숫들, 굽들이라고 불린다. 생가에서 서쪽으로 사십여 리 떨어진 집안서당인 귀암서당이 있는 서당물 마을의 앞뜰도 구숫들이었고 물의 흐름도 오른편에서 왼쪽으로 감아도는 우선수右旋水로 똑같다. 터잡은 사람이 좋아하는 마을

형국을 일부러 찾은 것인지 우연인지는 모르지만, 일종의 지인상관이 아닐까 한다.

위백규는 묘제개혁론에서 가족묘지 제도를 제안하였는데, 위백규가의 묘지는 강학처인 다산사 찻등 언덕에 가족묘지 형태로 모여 있었다. 위백규는 면례緬禮없이 초장지를 그대로 지키고 있었다. 황윤석과 신경준이 길지를 찾아 두 번씩 재천장한 것과는 대조되는 사례였다. 위백규의 묘역 인근에는 고인돌 무리가 있어서 오래전부터 반복하여 묘지 터로 쓰이고 있었다. 신경준가의 순창 무수동선영 마을에도 고인돌과 함께 백제시대 고분군의 유적들이 산재해 있어서 시대를 초월하여 오랫동안 좋은 묫자리 터로 재활용되고 있었음을 알 수 있었다.

제8장

요약과 결론

이 책은 조선후기 호남파 실학자의 풍수사상과 풍수생활을 고찰하기 위해, 황윤석, 위백규, 신경준의 풍수인식과 집안의 풍수생활을 사례로 조사 연구한 것이다. 특히 이론적 담론인 풍수인식과 풍수의 실제 적용현장 인 풍수실천 현장의 양면을 함께 조사함으로써 풍수사상의 총체적 실상에 접근하고자 시도하였다.

이 논문의 내용을 요약하자면, 제1장은 풍수학이 민족의 문화유산으로 서 보편적이며 탁월한 가치가 있느냐에 관한 의문, 곧, 풍수학에 대한 근 본적 물음을 한국풍수의 세계문화유산 등재 동향을 소재로 정리해 보았 다. 현대풍수의 미래를 위한 문제인식을 기초로 하여 연구목적, 연구범위 와 방법 등 연구내용을 개관하였다. 제2장은 풍수지리사상의 역사적 전개 양상을 줄기흐름으로 살펴보고, 북한 학계의 풍수사상 서술을 개관해 보 았다.

제3장은 이 글의 시대적 배경인 조선후기의 풍수사상과 풍수생활의 실 상을 『이재난고』를 중심사료로 하여 밝혀 보았다. 조선시대를 풍미했던 80여 명의 풍수학인과 사승계보 그들에 대한 평가, 전공분야, 지사들의 행태 등을 세세히 정리해 보았다. 아울러 풍수학 서적이나 풍수관련 유 파, 풍수생활관련 장례습속, 풍수와 다른 잡술과의 습합, 풍수물형과 풍수 설화 등을 발굴하여 소개하였다. 조선후기의 민간에서 실제 이루어진 풍 수학과 풍수생활의 실상을 보다 가까이 접근할 수 있었다.

제4장은 황윤석의 풍수인식과 집안의 풍수생활 내력을 조사하였다. 황 윤석의 5대조인 황이후는 조선중기 최고 풍수학인 박상의를 초빙하여 양 택지를 잡을 만큼 교유가 있었고, 황윤석은 박상의의 전기를 집필할 정도 로 세교가 있었다. 황윤석은 평생 쓴 일기에 당대 풍수생활사를 반영하는

귀한 사료를 많이 남겼다. 특히 황윤석가는 길지명당을 택지 활용하는 풍수실천의 흔적들이 유독 많았다. 집안 선영들은 『옥룡자유산록』 등에 나오는 호남 갑의 명당을 택지하여 활용하였고, 풍수생활 전통은 후손들에게도 대대로 이어져 황윤석의 증손인 황중섭은 순창 옛 만일사의 칠성각터에 유택을 마련하기도 했고, 황윤석도 사후에 길지를 찾아 60여 년 주기로 두 번이나 면례를 하고 멀리 순창, 화순까지 천장을 하기도 하였다.

제5장은 땅끝 장흥의 벽촌에서 재지사족으로 일생을 학문과 사회개혁론 저술 등으로 살았던 위백규의 풍수관과 풍수실천을 살펴보았다. 그는 풍수에 관해서도 「원풍수」라는 탁월한 논문을 통해 실사구시적인 풍수이론 비판을 본격적으로 하였고, 당시 시폐의 하나인 산송과 타락한 풍수의 폐해를 개혁하기 위한 묘지제도개혁론을 제시하였다. 이런 업적으로 한국풍수사에서 위백규는 새롭게 조명되어야 한다고 평가하였다.

제6장은 신경준의 회통사상과 풍수인식을 다루었다. 풍수관련 문헌자료를 남기지 않은 신경준도 집안의 풍수설화를 남기고 자신의 신후지지를 손수 잡을 만큼 풍수에 조예가 있었다. 실학자들의 국토관의 표준이 된 『산수고』와 『산경표』 그리고 고지도 등을 통하여 풍수적 국토지리관을 고찰하였다. 특히 그의 시창작법인 『시칙』은 풍수물형과 풍수격언을 인용하여 저술한 것으로 당시 지식인의 풍수관이 예술장르를 넘나들며 녹아든 사례라서 발굴하여 의미를 부여하였다.

제7장은 호남파 실학자들의 풍수사상 연구결과와 함께, 그간 실학자의 풍수연구 성과들을 종합 검토하여, 호남파 실학자의 풍수인식의 특징을 정리해 보았다. 특히 종래 실학자들의 반풍수론을 재검토한 후에 수정되어야 함을 제안하였다. 한편 유교국가 조선에서 유학과 풍수학의 공존의 연결고리로서 천지인합일 사상과 천명사상을 주목하여 고찰하였다. 또한 당대 지식인의 시·서·화 등의 예술세계를 관통하는 우주관과 미학으로서 풍수적 자연관과 풍수미학이 공유되었음을 밝혔다.

이 연구의 결론으로서 본고에서 확인된 기존의 연구결과들은 다음과 같다. 첫째, '주유야풍'이라는 풍자어와 같이, 조선후기에도 풍수는 여전히 민중의 기층사상이거나 풍수신앙일 정도로 영향력이 여전하였다는 점이다. 지역과 집안을 가리지 않고 길지 취득과 활용의 풍수실천은 철저하였고 대대로 계승하였음을 확인하였다. 둘째, 한국풍수의 대표적인 한 특성으로 들고 있는 비보풍수의 생활 속의 체화현상이다. 조사사례인 세 집안 모두에서 풍수물형상의 비보, 마을비보, 문자비보 등의 풍수비보가 생활의 지혜로써 자연스레 시행되었음을 확인하였다.

본 연구의 결과 선행연구의 몇 가지 가설이나 명제와는 다른 결론이 도출되어, 수정을 제안하는 부분은 아래와 같다. 첫째, 실학자들은 반풍수론을 주장했다는 선행연구의 결론은 사실과 다르며, 개념 오해의 소지가 있으므로 수정되어야 한다. 필자는 대안으로 '반도참론', '반술수론', '반풍수화복론', '반이기풍수론' 등의 개념을 제시하며, 비판의 내용에 알맞게 바꾸어 불러야 한다고 제안한다. 이렇게 말해야 그 본래의 뜻과 사실에 부합할 것이며, 실학자들이 풍수학 전체를 부정했다는 오해에서도 벗어날 것이라고 판단하기 때문이다.

둘째, 조선의 유학자들이 풍수를 받아들인 바탕에는 그들이 금과옥조로 삼고 모서온 정사와 주자의 풍수지침이 유교의 조종관념과 효도관념과 결합하였음은 주지의 사실이다. 거기에 더하여 필자는 성리학의 천지인합일의 우주관과 '순천응인'의 천명사상이 풍수의 소주길흉론이나 적덕자 명당취득설 등과 사상적 공통분모로서 연결고리가 되었음을 주목하였다. 천지인합일의 우주그물망 사상을 풍수학의 보편적이며 영속적 가치로 거듭날 수 있는 빛나는 사상이라고 보기 때문이다.

셋째, 유교국가 조선에서 세력가들이 쇠락해가는 길지명혈의 사찰을 폐하고 음택으로 전용하는 사례, 이른바 '폐찰입장'의 사례 등이 불교가 더욱 쇠잔해진 조선 중후기에 주로 나타난 것으로 알려져 왔는데, 신포시의 사례는 폐찰입장의 시작이 조선초까지 소급해야 한다는 것을 알려 주었다.

넷째, 조선시대 전후기의 풍수특성을 말할 때, 조선 전기에는 주자학적 이데올로기의 사회적 확산과 맞물리면서 묘지풍수론이 성행하였고, 조선 후기에는 실학자들에 의해 양기풍수 등 주거풍수론이 전개되었다고 한다. 그러나 본 연구의 결과로는 조선 후기에도 여전히 묘지풍수, 이기파 풍수, 산송 등이 심각한 수준으로 만연하였으며, 성리학적 이상국가 실현과 유교통치의 한계, 사회적 갈등과 함께 이러한 현상은 조선후기로 갈수록 오히려 심화되었다.

본 연구의 의의와 성과는 다음과 같다. 첫째, 호남파 실학자들을 대상으로 한 최초의 풍수사상 연구라는 점에 의의가 있다. 연구결과 호남파 실학자들은 풍수학에도 많은 의미있는 시사점을 주고 있었고, 다양한 자료를 제공해 주었다.

둘째, 생활사의 보고로 알려진 『이재난고』가 풍수학에 관해서도 많은 정보를 담고 있음을 확인하였고, 이를 기초로 하여 조선후기의 풍수생활사를 구성할 수 있었다. 특히 관찬사료 등에서 볼 수 없는 80여명의 풍수학인에 대한 구체적인 정보들은 그간 접근하지 못한 귀한 자료들이다. 이 기초사료를 바탕으로 다양한 후속연구가 기대된다.

셋째, 호남파 실학자 집안들과 최고 수준 풍수학인들과의 교유관계를 밝혔다. 황윤석가와 박상의, 위백규가와 이의신의 교유, 신경준과 홍양호의 교유에도 풍수배경이 있었던 흔적들을 밝혀서 그들의 학문사상 형성배경을 보다 깊게 이해할 수 있었다.

넷째, 실학자들의 풍수설 비판논저 중 가장 체계적이며, 자신의 독창적인 '영법'이란 점혈법을 제시하면서 실사구시적 풍수관을 밝힌 위백규의 「원풍수」와 묘지제도개혁론을 주목하여 학계에 최초로 보고하였다. 향후 풍수학 연구의 주요한 소재가 되리라 생각한다.

다섯째, 조선시대 지식인이 공유한 풍수적 관점의 자연관이 지식인의 내면세계에 침잠하여 시서화의 예술세계에도 상통하는 사례를 밝혔다. 황윤석의 풍수시가, 위백규의 시창작법에서 영감을 받은 '영법', 신경준의 시창작법에 풍수격언과 풍수물형을 인용한 사례들이 그것이다. 이서구의 시에는 시와 그림과 풍수가 함께 녹아 있었다. 풍수를 기층사상이었다고 감히 말할 수 있는 또 하나의 논거였다.

여섯째, 기존의 실학자들의 풍수관 연구는 문헌연구가 태반이었던데 비하여, 본 연구는 풍수실천의 현장을 중시하여, 현장 답사와 면접조사 등을 병행함으로써, 빈약한 문헌정보를 보충하면서 유용한 자료를 활용할 수 있었다.

일곱째, 북한 학계의 풍수사상 서술을 개관해 보았다. 비록 자료접근의 한계는 있었지만 전반적인 풍수인식의 흐름을 담아내고자 하였다.

이 연구는 연구범위에서 밝혔듯이 호남실학자 대부분을 조사하지 않았고, 호남 삼기재라는 대표적인 3인의 사례조사를 기초로 한 것이다. 따라서 이 사례연구 결과를 호남과 실학자의 풍수인식으로 일반화 할 수 있을지의 한계가 있다. 또한 신경준의 사례와 같이 직접적인 풍수저술이나 언급이 없는 상태에서 그의 행적과 다른 기록을 유추하여 풍수인식을 추적해야 하는 어려움이 있었다. 이 점은 후속연구와 지속적인 사료발굴을 통하여 비보해 나가야 한다고 생각한다.

이상에서 한국풍수는 겨레의 소중한 문화유산임을 밝혔다. 풍수의 가치는 결국 땅에 있지 않고 사람에게 있다는 것도 확인하였다. 미래풍수의 체와 용은 무엇으로 삼을 것인가? 지구촌시대의 한국 풍수는 천지인합일의 우주관과 하늘그물망 속의 공생공진의 천명사상, 생명사상을 체로 삼아야한다. 그리고 지속가능한 지구를 위한 내발적 개발을 통한 활지活地의 풍수, 생명복원의 풍수, 천인조화의 아름다움을 추구하는 비보풍수를 용으로 삼아야하지 않을까 생각한다.

【참고문헌】

1. 사료와 원전

⟨황윤석, 위백규, 신경준 관련자료⟩

黃胤錫, 『頤齋亂藁』, 한국학중앙연구원, 1994.

黃胤錫, 『頤齋遺稿』

黃壓, 『晚隱遺稿』

『平海黃氏從仕郎公派世譜 全』

魏伯珪, 『存齋全書』, 경인문화사, 1974.

魏伯珪, 『存齋集』, 한국문집총간, 한국고전번역원.

『長興魏氏大同譜』

申景濬, 『旅菴全書』, 경인문화사, 1979.

申景濬, 『旅菴遺稿』, 한국문집총간 231, 한국고전번역원.

申泰浩, 『歸來亭實記』, 귀래정실기간행위원회, 1994.

『高靈申氏世譜 歸來亭公派』 (1975 제7회 乙卯譜)

『국역 이재만록』 상중하

『국역 이재유고1』

『국역 존재집』 전6권

⟨史書, 文集類⟩

『經國大典』 『高麗史』 『高麗史節要』 『東史綱目』 『朝鮮王朝實錄』

『海東繹史』 『欽定四庫全書』 『二程集』 『朱子集』

『孤山遺稿』, 尹善道, 윤고산문화사업회, 1996.

『久庵遺稿』, 韓百謙, 일조각, 1987.

『氣測體義』, 崔漢綺, 민족문화추진회, 1974.

『農圃問答』, 鄭尙驥, 을유문화사, 1973.

『湛軒書』, 洪大容, 민족문화추진회, 1974.

『大東輿地圖』, 金正浩

『東國輿地勝覽』, 명문당, 1981.

『東國地圖』, 鄭尙驥

『東國地理誌』, 韓百謙, 일조각, 1987.

『牧民心書』, 丁若鏞, 민족문화추진회, 1969.

『磻溪隨錄』, 柳馨遠, 충남대학교, 1968.

『白湖全書』, 尹鑴, 민족문화추진회, 1997.

『北學議』, 朴齊家, 을유문화사, 1971.

『山林經濟』, 洪萬選, 경인문화사, 1973.

『詳說古文眞寶大全』, 보경문화사, 1989.

『西厓全書』, 柳成龍

『星湖僿說』, 민족문화추진회, 1966.

『與猶堂全書』, 丁若鏞, 경인문화사, 1971.

『熱河日記』, 朴趾源, 대양서적, 1982.

『人政』, 崔漢綺, 민족문화추진회, 1981.

『靑邱圖』, 金正浩

『推測錄』, 崔漢綺, 민족문화추진회, 1974.

『擇里志』, 李重煥, 을유문화사, 1993.

『弘齋全書』, 민족문화추진회, 1998.

〈風水, 易學類〉

『撼龍經』『管氏地理指蒙』『錦囊經』『圖解校正地理新書』

『洞林照膽』『明山論』『三命通會』『雪心賦』『陽宅大全』

『陽宅三要』『疑龍經』『人子須知』『葬經』『地理新法』

『地理五訣』『地理琢玉斧』『靑烏經』『風水錄』

2. 단행본

금장태, 2009, 『비움과 밝음』, 제이엔씨.

김두규, 2005, 『풍수학사전』, 비봉출판사.

_____, 2003, 『우리 풍수 이야기』, 북하우스.

_____, 2004, 『풍수지리와 신행정수도』, 충남발전연구원.

_____, 2005, 『복을 부르는 풍수기행』, 동아일보사.

_____, 2008, 『풍수강의』, 비봉출판사.

_____, 2010, 『조선풍수, 일본을 논하다』, 드림넷미디어.

김두규 역해, 2001, 『호순신의 지리신법』, 장락.

_____, 2002, 『明山論』, 비봉출판사.

_____, 2015, 『捉脈賦, 洞林照膽』, 비봉출판사.

김두규 교감 역주, 2009, 『감룡경. 의룡경』, 비봉출판사.

김석회, 2003, 『조선후기 시가 연구』, 월인.

김영식, 2005, 『주희의 자연철학』, 예문서원.

김재근, 1984, 『韓國船舶史硏究』, 서울대학교출판부.

김재영, 2004, 『한국 사상 오디세이』, 인물과 사상사.

남재철, 2005, 『강산 이서구의 삶과 문학세계』, 소명출판.

노혜경, 2006, 『조선후기 수령행정의 실제-황윤석의『이재난고』를 중심으로』, 혜안.

文永午, 2001, 『孤山文學詳論』, 태학사.

박복순외, 2009, 『장묘문화개혁운동 10년』, 장묘문화개혁범국민협의회.

박시익, 1999, 『한국의 풍수지리와 건축』, 일빛.

박용숙, 1985, 『한국의 원시사상 : 원형연구를 위한 방법서설』, 문예출판사.

박용운외, 2009, 『고려시대사의 길잡이』, 일지사.

배우성, 1998, 『조선후기 국토관과 천하관의 변화』, 일지사.

裵宗鎬, 1974, 『韓國儒學史』, 연세대학교출판부.

서선계, 서선술(김동규역), 1992, 『人子須知』, 명문당.

서성렬, 2006, 『우리 옛 시가속의 풍수사상』, 국학자료원.

순창군·순창문화원, 2012, 『여암 신경준선생 탄신 300주년기념 국제학술대회논문집』.

양방웅 집해, 2006, 『중용과 천명』, 예경.

와타나베요시오(이화역), 2010, 『동아시아풍수사상』, 이학사.

위정철, 2012, 『존재 위백규와 다산 정약용의 생애와 사상연구』, 한국학술정보.

윤사순, 2008, 『실학의 철학적 특성』, 나남.

윤홍기, 2011, 『땅의 마음』, 사이언스북스.

이규홍, 박승범, 2002, 『풍수지리에 담긴 環境觀 해석』, 동아대학교 건설기술연구소.

이재연구소편, 2009, 『이재 황윤석의 학문과 사상』, 경인문화사.

이화, 2013, 『풍수란 무엇인가』, 이학사.

이화, 2013, 『조선시대 산송자료와 산도를 통해 본 풍수운용의 실제』, 민속원.

이희권, 2005, 『역사로 보는 전라도』, 신아출판사.

장영훈, 2000, 『왕릉풍수와 조선의 역사』, 대원사.

_____, 2006, 『대학풍수강론』, 담디출판사.

_____, 2007, 『산나고 탑나고 절나고』, 담디출판사.

전경목, 2013, 『고문서, 조선의 역사를 말하다』, 휴머니스트.

전상운, 1998, 『한국과학사의 새로운 이해』, 연세대출판부.

정약용(박종천 역), 2015, 『다산 정약용의 풍수집의』, 성균관대학교출판부.

丁義元(이화진 역), 2010, 『예술풍수』, 일빛.

趙廷棟(申坪 역주), 2011, 『地理五訣』, 동학사.

최원석, 2004, 『한국의 풍수와 비보』, 민속원.

최창조, 1984, 『한국의 풍수사상』, 민음사.

_____, 1990, 『좋은 땅이란 어디를 말함인가』, 서해문집.

_____, 1992, 『땅의 논리, 인간의 논리』, 민음사.

_____, 1993, 『한국의 풍수지리』, 민음사.

_____, 1995, 『역주 청오경, 금낭경』, 민음사.

_____, 1997, 『한국의 자생풍수 1·2』, 민음사.

_____, 1999, 『한국의 풍수지리』, 민음사.

_____, 2009, 『새로운 풍수이론』, 민음사.

_____, 2011, 『사람의 지리학』, 서해문집.

_____, 2013, 『한국풍수인물사』, 민음사.

최한기(손병욱 역주), 2004, 『氣學』, 통나무.

하우봉, 1989, 『조선후기 실학자의 일본관 연구』, 일지사.

『한국실학사상논문선집』 6(李翼·柳壽垣·李重煥·愼後聃·申景濬), 불함문화사, 1991.

한국정신문화연구원, 『"이재난고"를 통해 본 조선후기 생활사연구』, 2004년도연구
　　　과제.

현상윤(이형성 교주), 2010, 『현상윤의 조선사상사』, 심산.

현상윤(이형성 교주), 2010, 『현상윤의 조선유학사』, 심산.

홍만선(유중림 역), 1997, 『산림경제』, 솔.

황종찬, 2001, 『행운을 갖고 오는 생활풍수』, 태을출판사.

〈북한자료〉

과학백과사전출판사, 1979~1980, 『조선전사』, 1권~12권.

교육도서출판사, 2002, 『조선력사, 고등중학교 2』.

교육도서출판사, 2002, 『조선민속학(대학용)』.

사회과학출판사, 1971, 『력사사전 2』

사회과학원 역사연구소, 1988, 『조선통사(상)』, 오월.

〈외국자료〉

고바야시 사치아키(김현남 감수), 2006, 『부자가 되는 풍수인테리어』, 동도원.

사라로스파크(황봉득 역), 1987, 『풍수로 보는 인테리어』, 동도원.

케테 바클러(이만호 역), 1998, 『수맥이 뭐길래』, 가람출판사.

何曉昕著(宮崎順子譯), 1995, 『風水探源』, 人文書院.

目崎茂和, 1992, 『風水思想から地域環境システムを解く: 景觀からよむ』, 愛知大學綜
　　　　合鄕土硏究所編, 名著出版.

村山智順, 1931, 『朝鮮の風水』, 朝鮮總督府.

堀込憲二, 1991, 『風水思想と淸代台湾の城市―官撰地方志中心史料とした檢討』, 儒
　　　　彿道三敎思想論攷. 山喜房佛書林.

戶矢 學, 2005, 『日本風水』, 木戶出版.

戶矢 學, 2006, 『陰陽道とは何か』, PHP新書.

渡邊欣雄, 1990, 『風水思想とアジア』, 人文書院.

3. 논문류

≪학위논문≫

강환웅, 2004, 「조선 초기의 풍수지리사상 연구」, 세종대학교 박사학위논문.

구현식, 2013, 「『協吉通義』의 命理·風水原理硏究」, 공주대학교 박사학위논문.

권선정, 2003, 「풍수의 사회적 구성에 기초한 경관 및 장소 해석」, 한국교원대학교
　　　　박사학위논문.

김경숙, 2002, 「조선후기 산송과 사회갈등연구」, 서울대학교 박사학위논문.

김보근, 2004, 「風水歌辭 原典硏究 : 異本對校를 통한 原典 재구성을 중심으로」,
　　　　동국대학교 박사학위논문.

김상휘, 2003, 「도시계획에 있어서 풍수적용에 관한 연구 : 계룡신도시를 중심으로」,

전주대학교 박사학위논문.

김현남, 2004, 「일행의 밀교관 연구」, 원광대학교 박사학위논문.

김혜정, 2008, 「中國風水地理學의 天文觀 硏究」, 공주대학교 박사학위논문.

노중석, 2014, 「旅菴 申景濬의 "文章準則 莊子選" 硏究」, 계명대학교 박사학위논문.

문재곤, 1990, 「漢代易學硏究」, 고려대학교 박사학위논문.

민병삼, 2009, 『주자의 풍수지리 생명사상 연구』, 성균관대학교 박사학위논문.

박시익, 1987, 「풍수지리설 발생배경에 관한 분석연구: 건축에의 합리적 적용을 위하여」, 고려대 박사학위논문.

박재락, 2013, 「宗宅마을의 風水的 立地類型과 構造의 計量的 硏究: 慶北北部地域을 中心으로」, 영남대학교 박사학위논문.

박정해, 2012, 「朝鮮 儒敎建築의 風水的 特徵에 關한 硏究 : 書院과 鄕校建築을 中心으로」, 한양대학교 박사학위논문.

박헌영, 2008, 「道詵國師의 風水地理思想 硏究」, 원광대학교 박사학위논문.

배상열, 2009, 「朝鮮後期 實學派의 風水觀 硏究」, 원광대학교 박사학위논문.

裵祐晟, 1996, 「18世紀官撰地圖製作과 地理認識」, 서울대학교 박사학위논문.

백호진, 2008, 「풍수지리를 활용한 전원마을 입지평가에 관한 연구」, 대구대박사학위논문.

서성렬, 2003, 「풍수사상이 수용된 시가문학연구」, 전주대학교 박사학위논문.

신영대, 2012, 「『周易』의 應用易學 硏究」, 부산대학교 박사학위논문.

신월균, 1993, 「한국풍수설화의 서사구조와 의미분석」, 인하대학교 박사학위논문.

심재열, 2010, 「풍수사상의 입지선정 영향에 관한 연구: 전통적 풍수지리와 현대적 입지요건의 비교」, 인천대학교 박사학위논문.

안영배, 2003, 「조선조 4대 풍수고시과목에 나타난 기개념」, 원광대학교 석사학위논문.

안영배, 2014, 「高麗·朝鮮前期 理氣派風水 硏究 :『地理新書』·『洞林照膽』·『地理新法』의 流行을 中心으로」, 원광대학교 박사학위논문.

윤태중, 2008, 「風水地理의 定穴法에 관한 地理學的 硏究」, 대구가톨릭대 박사학위논문.

윤태현, 2000, 「경방역의 연구」, 동국대학교 박사학위논문.

이몽일, 1990, 「韓國風水地理思想의 變遷過程」, 경북대학교 박사학위논문.

이봉조, 2012, 「『초씨역림』에 관한 연구」, 원광대학교 박사학위논문.

이상인, 2009, 「朝鮮時代 住居文化의 風水地理的 特性 硏究 : 士大夫의 住居空間

을 중심으로」, 원광대학교 박사학위논문.

이수동, 2013, 「조선시대 陰陽科에 관한 연구」, 원광대학교 박사학위논문.

이창환, 1998, 「조선시대 능역의 입지와 공간구성에 관한 연구」, 성균관대 박사학위논문.

장기웅, 2001, 「풍수지리사상과 건축문화의 상관성에 관한 연구」, 대구한의대 박사학위논문.

이 화, 2005, 「朝鮮朝 풍수신앙연구 : 유교와의 상호관계를 중심으로」, 서울대 박사학위논문.

장성규, 2010, 「『朝鮮王朝實錄』의 風水地理文獻 硏究」, 공주대학교 박사학위논문.

장장식, 1992, 「한국의 풍수설화 연구」, 경희대 박사학위논문.

장정환, 2013, 「지형의 변화원리와 현상에 대한 풍수지리학적 연구 : 자연지리학과 풍수지리학의 해석상 유사성을 중심으로」, 동국대 박사학위논문.

장지연, 2010, 「고려, 조선초 국도풍수 연구」, 서울대학교 박사학위논문.

전경목, 1996, 「조선후기 산송연구」, 전북대학교 박사학위논문.

정백균, 2012, 「風水地理 交媾通脈 裁穴法에 관한 硏究」, 대구한의대 박사학위논문.

조운연, 2008, 「조선왕릉의 능역복원에 관한 연구」, 상명대학교 박사학위논문.

조인철, 2006, 「풍수향법의 논리체계와 의미에 관한 연구 : 건축계획론의 관점에서」, 성균관대학교 박사학위논문.

최낙기, 2012, 「『정감록』 연구」, 선문대학교 박사학위논문.

최상용, 2007, 「진단의 내단사상 연구」, 원광대학교 박사학위논문.

최원석, 2000, 「영남지방의 裨補」, 고려대학교 박사학위논문.

한종구, 2001, 「주거의 지자기장 평가와 주 공간계획 연구」, 연세대학교 박사학위논문.

현경용, 2013, 「孤山 尹善道의 풍수사상 연구」, 대전대학교 박사학위논문.

현영조, 2002, 「풍수지리관점에서 본 생태공간 해석에 관한 연구 : 한국의 전통적 풍수지리를 중심으로」, 상명대학교 박사학위논문.

홍성서, 2013, 「朝鮮時代 陰陽科 地理學 科試科目의 文獻硏究」, 영남대학교 박사학위논문.

≪연구논문≫

강신항, 1959,「申景濬의 기본적 국어학 연구 태도」『국어국문학』 20, 국어국문학회.

강신항, 1975,「여암 신경준-地理學·文字(音韻)學者」『실학논총』, 전남대 호남문화연구소.

고동환, 2003,「여암 신경준의 학문과 사상」『지방사와 지방문화』 6권 2호, 역사문화학회.

구만옥, 2001,「조선후기 조석설과 '동해무조론'」『동방학지』 별책 111집, 연세대학교국학연구원.

구만옥, 2009,「황윤석, 성리학의 집대성을 위해 노력한 주자도통주의자」『내일을 여는 역사』 37.

권택룡, 1999,「旅菴申景濬先生之生平與著述簡考」, 동방한문학 17, 동방한문학회.

김경숙, 2002,「18~19세기 사족층의 분산대립과 산송」『한국학보』 28권4호.

김경진,김영석,양승우, 2012,「부동산 복수경매 주택에 대한 풍수지리학적 해석」『서울도시연구』 13.

김기덕, 2005,「고려중·후기 천도논의와 풍수·도참설」『역사민속학』, 역사민속학회.

_____, 2001,「고려시대 개경의 풍수지리적 고찰」『한국사상사학』 17, 한국사상사학회.

_____, 2004,「고려시대 개경과 서경의 풍수지리와 천도론」『한국사연구』 127.

김남형, 2013,「申景濬의 문장준칙 장자선 연구」『한국학논집』 51, 계명대 한국학연구소.

김덕진, 2014,「조선후기 실학자의 현실 인식과 사회경제개혁론: 존재위백규의 현실인식과 경제 개혁론」『한국실학연구』 27, 한국실학학회.

김도형, 2013,「이재 황윤석의 기문연구」『이재 황윤석의 학문과 사상』 6, 전북대학교 이재연구소.

_____ , 2010,「이재 황윤석의 문학론 : 序跋을 중심으로」『국어문학』 49, 국어문학회.

김두규, 2014,「『神誌秘詞』를 통해서 본 한국풍수의 원형 : 우리 고유의 터잡기 이론정립을 위한 시론」『고조선단군학』 31.

_____ , 2004,「조선후기에는 왜 묘지풍수가 유행했나?」『내일을 여는 역사』 17.

_____ , 2004,「후백제 도읍지 전주의 해석 : 풍수지리의 측면을 중심으로」『한국 전통조경학회지』 22-3.

김두규, 김용기, 김현욱, 2001,「풍수지리 관점으로 해석한 귀래정 입지에 관한 연구 : 귀래정기를 중심으로」『한국정원학회지』 19-4.

김문식, 2006,「18세기 徐命膺의 세계지리 인식」『한국실학연구』, 한국실학학회.

김병균, 2006,「전북 진안지방의 풍수지명 연구」『어문논집』 35, 한국어문학회.

김석득, 1975,「실학과 국어학의 전개 : 최석정과 신경준과의 학문적 거리」『동방학지』 16.

김성우, 2014,「한국 풍수에 대한 인식의 변화」『민족사상』 8-3.

김숙이, 2009,「백석 시의 生氣와 풍수지리사상」『동북아문화연구』 18.

김윤조, 1994,「강산 이서구의 학문경향과 경학관」『한국 한문학연구』 17, 한국한문학회.

김 일, 2001,「신경준의 『훈민정음운해』와 그의 역학적 언어관」『중국조선어문』 3, 길림성 민족사무위원회.

김재근, 1982,「여암의 병선론에 대하여」『학술원논문집』 21.

김혜정, 2009,「양택 풍수지리의 방위관 -『宅經』을 중심으로」『건축역사연구』 18.

노송호, 박승자, 심우경, 2006,「향교와 서원의 공간별 상징수목과 배식유형」『한국전통조경』 24-1.

류명환, 2014,「신경준의 『도로고』 필사본 연구」『문화 역사 지리』 26-3, 한국문화역사지리학회.

_____, 2005,「여암 신경준의 道路考 연구-六大路를 중심으로」, 부산대학교 석사학위논문.

문영오, 2003,「면앙정가의 풍수지리학적 접근」『도교문화연구』 19, 한국도교문화학회.

_____, 2002,「풍수지리가 연구 서설 : "傳道詵踏山歌"를 중심으로」『한국문학연구』 25.

문인곤, 이창서, 2007,「풍수지리사상이 부동산구매 의사결정에 미치는 영향에 관한 연구」『부동산학보』 29. 대한부동산학회.

박권수, 2015,「여암 신경준의 과학사상」『한국실학연구』 29, 한국실학학회.

박동주, 2008,「위백규의 原體散文 原事物 考」『한국한문학연구』 41권, 한국한문학회.

박명희, 2006, 「存齋 魏伯珪의 현실인식과 시적 형상화」『한국고시가문화 연구』 18, 한국고시가문화학회.

_____, 2012, 「旅菴 申景濬의 務實정신과 시적실천」『국어국문학』 162, 국어국문학회.

박성대, 성동환, 2012, 「퇴계 유적지에 담긴 퇴계의 풍수에 대한 인식」『한국학논집』, 49, 계명대 한국학연구소.

박성대,양삼열,김병우, 2013, 「경주 최부자 가문의 양택을 통한 풍수인식에 관한 연구」『한국민족문화』 47.

박시익, 2005, 「풍수지리 이론의 과학적인 해석과 응용방법」『동아시아 문화예술』 2.

박시익, 2008, 「풍수지리와 주거 공간」『건축』 52.

박인호, 1994, 「신경준」『한국의 역사가와 역사학』 상, 창작과비평사.

박정해.한동수, 2011, 「조선유학자들의 동기감응론 인식」『한국민족문화』 41.

박현순, 2013, 「지방 지식인 黃胤錫과 京華士族의 교유」『한국사연구』 163, 한국사연구회,

배상열, 2008, 「조선후기 실학적 풍수지리 사상의 흐름」『종교연구』 52, 2008.

배우성, 2006, 「18세기 지방 지식인 황윤석과 지방의식」『한국사연구』 135, 한국사연구회.

성동환, 2001, 「현륭원 천원과 화성건설을 통해 본 정조의 풍수지리관」『한국사상사학』 17.

신병주, 1992, 「17세기 전반 조선사상계의 동향과 그 성격, 17세기 전반 북인 관료의 사상」『역사와 현실』 8, 한국역사연구회.

신상섭, 노재현, 2007, 「전통마을에서 추출된 환경적 건전성과 풍수지리의 가능성」『한국녹지환경학회지』 3-3.

신익철, 2009, 「신경준의 국토지리관과 해로.선박에 대한 인식」『한국한문학연구』 43, 한국한문학회.

沈小喜, 2010, 「황윤석의 정음관 연구 2 :『理藪新編』卷20의『韻學本源』을 중심으로」『중국어문학논집』 64, 중국어문학연구회.

양보경, 1999, 「여암신경준의 지리사상」『국토연구』 211, 국토문화원.

_____ , 1992, 「신경준의 산수고와 산경표 : 국토의 산천에 대한 체계적 이해」『토지연구』 3.

_____, 1995, 「大東輿地圖를 만들기까지」『한국사시민강좌』 16집.

오병무, 1996, 「旅菴 申景濬의 素沙問答에 관한 존재론적 조명」 『건지철학 연구』 4권, 한국건지철학회.

오상학, 2013, 「조선후기 세계 지리지에 대한 시론적 고찰」 『奎章閣』 43.

오항녕, 2013, 「存齋 魏伯珪의 讀史論 :「尙論」과 「大明紀」를 중심으로」, 『전북사학』 42.

위홍환, 2005, 「존재 위백규의 학풍과 교유관계」 『한국고시가문화연구』, 고시가문화학회.

유기상, 2015, 「존재 위백규의 「원풍수」와 묘지제도개혁론」 『민족문화』 46, 한국고전번역원.

_____, 2015, 「이재 황윤석의 풍수지리 인식」 『한국사상사학』 50, 한국사상사학회.

_____, 2015, 「여암 신경준의 풍수지리 인식」 『전북사학』 47, 전북사학회.

유봉학, 1991, 「척재 이서구의 학문과 정치적 지향」 『한국문화』 12, 서울대.

유영옥, 2007, 「陵參奉職 수행을 통해 본 頤齋 黃胤錫의 仕宦의식」 『동양한문학연구』 24.

유재영, 1970, 「頤齋 黃胤錫의 목주잡가에 대한 고찰」 『한국언어문학』 7, 언어문화학회.

윤정화, 2012, 「목주잡가의 창작배경과 작품세계」 『한국문학논총』 60.

이강오, 1994, 「여암 신경준 선생의 학문과 사상」, 옥천향토문화연구소.

이경언, 2010, 「황윤석의 『산학입문』과 학교수학에의 응용」 『교육과학연구』 21, 제주대학교 교육과학연구소.

이상태, 1984, 「신경준의 역사지리인식 : 강계지를 중심으로」 『사학연구』 38.

이선아, 2012, 「18세기 실학자 黃胤錫家의 학맥과 湖南 洛論」 『지방사와 지방문화』 15, 역사문화학회.

_____, 2010, 「영조대 정국 동향과 호남지식인 황윤석의 학맥과 관료생활」 『지방사와 지방문화』 13, 역사문화학회.

이종범, 2003, 「신경준-국토와 도로의 개념을 발견한 실학자」 『역사비평』 62, 역사비평사.

이지양, 2008, 「호남선비 황윤석이 본 '호남차별' 문제」 『동양한문학연구』 27.

이천승, 2010, 「이재 황윤석의 洛學계승과 호남에 대한 자의식」 『東洋哲學硏究』 63.

이학동, 2003, 「전통마을의 분석과 풍수지리 이론을 통해서 본 주거환경 조성 원리의 탐색」『주거환경』1-1.

임덕순, 1987, 「다산 정약용의 지리론 연구」『지리학논총』14, 서울대학교.

_____, 1991, 「다산 정약용의 지리사상」『한국의 전통지리사상』, 민음사.

전경목, 1998, 「조선후기 山訟의 한 사례 : 전라도 입석리 세거 '독배기신씨' 松訟을 중심으로」『고문서연구』14.

전재강, 2003, 「황윤석 시조의 교술적 성격과 작가의식」『시조학논총』19, 한국시조학회.

조기호, 이병렬, 2003, 「고인돌시대 한반도 自生風水 입지 : 고창지역을 중심으로」『한국정신과학회학술대회 논문집』18.

조성산, 2006, 「18세기 영·호남 유학의 학맥과 학풍」『국학연구』9, 한국국학진흥원.

조성을, 1990, 「유학의 수용과 발달」『북한의 한국사인식』, 한길사.

최병헌, 1975, 「도선의 생애와 나말여초의 풍수지리설」『한국사연구』11.

최영성, 2008, 「黃胤錫 實學의 特性과 象數學的 基盤」『유교사상문화연구』32, 유교학회.

_____, 2009, 「황윤석 실학의 상수학적 기반」『이재 황윤석의 학문과 사상』, 경인문화사.

최원석, 2006, 「조선후기 지식인의 풍수에 대한 인식과 실천에 관한 일고찰」『민속학연구』18, 국립민속박물관.

_____, 2002, 「한국의 비보풍수에 관한 시론」『탐라문화연구』22.

최창조, 1986, 「여암 신경준의 지리학 해석」『다산학보』8, 다산학연구원.

_____, 1990, 「조선후기 실학자들의 풍수사상」『한국문화』11.

_____, 1991, 「한국 풍수사상의 역사와 지리학」『정신문화연구』14-1.

_____, 1991, 「한국의 전통지리사상」『한국풍수사상의 이해를 위하여』, 민음사, 69쪽.

최창조·박영한, 1978, 「風水에 대한 地理學的해석」『地理學』17호, 大韓地理學會.

편은범·최민석, 2009, 「풍수지리에 대한 인지도가 부동산 선호도 및 가격에 미치는 영향에 관한 연구」『부동산연구』15, 한국부동산분석학회.

하우봉, 2013, 「반계 유형원과 호남실학」『건지인문학』10권, 전북대학교 인문학연구소.

하태규, 2009, 「이재 황윤석의 역사탐구와 이해」『이재황윤석의 학문과 사상』, 경인문화사.

한영우, 1991, 「17세기후반 18세기초 홍만종의 회통사상과 역사의식」『한국문화』 12.

_____, 1995, 「고지도 제작의 역사적 배경」『문화역사지리』 7, 문화역사지리학회.

한종구, 2007, 「氣를 통한 한국 전통건축의 고찰」『한국정신과학학회지』 11.

허남진, 2003, 「이재 황윤석의 서양과학 수용과 전통학문의 변용」『철학사상』 16, 서울대학교 철학사상연구소.

현승환, 2002 「풍수지리와 장묘문화 : 제주도 풍수설화의 이해」『탐라문화연구』 22.

황의동, 2009, 「이재 황윤석의 성리학연구」『이재황윤석의 학문과 사상』, 경인문화사.

伊藤英人, 1995, 「申景濬의 韻解訓民正音에 대하여」『국어학』 25, 국어학회.

伊藤英人, 2012, 「旅菴의 한자음-그 한국적 특징과 보편성」『여암 신경준선생 탄생 300주년 기념 국제학술대회 논문집』

目崎茂和, 1993, 『風水思想は環境を求えるか』, 『地理』 38-11.

A Study on the PungSu thought and PungSu life of Honam Silhak scholors in the later Joseon Dynasty
: Focused on Hwang, Yoon-Seok, Wi, Baek-Kyu, Shin, Kyeong-Joon

The aim of this study is to inquire into the PungSu thought and PungSu life of Honam Silhak scholars in the later Joseon Dynasty. This paper used case study, and focused on Hwang,Yoon-Seok, Wi,Baek-Kyu, and Shin,Kyeong-Joon who are considerd the best three of the Honam Silhak scholors.

It tried to approach the total real state in PungSu, especially by inquiring minutely into Not only PungSu thought, recognition side but also PungSu life, practice side.

The Significant outcome of this study is as in the following ;

First, It is the first try to study about the PungSu thought of Honam Silhak scholars. They were verified to have contributed to advance of PungSu thought.

Second, IJaeNanGo(『頤齋亂藁』), which was well known for a repository of life history of the later Joseon Dynasty, was confirmed as a kind of data base of Joseon Dynasty's PungSu history. Especially, the record about over 80 PungSu experts not to have been seen in the government compilation is rare materials, and will be used for various field of study in future.

Third, it was determined that there was academic intercourse between the representative Silhak scholars and the best PungSu experts, such as Hwang, Yoon-seok`s family and Park, Sang-ui, and Wi, Baek-gyu`s family and Lee, eui-shin.

Fourth, It found out and introduced that Wi, Baek-gyu`s empirical excellent thesis on PungSu, WonPungSu(「原風水」) that is not yet known to the academic community. Especially, his original method of how to choose a site, Youngbup(影法) is henceforward expected to contribute to studying PungSu.

Fifth, It could confirm that the intellectuals with PungSu-side view of nature in the Joseon Dynasty had mutual understanding in their art world such as poem creation, paintings and writing. In this side, We can say that PungSu was one of the basic floor thought in Joseon Dynasty.

Sixth, While the preceding major research in PungSu mainly used literature research, this study carried out field surveys and interview investigations. By this field work, I can make good a deficiency of written sources or records.

Seventh, it is significant that I could overview the flow of PungSu history of North Korea, although there was limitation of data access. It was the first attempt.

This study is a little critical. There is a limit to generalizing the result of case study to universal PungSu thought of Honam Silhak scholars because I didn't check most of them and inquired into three representative scholars. In Shin, Kyeong-Joon's case, I had to trace his PungSu recognition through his achievement and the analogy from other record without his writing and mention about PungSu. I hope to complement it by a follow-up study and discovery of significant data.

I think Korean PungSu is a precious cultural heritage, and the value of PungSu depends on human beings, not on earth.

In the future, the ultimate aim of PungSu must be the thought of oneness of heaven, earth and man in life matrix network. And PungSu should be practically contributing to the 'Sustainable Earth', by making the earth recovered, restoring the biosphere, and pursuing the harmony among the heaven, earth and man.

『이재난고』 속의 풍수설화 요약

1) 명륜당 노서하전형 설화

명륜당 문묘는 풍수적 길지로 풍수물형이 노서하전형이라서 고양이가 오는 날은 꼭 풍파가 일어난다. 한번은 선왕께서 추운 겨울날 한밤중에 집춘문集春門으로 예고없이 왕림하셔서 동서재의 유생들이 한밤중에 난리법석을 떨었다. 왕께서 수복首僕 이오번李五番에게 향거장의鄕居掌議의 성명표지를 써 올리게 하였으나, 이오번이 300년 고례古例를 어찌 감히 어기겠습니까 하고 거부하자, 유생들을 들어오게 하였다.

이때 대신 홍봉한 등이 들어와서 동재인 진사실에서 쉬려고 하자 재직인 복돌이가 나서서 정부의 우두머리에게, "대감께서 정부에서는 호령하실 수 있으나, 태학인 여기서는 어찌 저를 질책하시겠습니까? 대감께서는 진사가 아니신데 어찌 여기서 쉬시렵니까? 굳이 여기서 쉬시려거든 옛날 진사 때의 의관을 차려야만 합니다." 하고 항거하자 홍봉한도 다른 곳으로 갈 수 밖에 없었다. 이 일로 인하여 왕의특명으로 이오번은 가의대부로 특별 승진하고, 복돌이는 면천을 했다고 한다.[1]

2) 동래정씨 발복담, 회현동종가 취득설화

조선 400년 대족인 동래정씨 집안에서 후손이 크게 번창한다는 옥녀측와형玉女側臥形 집터에 장군규녀형將軍窺女形 안산의 명당을 쓴 후, 음행이

---

1) 『이재난고』 권24, 1778년(무술) 4월 14일(갑진).

잦아지자 집안내 남녀의 상피를 금하는 가규家規를 엄격히 했다. 정씨네가 시골에 살 때 어떤 이가 관상을 보고 서울에 가면 대길하다고 권하여 상경하였다. 초저녁에 회현동 대갓집에 들어가니 빈집인데도 천병만마소리가 요란하였다. 알고 보니 남산의 100년 묵은 장닭 귀신, 장의동 백년 묵은 여우귀신 등이 사람으로 변해 대감행세를 하고 있는 것이었다. 이 집은 본시 김승지의 고택인데 요괴들의 흉사로 부득이 집을 포기하고 나갔던 것이다. 대감집이 되는 것은 하늘의 뜻인지라 집안 땅속에 묻어 둔 은자 1천 냥을 캐내서 김승지에게 그 집을 사서 살게 되었다. 그 이가 문익공 정광필文翼公 鄭光弼이고 그 집터가 지금의 회현동 정씨대종가라고 전해진다. 명당을 잡으면서 지사가 말하기를 이곳은 옥녀측와형이고 안산은 장군규녀형이라 후손들이 크게 번창하리라 예언했다고 한다.[2]

3) 주지번 부벽루명

요즈음 이중환의 택리지를 보니, 평양풍수가 팔도의 으뜸이고 강산의 풍경도 절승이라 하는데, 명 사신 주지번朱之蕃이 부벽루에 현액을 써서 '천하제일강산'이라고 명하였다. 청 태종이 조선 침략시에 지나가다 보고는 중국에는 소주와 항주가 있는데 어찌 여기가 천하제일이란 말인가 하고 현판을 뜯어가려 하였다. 이때 서씨가 말하기를 필법은 가히 빌릴 수 있는데 천하 두자는 썰어간들 뭐하겠습니까? 하였다 한다. 또한 우리 태조께서 개국시에 인재등용을 생각하며 서북인 맹장들이 많음을 보고, 후환이 두려우므로 서북인을 크게 쓰지말 것을 유교하시어 서북인으로 달관達官 명관名官이 없는 것이 여기서 비롯하였다.[3]

---

2) 『이재난고』 권35, 1786년(병오) 6월 24일(병신).
3) 『이재난고』 권38, 1786년(병오) 6월 24일(병신).

4) 인조반정 설화

광해군 당시 강진사람 이의신이 한양이 운이 쇠했으니, 교하로 천도해야 한다고 하였다. 당시 승려 성지性智가 인왕산 아래 정원군 댁에 왕기가 있다고 하여, 광해군은 인왕산 아래에 인경궁을 짓고 정원군 댁을 빼앗아 경덕궁으로 삼았다. 지금의 새문안 경희궁이 거기다. 인조반정시 정원군은 원종으로 추존되었다. 인조의 묘호 인仁자도 인왕지설에서 따온 것이었다. 정원군 장례시에 승 성지를 불러서 인빈의 묘소를 썼는데 군왕이 나오리라고 예언하였으므로 반정일에 그를 죽였다 한다. 혹설은 인왕산 왕기설은 홍덕풍수 김일룡의 설이라 하기도 한다.4)

5) 남원 교룡산성 손권(孫權) 조상묘,
영광의 주원장(朱元璋) 조상묘 설화

남원부 서북쪽 교룡산성에 풍수가 말하는 상제조군신형上帝朝君臣形 명혈이 있다는데, 성의 서쪽에 큰 옛무덤이 있고 이곳이 손권의 조상 묘라고 구전되어 왔다. 또한 영광 고성산의 신사곁에 주천자朱天子의 조상 묘가 있다 한다. 혹은 대마도주의 선조라고도 하는데, 대마도주가 전에는 태수太守라고 칭했는데 요즘은 도령島令이라 한다고 한다. 톱니바퀴 모형의 산이 연이어 늘어져 있으면 왕기가 있다고 한다. 서울의 삼각산, 수락산, 도봉산 등이 그러하고, 계룡산 신도 남 60여리 대둔산이 그러하고, 정읍현 남쪽의 내장산이 또한 그러하다.5)

6) 벽송대사 승 지엄(僧 智嚴) 천년향화지지(千年香火之地)

세조때 승려인 지엄은 부안 동진강변의 둔치근방에 모친을 모시면서

---

4)『이재난고』권14, 1770년(경인) 2월 27일(갑술).
5)『이재난고』권22, 1776년(병신) 9월.

천년만세 향화가 끊이지 않을 것이라 예언하였다. 거주자나 장사꾼들이
반드시 참배하고 가면 유리하고 무흠하므로 다투어 따랐다. 한 40여 년전
제주출신 오씨란 자가 부안을 떠나면서 그 묘위에 몰래 압장을 하자 전국
의 승려들이 무리로 송사를 하여 그 묘를 파서 옮기려고 개봉해보니, 묘
지석에 모년 모일 이국인異國人이 와서 우리 모친묘소를 더럽힐 것이나 여
러 승려들이 나를 구하리라는 지엄의 예언 글이 새겨져 있었다.6)

7) 남사고 한양풍수평과 사색당파

남사고가 파자破字풀이로 한양지세를 평하였다 한다. 한양의 북쪽은 백
악산이라 백가지 악이 있고, 동쪽은 낙타봉이라 각각의 말이 따로 달리고,
서쪽은 안산이라 혁명이후에 안정되고, 남쪽은 남산이라 남에서 나라가
끝난다. 선조대부터 국론이 둘로 갈리어 처음엔 동서분당을 하더니, 동인
은 남북으로 북인은 대북과 소북으로 갈렸다. 동인은 이미 스스로 나뉘었
고, 북인은 서인들이 주도한 계해반정에서 다 멸하였다.7)

8) 조경단 풍수설화

전주부 북쪽 10 리허에 건지산이 있고 평지 중에 구릉이 하나 있는데
풍수가 아주 좋다. 큰 묘가 두 기 있는데 혹은 말하길 국조인 신라사공新
羅司空과 부인 김씨묘라고 한다. 오랜 세월에 실전하여 공동묘지가 되었는
데, 전라감사 이광덕이 마침 전주이씨인데, 그가 청하여 봉산금표하고 그
묘 주위 십리에 금표를 세우고 그 주변의 무덤을 옮기고 제사를 금하였
다. 혹은 말하길 한 소금장수가 이 큰 무덤에 이르러 그늘에서 낮잠을 자
는데 꿈에 한 위인이 현몽하여 내가 국조인데 너희 감사도 내 후손이다고

---

6) 『이재난고』 권14, 1770년(경인) 2월, 27일(갑술).
7) 『이재난고』 권13, 1769년(기축)11월 28일(병신).

하였다. 소금장수가 곧바로 감영에 들어가 이광덕에게 고하여 청하게 되었다고도 한다.[8]

9) 무학대사와 왕십리 서울정도 설화

우리 태조께서 국사인 무학에게 한양 정도를 명했는데, 무학대사가 왕십리에 정도하려고 땅을 파보니 무학이 왕십리에 온다는 옥룡자 도선의 비기가 있어 깜짝 놀랐다. 그날 밤 갑자기 얕은 눈이 내려서 서울경계가 아주 잘 보여서, 무학이 감탄하면서 이것은 하늘이 나를 깨우치는구나 하였다. 상께 아뢰어 눈을 밟고 경계를 정하고 여기에 축성을 하였다 한다.[9]

10) 부안 변산 호암의 명혈지 설화

부안 변산 월명암의 법당이 풍수가 좋다고 한다. 남원 실상사 남쪽 3리 내은동 폭포수 뒤 절벽 아래에 석혈石穴이 있는데, 폭포를 맞고 들어가면 있다고 한다. 남사고 비기를 변산 호암에 은닉했다고 한다. 어떤 사냥꾼이 사슴을 좇다가 사슴 핏자국을 따라 들어가 발견한 동굴이 그곳이라고 한다. 도선비기에 무림茂林이 가돈지지可遯之地라고 했다 한다.[10]

11) 세종 영릉천장과 광주이씨 시조 묘 설화

광주이씨 시조 묘는 광주 남한산성 행궁 옆에 있는데 원래 천년 묵은 여우굴이었다. 여우가 재상으로 변하여 산송을 하였는데 이씨의 조상이 (여우를 분간한다는) 이족구二足狗를 얻어 여우 떼를 죽이고 이 땅을 얻었기에 호송산狐訟山이라 한다. 새로 한 목사가 부임한 뒤에 병든 여자가 이목

---

8) 『이재난고』 권15, 1770년(경인) 6월 11일(을유).
9) 『이재난고』 권12, 1769년(기축) 5월 28일(기유).
10) 『이재난고』 권46, 1790년(경술) 11월 6일(임오).

구비도 없었는데 억지로 이씨의 선조에게 시집을 보냈는데 탈을 벗고 나니 어여쁜 부인이 되었다. 이 부인이 아들을 낳아 진사가 되었으니 그가 이당이다. 이극감 등 5형제가 모두 과거에 등과하면서 크게 드러났다. 세종의 영릉은 이 이극감 선조 묘를 재활용한 것이다.

세종의 영릉을 헌릉 옛터에서 여주 이극감 부친 묘터로 옮기도록 하였다. 반금정 이상을 더 파내려가니까 각석이 하나 출토되었다. "유덕군자 30년 안장지지, 단각성인短角聖人 1천년 불후지지"라고 쓰여진 각석인데, 신라시대에 넣어 놓은 각석이라고 한다. 세종은 실제로 한쪽 다리가 짧았는데 승하한 후 염을 하면서 비로소 처음 알려졌다고 한다. 해동요순으로 불린 성덕 세종의 안장지를 도선과 같은 신안神眼으로 정해놓고 기다린 것이었다. 일설에는 각석에 "일 천년 후 성인을 안장할 곳"이라고 쓰여 있었다고 하기도 한다.[11)]

12) 장절공 신숭겸 묘 풍수설화

장절공 신숭겸 묘는 세 기의 무덤이 옆으로 나란히 있다. 장절공이 진중에서 죽었을 때 그의 목이 잘렸다. 그래서 목 대신에 금으로 만든 목을 넣어 장사하였는데, 도굴당할까 두려워서 가짜 묘 세 곳을 만들었다고 한다. 향은 동남향으로 안산주위는 금산으로 정하였다. 고려태조 왕건이 장절공 묘소를 친히 구산하려고 올랐다고 하여 지명이 건등치建登峙가 되었다고 전한다.[12)]

13) 금강은 배류수가 아니다.
삼대 배류수는 낙동강, 섬진강, 사호강이다.

고려조부터 삼남에는 삼대 배류수가 있다고 한다. 소위 차현이남 산수

---

11) 『이재난고』권44, 1789년(기유) 10월 11일(계해).
12) 『이재난고』권6, 1766년(병술) 3월 1일(경오).

배역은 이를 가리킨다. 즉, 영남의 낙동강, 호남우도의 사호강, 영산강 하류, 좌도의 섬진강 곽자강, 압록 하류가 이것이다. 우리나라의 가장 큰 강은 한강이다. 개성 소재의 수세가 최대이고, 한성이 그 다음이다. 서쪽은 압록강, 청천강, 대동강, 저탄 등이 더욱 환포하고 있어서, 이 삼대수만이 개성과 한성과 서로 배역하여 서로 돌아보는 유정함이 없다. 금강일대는 배류수에 이르지 않아 여기에 포함하지 않았다. 그러나 계룡산은 소위 산태극 수태극 형세로 개성과 한양에서 바라보면 시신이 엎어지는 형국이다. 그래서 고려 태조는 개태사를 창건하고 진전을 지어 압승을 한 것이다. 우리 태조는 이미 이곳에 신도를 정했었으나, 집을 짓지 못한 것도 또한 이 때문이다.13)

---

13) 『이재난고』 권22, 1776년(병신) 9월.

찾아보기

사...

차...

타...

유기상

호남의 삼신산인 고창 방장산 아랫마을에서 태어났다. 고창고를 졸업하고 상경하여 막일을 하다가 9급 공채로 우체국 공무원 생활을 시작하여, 주경야독으로 7급 공채, 행정고시(32회)에 합격하였다. 노동부, 내무부 등 중앙정부, 전라북도 문화관광체육국장, 전주시 문화영상산업국장, 익산시 부시장 등 광역과 기초지자체의 공직을 두루 거쳐 전라북도 기획관리실장을 끝으로 37년 공직을 마쳤다. 일본 가고시마대학에서 지방자치정책 전공으로 법학석사를, 전북대학교 대학원에서 한국사 전공으로 문학박사 학위를 받았다. 한국 전통문화와 동아시아 문화의 심층을 읽을 수 있는 열쇠이자 하나 뿐인 지구를 살려낼 대안사상으로 풍수사상을 주목하여, 실학자의 풍수관을 연구하였다.

저서로 『일본발 지방자치 정책실험』, 『실버산업을 잡아라』, 『일본의 지방자치와 지역경영』, 『고창사람 유기상의 꿈』 등이 있고, 주요 논문으로 「지자체 정책과 헌장조례」, 「한류의 지속화 산업화를 위한 한스타일산업의 육성방안」, 「지방 문화거버넌스 구축방안에 관한연구」, 「조선후기 호남파 실학자의 풍수인식과 풍수생활 : 황윤석, 위백규, 신경준을 중심으로」 등이 있다.